세계신화의 이해

세계신화의 이해

임봉길 외 지음

小花

■ 머리말

이 책은 임봉길 교수의 정년퇴임을 기념하고자 강원대학교 문화인류학과에 재직하고 있는 교수를 중심으로 준비한 결과물이다. 임봉길 교수는 1986년 강원대학교에 부임하여 2년 후 인류학과를 창설하였으며, 2009년까지 같은 과에 재직하면서 연구와 교육에 커다란 발자취를 남겼다.

서울대학교에서 불문학을 전공한 임봉길 교수는 프랑스 유학 과정에서 인류학에 접하게 되었다. 문화적 다양성의 세계에 매료된 임봉길 교수는 파리5대학에서 인류학 학부 과정을 이수하였고, 이후 몽벨리에3대학과 파리고등사회과학대학원에서 본격적인 인류학자로서의 길을 걷기 시작했다. 임봉길 교수는 프랑스로 이주한 몽(Hmong)족 피난민의 사회조직과 종교를 중심으로 한 민족지적 연구로 인류학 박사학위를 받았다.

귀국 후 임봉길 교수는 자신의 인류학적 연구를 심화시키고 교육에 매진함으로써 한국 문화인류학의 발전에 주요한 역할을 하였다. 임 교수는 프랑스 몽족 피난민에 대한 관심을 동남아 산간지역과 중국 남부에 거주하는 몽족으로 확장시켰는데, 그 연구 결과물인 『아편을 재배하는 사람들』(서울대학교출판부)은 동남아시아 지역에 대한 한국 인류학자의 첫 번째 단행본으로서의 위상을 가지고 있었다. 레비-스트로스의 구조주의적 시각을 소개하고 적용시키는 데 있어서도 임 교수는 독보적인 역할을 행하였다. 그 노력은 『신화학 1: 날것과 익힌 것』(한길사), 『신화학 2: 꿀에서 재까지』(한길사)의 번역을 통해 구체화되었다. 임 교수는 정년 이후에도 『신화학 3』과 『신화학 4』의 번역을 계획하고 있으며, 이를 통해 난해하기로 정평이 나 있는 레비-스트로의 사상에 보다 쉽게 접근할 수 있는 기회를 앞으로도 계속 제공해 줄 것이다.

레비-스트로스의 신화 분석에 대한 임봉길 교수의 관심과 연구는 강원대학교 문화인류학과 동료교수들로 하여금 신화를 대상으로 한 연구서를 발간하려는 동기로 작용했다. 이 책을 처음 기획했던 당시 필자들은 구조주의적 시각으로 자신이 전공하고 있는 지역의 신화를 분석하려는 의도를 가지고 있었다. 하지만 구조주의적 분석틀을 이해하고 적용시키는 작업은 필자들의 역량을 뛰어넘는 일이었기에 편집 방향에 어느 정도 수정이 가해졌다. 즉, 필자들이 전공하는 지역의 신화를 대상으로 글을 작성하되 그 분석은 개개인의 연구 방향에 부합하는 방식으로 진행하였다. 이후 강원대학교 문화인류학과 외부의 연구자 두 분이 참여 의사를 밝힘으로써 모두 여덟 편의 원고가 최종적으로 모아졌다.

이 책의 1장과 2장에 제시된 두 편의 논문에서는 신화를 바라보는 다양한 이론적 시각이 제시되어 있다. 1장에서 임봉길 교수는 레비-스트로스의 구조주의적 분석틀을 체계화시켜 보여 준 후 단군신화를 대상으로 이 분석틀을 적용시키고 있다. 임 교수는 신화의 구성 요소들이 갖는 진정한 의미를 파악하기 위해서는 개별 신화의 범위를 넘어서서 다른 신화들과 연계한 계열 축 위에서의 분석이 요구됨을 주장한다.

2장에서 김용환 교수는 신화를 바라보는 생물구조주의, 문화진화론, 진화심리학의 성과와 한계를 검토한다. 국내 학계에서 거의 논의되지 않았던 새로운 분석틀에 대한 검토를 통해 김 교수는 구조주의적 신화 분석을 새로운 각도에서 조망할 준거점을 제공하고 신화 분석의 지평을 확대시켜 주고 있다

이 책의 3장에서 8장에 걸쳐 제시된 논문은 사례 연구의 성격을 띠고 있다. 이 논문들은 공간적으로는 한국, 필리핀, 인도네시아, 멕시코, 나이지리아 등의 지역을 포괄하고 있으며, 연구대상 측면에서는 창조신화, 민간신앙, 전설, 개종신화 등 민간전승의 제 영역을 포함하고 있다. 이들 논문은 세계 여러 지역에서 발전된 신화적 상상력에 다가가고 상이한 신화 분석 방식에 노출될 기회를 제공하고 있으며, 동시에 신화적 다양성의 근저에 있을 보편성에 대해 고민해 볼 유용한 자료를 제시하고 있다.

이 글을 통해 강원대학교 문화인류학과의 발전에 중요한 공헌을 해 오신 임봉길 교수에게 조금이나마 보답할 수 있기를 기대한다. 이 책의 기획 소식을 들은 후 적극적인 참여의사를 밝히며 아낌없이 옥고를 보내 주신 전경수 교수와 이창호 선생에게 감사의 말씀을 올린다. 또한 어려운 출판 사정에도 불구하고 선뜻 출판을 맡아 주신 소화출판사에 깊이 감사드린다.

2009년 2월

편집위원 일동

| 차례 |

일러두기

1. 한글맞춤법 통일안의 외래어표기법을 따랐으나, 필자의 사정에 따라 그 나라의 원음에 가까운 표기를 허용하였다.
   (예) 아스테카→아스떼까
2. 참고문헌은 각 논문의 뒤에 실어 두었다.

1장

구조주의 방법론과 신화학

임봉길

임봉길

프랑스 몽벨리에3대학 및 파리고등사회과학대학원 인류학박사

현재 강원대학교 사회과학대학 문화인류학과 교수

1. 들어가는 말

레비-스트로스(Claude Lévi-Strauss)는 『신화학』 서문에서 "민족지적인 관찰을 통해 정확히 정의할 수 있고, 각 특수한 문화의 관점으로도 이해할 수 있는, 날것과 익힌 것, 신선한 것과 부패한 것, 젖은 것과 태운 것 등등의 경험적인 범주들이 어떻게 추상적인 개념에 적용될 수 있고, 개념도구로 사용될 수 있으며, 명제로 연관시킬 수 있는지를 증명하려는 것이 이 책을 기술하는 목적이다"(CC. 9)라고 밝히고 있다. 합리적/비합리적, 관념적/감성적이라는 정태적 대립 개념을 넘어 인간 의식의 심층에 존재하는 '새로운 합리성', 즉 초(超)합리성(super-rational)을 찾으려 한다. 시간적 우연성, 주관적 접근의 한계를 넘어 존재하는 명료성(intelligibilité)을 찾으려 하는 구조주의는 이것을 정신분석학에서 찾는다. 무의식(inconscient)은 그의 작품 세계에서 일차적인 중요성을 갖는 것이지만 프로이트(S. Freud)의 그것과 차이가 있다. 레비-스트로스가 상정하는 무의식은 충동 욕구로 나타나는 프로이트의 무의식과는 달리 강력한 '상징화의 원칙'이다. 레비-스트로스의 무의식은 차라리 "범주적(catégoriel)이며 조합적(combinatoire)이고 비(非)개성적(anonyme)인 칸트

* 이 글은 2008. 11. 2. 기호학회 주최 레비-스트로스 탄생 100주년 기념 학술대회의 기조발표문 요약이며, 2008. 12. 발표된 기호학회지에 실린 글임을 밝혀 둔다.

(E. Kant)의 무의식으로 대체된다. 이런 무의식은 우주, 사회, 개인, 사고, 언어, 신화 등에 내재되어 있는 구조적 법칙으로 나타난다"(P. Ricoeur 600).[1)]

레비-스트로스는 19세기와 20세기를 풍미했던 진화주의와 전파주의 학자들의 방법론과, 말리노프스키(B. Malinowski)의 심리기능주의와, 래드클리프-브라운(Radcliffe-Brown)의 구조기능주의 학파의 방법론과 원칙을 비판하는 것으로부터 그의 구조인류학 방법론을 시작한다(자세한 내용은 임봉길 외 1996: 124-131 참조). 이들 학자들의 방법론으로는 이제 더 앞으로 나갈 수 없는 막다른 골목에 서 있기 때문에 새로운 방법론을 찾아야만 했다. 그는 구조주의 언어학(linguistique structurale)의 방법론을 인류학 연구의 모델로 삼아 새로운 구조주의 방법론의 문을 연다.

특히 레비-스트로스의 구조주의 인류학 방법론에 직접적인 영향을 미친 것은 구조언어학자인 투르베츠코이(N. Troubetzkoy)에[2)] 의해 성립된 현대 음운론(phonologie)이었다. 음운론에서 제시한 혁신적인 방법론은 먼저, 의식(conscient) 수준의 언어 음운(音韻) 연구에서 무의식(inconscient)적 하부구조의 음운 연구로 이전하였다는 사실이다. 둘째, 용어(termes)를 독립된 개체(실체)로 보는 것을 거부하고 용어 (또는 항목) 사이에 존재하는 관계(relations)를 분석 기초로 하고 있다. 셋째, 체계(système)의 개념을 도입하고 있고, 넷째, 일반적 법칙(lois générales)을 찾으려 하는 것이다. 결과적으로 이것은 절대적 성격을 띠게 된다. 다른 말로 표현하자면, 전통적 언어학이 역사 속에서 그 설명의 원리를 찾으

---

1) P. Ricoeur, *Symboles et l'explication structurale, Cahier internationauxde Symbolisme*. N°4, Paris, 1964.

2) N. S. Troubetzkoy, *Principes de Phonologie*, J. Cantineau (tr), Klincksick, Paris, 1957.

려 하였다면, 음운론은 이러한 원리를 체계의 공시적 서열(l'ordre synchronique du système) 속에서, 다시 말하자면 체계 자체의 내재적 논리(logique interne) 속에서 찾으려 하는 것이다(AS. 40-41). 음운론 연구에 의해 실현된 방법론을 이용하여 레비-스트로스는 인문사회과학 분야에서의 응용방법과 그 실현의 결과를 얻으려 하였다. 이러한 언어학 모델에 대한 의뢰는 그에게 정당성을 부여하게 되는데, 그것은 인류학이 연구하는 대상물인 문화적 사실과 언어 사이에 존재하는 관계 때문이다.

언어는 문화의 산물이며 한 부분이기도 하지만, 또한 문화의 조건이기도 하다. 왜냐하면 첫째, 개인이 집단의 문화 속에 들어가는 것(문화화, 사회화)은 바로 언어라는 수단을 통해서이며, 둘째 문화나 언어는 모두 대립(opposition)과 상관(corrélation)관계라는 논리적 관계(relations logiques)에 의해 축조된 건축물이기 때문이다.

2. 차이성으로 축소되는 명료성: 이원적 논리에서 변증법적 논리

"유사성(ressemblance)은 대조(contraste)에 논리적으로 예속된다"는 원리는 구조주의 방법론에서 중요한 원칙들 중의 하나이다. 레비-스트로스는 먼저 "유사성은 존재하지 않는다. 단지 유사성은 차이성의 또 다른 특수한 경우이며 차이성이 제로가 될 경우에 유사성이 있을 뿐이다"[3](HN. 32)라고 말한다. 이러한 관점에서 구조적 연구의 목적은 연구하는 사회가 무엇인지에 그렇게 연연하지 않으며, 단지 이러한 사회들 간의 차이

3) HN: *L'homme nu*(벌거벗은 인간), Plon, Paris, 1971.

가 어떠한지를 찾는 것이 중요할 뿐이다(AS. 358). 문화 체계의 명료한 구조를 나타내는 고정적인 것들은 의미 있는 차이성의 총합과 관계를 가지며, 이러한 총합은 사회와 사회 간의 관계 속에서 사회가 무엇인지를 정의할 수 있게 해준다(AS. 325). 결국 연구 대상이 되는 사회 체계의 명료한 구조는 이러한 고정적인 것들에 의해 표상화된다.

체계의 논리적 구조를 구성하는 차별적 특성들을 찾아내는 것이 구조주의 방법론의 목적이다. 이러한 특성을 찾기 위해 구조주의 방법은 이원적 논리(logique binaire)를 바탕으로 한다. 레비-스트로스는 이러한 이원적 논리를 통해 토템(totem) 체계 분류를 하게 되었는데, 이원적 논리를 통해 토템 체계의 실제적인 측면들을 모두 표현할 수 있었다. 먼저 레비-스트로스는 일반적인 것과 특수한 것, 추상적인 것과 실제적인 것을 나타내는 축(axe)을 중심으로 수집한 모든 토템을 분류하고, 이러한 것을 이원적 대립의 짝을 구성하게 함으로써 토템을 자신의 의도대로 분류할 수 있었다. 이렇게 함으로써 다양한 자연의 종(種)들이 상징의 재료로 취급될 수 있음을 알게 되었다. 다양한 자연의 식물, 동물, 바위들이 체계 속에 들어가 상징적 의미를 갖게 되고, 사람들은 이런 자연의 다양성을 사고의 재료로 사용하고 있다.

예를 들자면, 토템 체계가 바로 자연의 다양성을 유사한 인간 집단을 구별하기 위해 사고의 재료로 사용한 훌륭한 예다. 곰과 사슴, 바위, 독수리는 자연의 다양성을 나타내는 좋은 표본이다. 생물학적으로 유사한 인간 집단을 분류하기 위해 너는 곰, 나는 사슴, 그들은 바위 혹은 독수리 집단에 소속하게 된다. 너는 김씨, 나는 이씨, 그들은 박씨, 최씨라고 명명하는 것과 같다.

또한 레비-스트로스는 현실의 모든 측면(aspects)을 표현할 수 있는 다양한 대립을 사용하였다. 우리가 이미 알고 있듯이 그는 질적인 측면의 대립(건조한/습기찬, 신선한/썩은, 연속/불연속 등), 형식적 측면의 대립(빈/가득 찬, 포함하는/포함된, 내부/외부 등), 공간적 대립(높은/낮은, 가까운/먼 등), 시간적 대립(빠른/느린, 주기적/비주기적 등), 사회적 대립(결합/분리, 내혼/외혼, 동맹/비동맹 등), 우주적 대립(하늘/땅, 태양/인간 등), 수사학적 또는 메타언어적 대립(고유한 의미/비유적 의미, 환유/은유 등) 등으로 구별하고 있다.

1) 질(質)의 논리와 형식의 논리

『신화학』 1권에서 레비-스트로스는 담배와 꿀의 기원신화에 도달하기 위해 취사의 기원신화로부터 출발한 후, 취사 '주변부'를 조사하기 위해 이번에는 취사에서 점진적으로 멀어진다. 물론 신화 속에 나타난 습함과 건조함 등 감각적 질의 논리의 사용을 분명히 한다. 예를 들면 감각적 질의 논리란 오감을 통해 날것과 익힌 것, 신선한 것과 썩은 것, 건조와 습기 등 (감지하는) 감각의 질의 차이성을 바탕으로 구성될 수 있는 논리(이원적 · 변증법적)를 의미한다.

『신화학』 2권(『꿀에서 재까지』)에서 그는 반대의 과정을 밟는데, 꿀과 담배, 취사 주변부에서 출발하여 『신화학』 1권의 출발점인 취사로 돌아오기 위해 빈/가득 찬, 채우는/채워진, 내부/외부, 포함된/배재된 등 형식의 논리를 바탕으로 분석한다.

『신화학』 2권의 초반부에서 오랫동안 논의했던 속이 빈 나무둥치의 소재는 담배의 기원과 꿀의 기원에 관한 차코 지역의 신화에서 대단히 중요한 위치를 차지한다. 속이 빈 나무둥치는 우선 남아메리카 꿀벌의 자연상태의 벌집으로(꿀통) 나타났으며, 이것은 또 그 나름대로 (속이 빈) 딸랑이이기도 하다. 또한 속이 빈 나무는 세상의 모든 물과 물고기를 포함하고 있었던 원초적 용기(그릇)였다. 그리고 이것은 북(鼓)으로 변형될 수 있는 이드로멜(꿀물)을 제조하는 구유(통)이기도 하다. 공기든 물이든 혹은 순수한 꿀이나 물로 희석시킨 꿀이든 다양한 양태로 나타나는 내용물을 포함하는 용기로서 이 '속이 빈 나무'는 포함하는 용기와 포함된 내용물의 변증법적 매개 항으로 사용되었다. 동등한 양태하에서 이 용기와 내용물의 양극에 있는 항들 중 한쪽은 취사(음식) 코드와 관련되고, 다른 한쪽은 청각 코드와 관련된다. 이 두 코드가 연관되어 있음은 자명하다.

차코 지역의 다양한 부족들의 신화에서 이러한 다수의 암시적 의미를 여우라는 인물보다 더 훌륭하게 활용할 수 있는 인물은 없다. 속이 빈 나무에 갇힌(M209) 여우는 마치 꿀과 같다. 꿀을 가득 퍼먹은 여우는 자신 속에 꿀이 가득 채워져 있어 마치 그는 꿀을 담고 있는 속이 빈 나무둥치 같다(M210). 목이 마른 여우는 물을 마셔 그의 위 속에 물을 가득 채우고 그의 위는 곧 수박으로 변형되는데, 말하자면 여우는 물이 가득한 내장을 포함하고 있다(M209).

우리는 흔히 아래와 같은 형식/내용 혹은 그릇/내용물의 대립을 사용하여 시적인 표현을 한다.

> 나는 찬란한 봄 안에 있고
> 봄은 각박한 내 맘속에 있네…
>
> 봄은 나를 껴안아 포함하고
> 나는 봄을 내 안에 품고 있네…
>
> 나는 봄이 되고
> 봄은 내가 되었네…
>
> 봄과 나는 하나가 되네.

나는 내용물이 되어 봄 속에 포함되고, 봄은 형식이 되어 나를 포함한다. 내용이 형식이 되고 형식이 내용이 되는 표현은, 종교인들이 "우리는 신(神) 안에 있고, 신은 내 마음속에 있네…"라는 말속에 나타난다. 신화 속에서도 빈 나무둥치 속에 갇힌 주인공은 내용물이 되고 빈 나무둥치는 그릇이 된다. 이처럼 형식과 내용은 고정되어 있는 것이 아니라 상황에 따라 바뀔 수도 있다. 이러한 변형의 한 수단으로 기술(technique)을 들 수 있다. 신화 M_{241}에 등장하는 주인공 하부리는 속이 빈 유찬나무둥치를 가지고 유선형의 배를 만든다. 원초적 유찬나무(생명나무)는 물과 물고기를 포함하고 있었다. 기술을 통해 유찬나무는 배가 되어 물속에 떠 있는 내용물이 되고 나무둥치 속에 있던 내용물인 물[水]은 형식(그릇)이 된다. 여기서 유의해야 할 것은 내용과 형식이 뒤바뀐다고 해도 대립을 나타내는 데에는 하등의 차이가 없다. 단지 역전될 뿐이다. 즉, 변형의 한 형식이다.

수박은 건조함과 습함의 변증법적 해결책의 하나이다. 수박은 건조함이 습함을 포함하고 있다. 반대로 배(카누)는 습함(물)이 건조함을 포함한다. 신화에 나타난 토착인들의 사고로는 야생과일이 습함과 건조함의 변증법적인 결합(통합)으로 이해한다.

이처럼 신화 속에 나타난 형식과 내용, 그릇과 내용물의 경우는 다양하게 표현되고 있으며, 이러한 형식의 코드는 여러 신화에 등장하여 (코드의 기능으로 보아) 유사하게 되는데, 이들 신화들은 같은 골조(armature)를 구성한다. 『신화학』 1권에서와는 달리 『신화학』 2권에서는 형식의 논리를 바탕으로 신화군(群)을 만들고 신화를 연결하여 분석한다.

여러 문화 속에서 같은 형식에 같은 내용물을 담을 수도 있고 다른 내용물을 담을 수도 있다. 형식이 다르더라도 같은 내용을 담을 수도 있고 다른 내용을 담을 수도 있다. 신화에 등장하는 동물인 비세르는 어떤 지역에서는 건기와 연관되고 다른 지역에서는 천체와 관련된다. 무지개 역시 모든 지역에서 같은 내용을 갖는 것은 아니다. 무지개는 희망, 바람, 하늘로 올라가는 사다리 등으로 생각하지만, 브라질 인디언들은 질병, 죽음과 연관시킨다. 마찬가지로 단군신화에 나타나는 곰이나 호랑이는 지역 또는 민족에 따라 그 의미와 상징성, 기능이 같을 수도 있으나 다를 수도 있다. 그래서 신화에 등장하는 항(요소)들이 신화가 유래한 지역이나 민족의 관습, 기후, 환경, 민족지적 사실과의 연관성을 아는 것이 요소들이 갖는 특성(기능, 상징, 의미)을 정확하게 아는 것이 된다.

이것은 시니피앙과 시니피에의 경우도 마찬가지이다. 시니피앙은 그 속에 시니피에라는 내용을 담을 수 있는 그릇(형식)으로 볼 수 있다. 주위의 자연적 상황과 처해 있는 문화 체계(각 민족의 문화)에 따라 같은 시니피앙이 다른 시니피에를 갖거나 기존의 의미와 혼용된 새로운 의미를 포함할 수도 있다. 혹은 과도기적인 경우에 시니피앙(형식)만 남고 시니피에는 비어 있는 경우도 있다. 영어 문화 체계 속의 가든(garden)의 의미는 한국 문화 체계 속에 유입되어 본래의 의미를 잃고, 정원 → 정원이 있는 갈비집 → 갈비집으로 변했다. 신화가 지역을 이동하여 전파되어 새로운 문화적 자연적 상황과 접하면서 내용물이 변할 수도 있으며, 같은 내용물(기능)을 담기 위해 다른 용기(다른 식물이나 동물 혹은 인물)를 사용할 수도 있다. 그래서 시니피에(내용)만 변하는 것이 아니라 시니피앙(형식)도 대체될 수 있다. 신화에 등장하는 인물의 기능이 바뀌거나 다른 인물이 같은 기능을 행하는 경우가 나타날 수 있다.

2) 이원적 논리에서 변증법적 논리

레비-스트로스는 이원적 논리뿐만 아니라 변증법적 논리(logique

dialectique)를 사용한다. 그는 『신화학』 각 권의 말미(CC. 38; MC. 409; OMT. 423; HN. 622)[4]에 수록된 '상징기호판'의 (+), (-)기호들은 맥락에 따라 변화가 가능한 암시적 의미를 갖고 사용된다고 말한다. 말하자면 많거나(더하거나)/적거나(빼거나), 출현/부재 또는 대립 짝의 첫 번째/두 번째 용어(항)를 가리킬 수 있다. 이러한 기호들이 출현 혹은 부재를 암시할 때나 대립 짝의 첫 번째 혹은 두 번째 항(용어)을 암시할 때, 이것은 이원적 논리(logique binaire)와 관계가 있다. 반면에 한 신화 집단 내에서 나타나는 요소들의 대립이 다양한 대립 특성을 보이고, 서로 역전되어 나타나든가 할 때, 또는 유사한 특성들이 큰 차이를 보이지 않고 비슷할 때, 변증법적 논리의 영역에 속하게 된다. 다음의 〈표 1-1〉에서처럼 하나의 신화 집단에 속하는 여러 신화의 특성들이 큰 차이를 보이지 않고 비슷하지만 세부적인 사항들이 차이를 보일 경우, 이원적 논리를 사용하지 않고 변증법적 논리를 사용한다.

〈표 1-1〉

	M_7	M_8	M_9	M_{9a}	M_{10}	M_{11}	M_{12}
주인공의 행위	(+)	(+)	−	−	−	(−)	+
주인공의 더러워짐	+	+	−	−	−	−	○
표범의 주의력	+	+	+	−	−	−	○
표범의 태도	−	+	−	−	−	−	−
표범의 무관심	+	+	−	−	−	−	−
표범의 아내의 운명	+	+	+	+	−	−	+
표범/인간의 적대관계	+	○	−	−	○	○	○

레비-스트로스가 『날것과 익힌 것』(CC. 84-85)에서 요약한 불의 기원 7개 판본의 신화들은 서로 비슷해 혼동될 지경이다. 그러나 (신화 M_{9a}의

4) OMT: *L'origine des manières de table*(식사예절의 기원), Plon, Paris, 1968.

경우를 제외하고) 두 주인공 사이에 존재하는 불변적 관계를 유의할 필요가 있다. 신화의 주인공은 모두 새 둥지 터는 사람이다. 다시 말해서 누이의 남편(매형)과 부인의 동생(처남), 전자는 나이가 많고 후자는 나이가 어리다는 점은 모든 신화에서 공통이다. 그러나 세부적인 면에서는 차이점을 찾을 수 있는데, 이러한 차이점의 의미는 적지 않다.

이 〈표 1-1〉의 의미를 다른 말로 표현한다면, 신화 M_8과 M_{10}은 극한값의 대립관계에 있고 나머지 신화들은 두 신화의 중간에 위치한다. 이러한 경우 '이원적 논리'가 아니라 '변증법적 논리'의 적용이 합당하다. 이원적 논리와 변증법적 논리를 동시에 사용한 분석의 예를 들어 보자.

아래 신화는 레비-스트로스가 어떻게 이러한 논리들을 분석도구로 사용하고 있는가를 보여 준다(MC. 63-65).

꿀의 원천 신화인 오페에(Ofaie)족 신화 M_{192}는 딱따구리가 꿀을 얻는데 성공한 후 어떻게 다른 동물(새)에게 나뭇가지 형태로 그가 얻은 꿀을 나누어 주고, 그들이 어떻게 꿀 농장을 만드는지를 보여 주는 신화이다.

> 꿀을 나누어 준 지 얼마가 지난 후에 동물(새)들은 그들의 꿀 농장을 걱정하기 시작했는데, 그들은 먼저 '메타카'(앵무새의 일종)에게 무슨 일이 일어났는지를 가보도록 했다. 그러나 뜨거운 열 때문에 '메타카'는 그곳에 접근할 수가 없었다. 동물들은 모험을 하기로 결심하고 출발했지만, 가는 도중에 휴식하기 좋은 장소를 발견하고는 머물고 말았다. 동물 중 앵무새는 과일나무에 앉았고, 아라하이킨토스(앵무새의 일종)는 안락한 숲에 앉아 휴식을 취했다. 그들은 자신들의 실패를 합리화하기 위해 뜨거운 열기를 내세운 반면, 잉꼬(작은 앵무새)는 높이 날아올라 하늘까지 날아갔다. 잉꼬가 꿀 농장에 도달해 보니 거기에는 꿀이 넘쳐흐르고 있었다.

레비-스트로스는 먼저 신화에 나타난 동물의 정체를 확인하는 것으로부터 분석을 시작한다. 메타카, 앵무새, 아라하이킨토스, 그리고 잉꼬, 이들은 네 종류 앵무새의 변종들이다. 이야기들은 몇 가지로 분류할 수 있을 것이다. 그는 먼저 네 새들 중에서 자신의 임무를 완수한 것은 잉꼬이며, 잉꼬는 이 네 종류 중에서 가장 작은 새다. 반면 아라하이킨토스는 가장 커다란 앵무새류에 속한다. 앵무새는 아라하이킨토스보다 먼저 등장하지만 몸집은 아라하이킨토스보다 작다. 메타카는 맨 먼저 나오지만 앵무새보다 작다. 이야기 끝에 나오는 잉꼬보다는 모든 새가 크다. 이렇게 되면 자신의 임무에 실패한 새들은 모두 잉꼬보다 큰 새들이며, 임무에 성공한 잉꼬는 모든 새들보다 가장 작은 새다. 앞의 세 새들의 주된 대립은 아라하이킨토스와 잉꼬이지만, 다른 두 새는 더 큰 부류에 속하기 때문에 아래와 같은 도식이 성립된다. 이 도식은 이야기 속에 등장하는 새들의 순서를 나타내기도 한다.

[그림 1-1]

레비-스트로스는 큰 새들의 시리즈에서 앵무새와 아라하이킨토스는 기능적 짝을 형성하는데, 그들은 그들의 임무를 완수하려고 노력도 하지 않은 새들이며, 하나는 숲(사반나), 또 다른 하나는 과일나무에서 휴식을 취하였다. 우기(雨期)가 완료되는 시기를 나타내는 데 과일과 신선한 응달이 이것을 의미하며, 반면 다른 두 새들은 가뭄(건기)과 관계를 갖는다. 하나는(견딜 수 없는 열 등으로) '건조한' 측면을 나타내는데, 다른 하나는

'습기찬' 측면(넘치는 꿀)으로 표현되었다. 이것을 도식화한다면,

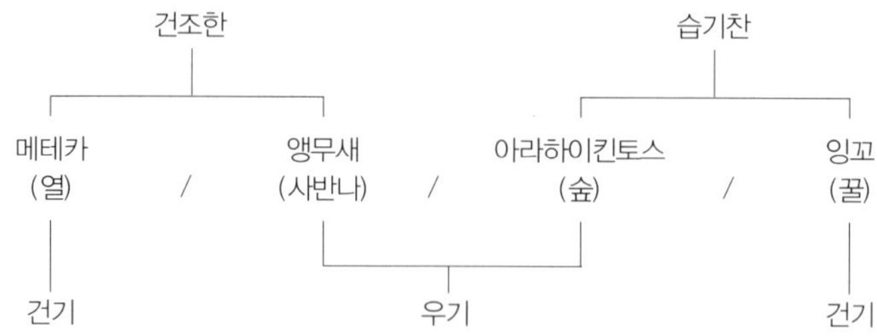

[그림 1-2]

세 번째 관점으로 새들의 임무에 대한 결과를 놓고 볼 수 있다. 이것은 또 다른 분류의 원칙이 된다. 이야기 속에서 보면 첫 번째(메타카)와 마지막(잉꼬) 새들은 실제적인 정보를 가져왔다. 첫 번째 새는 부정적인 측면을 나타내기는 하지만 뜨거운 열 때문에 농장에 접근할 수 없었다. 마지막의 잉꼬 새는 긍정적인 측면의 정보를 가져왔다. 그러나 나머지 두 새(앵무새와 아라하이킨토스)는 앞의 두 새에 비해 그들의 위치가 중간에 머무르는데, 몸의 크기에 있어서도 그렇고, 이야기의 순서에서도 앞의 두 새의 가운데에 위치한다. 또한 그들은 정보를 얻으러 떠나려는 수고도 하지 않았을 뿐만 아니라 아무 정보도 가져오지 않았다. 이런 사실을 도식으로 표현해 본다면 [그림 1-3]과 같다.

레비-스트로스는 이러한 분석을 통해 신화적 사고의 특성과 신화적 사고의 메커니즘을 알 수 있다고 한다. 한편으로는 이 신화에서 보는 것처럼 새의 크기에 따라 동물들을 분류한다든가, 이야기에 등장하는 순서에 따라 분류한다든가, 정보를 가져왔는지, 그렇지 못한지…, 그리고 다른 한편으로는 불연속적인 것과 대립적인 것, 즉 더 큰 것과 더 작은 것의 대립, 건조한 것과 습기찬 것, 즉 사바나와 숲 등의 대립을 통

[그림 1-3]

해 신화를 분류하고 있다. 다른 말로 표현한다면, 첫 번째 분류양식은 변증법적 논리를 사용한 것이고, 두 번째 양식은 이원적 논리를 사용한 것이다.

이원적 논리와 변증법적 논리를 조정(상반되는 것을 일치시키기)하는 방식으로 레비-스트로스는 이원적 대립의 짝을 3원 구조로 통합시키는 방법을 사용하거나, 두 항 사이에 중재가 되는 매개 항을 끼워 넣든가, 아니면 두 대립되는 항들 사이에 제3의 항으로 중재적인 역할을 하게 한다. 이것은 우리가 레비-스트로스의 저작 속에서 흔히 볼 수 있는 통합 또는 매개(중재)구조로서의 삼각형의 도식인데, 여기서는 다루지 않기로 한다.

『신화학』에는 여러 유형의 중개 또는 중개구조들이 등장한다. 예를 들자면, 레비-스트로스는 취사와 관련된 남아메리카 신화 속에 두 극(하늘과 땅)을 하나의 매개 항(불)으로 통합하는 단순한 매개 체계를 제시하는데, 취사용 불의 출현은 하늘과 땅의 대립을 매개한다. 세렌테족들은 늘 태양이 땅에 너무 가까워져 불바다의 재앙이 오지 않을까 염려하는 반면, 보로로족들은 태양이 너무 멀어져 캄캄한 암흑 세상이 도래할까 노심초사한다. 그러나 이러한 일은 취사용 불이 부재일 때 두 가지 경우가 일어날 수 있다. 먼저 두 극의 완전한 결합이 일어나(왜냐하면 태양이 땅에 너무 가까워져서) 땅을 태우거나, 또는 완전한 분리가 일어나(왜냐하면 태양이 사라지므로 밤이 계속되어) 썩은 세상이 도래하게 된다. 그러니까 모두 3가지의 경우가 있을 수 있는데, 그중 하나는 중재가 일어나는 경우이고, 두 번째 경우는 중재가 배제되는 경우이다. 매개 항의 부재는 결핍(두 극의 분리)이나 과도(두 극의 결합)로 상정될 수 있다(CC. 299-300).

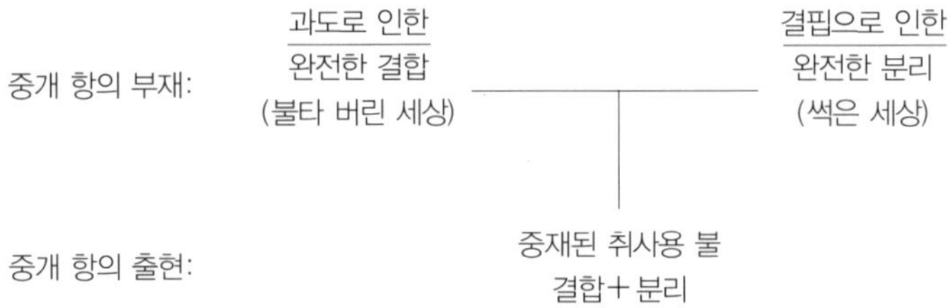

[그림 1-4]

대립된 두 항 사이에 세 번째 매개 항을 끼워 넣는 이러한 유형의 중재는 통상적으로 가장 많이 사용된다. 이처럼 단순한 매개 유형은 『신화학』 3권에서는 두 항 사이의 매개가 아니라 두 관계 사이의 매개로 좀 더 복잡해진다.

3. 신화의 구조 분석

레비-스트로스는 신화에 대한 이전의 전통적 이론들을 비판하면서 신화의 구조적 분석을 시작한다. 그는 과거의 신화에 대한 이론은 주로 철학적 투기일 뿐이었다고 비판한다. 그들은 신화를 집단의식(conscience collective)을 묘사하는, 혹은 꿈(rêveries)으로서, 인간 공통의 기본적 감정인 사랑이나 미움, 또는 복수 등을 나타내는 것으로 해석하거나, 아니면 이해할 수 없는 자연현상들에 대한 설명으로서 신화를 취급했다. 정신분석학자나 몇몇 민족학자들은 신화 속에서 사회구조의 반사, 혹은 사회적 관계의 표현으로 보거나, 실제적 감정의 왜곡이나 억압의 표현으로 취급하였다.

레비-스트로스는 이러한 다양한 분석을 비판하고 있지만, 그 역시 자연현상들, 즉 기후적, 우주적 현상이나 성운체들이 신화 속에 나타날 수 있다고 본다. 그러나 그것은 신화의 구성 요소일 뿐 이러한 현상을 설명하는 것으로 취급하지는 않는다. 그는 또한 신화를 사회구조의 반사로 보는 것에 반대한다. 신화가 표상하는 것과 사회구조는 전혀 상이할 수 있고 반대일 수 있다. 신화 체계는 다른 사고의 산물들에 비하여 독자적인 체계일 수 있다고 보기 때문이다.

더욱이 신화는 우리가 현지조사에서 얻은 민족지 자료와 전혀 다른 사실들을 말할 수도 있다. 신화는 독자적 체계 속에 여러 가지 실제적인 사실이나 이웃 집단의 사건(타 민족과의 접촉)들을 신화 속에 끼워 넣을 수 있으나, 신화는 그러한 사건을 설명하려 하는 것은 아니다. 단지 적합한(cohérent) 체계를 구성하는 재료로서 사용될 수 있다는 의미이다. 레비-스트로스는 『야생의 사고』에서 '잡다한 것을 가지고 새로운 물건을 만드는 사람'을 '브리꼴뢰르(bricoleur)'라고 하는데, 신화란 바로 이들이 만든 작품과 같다고 생각한다. 우리는 흔히 버려진 기둥, 깨진 가구, 창틀, 나무토막, 유리조각 등으로 새로운 책상이나 탁자를 만들었다면 창틀의 한 부분은 책상의 한 부분으로, 가구 조각은 책상을 유지하는 다리로 사용되어 책상이라는 체계(신화) 속에서 새로운 역할을 하게 된다. 즉, 기존의 요소들은 또 다른 의미를 가지게 된다. 이처럼 신화는 과거의 사건이나 잡다한 사실, 자연적 · 우주적 현상, 사회제도, 인간의 애증, 인간관계들을 엮어서(bricoler) 새로이 만든 가구(신화)와 같은 것이다.

레비-스트로스는 이렇게 구성된 신화의 의미와 구조를 찾기 위해서 신화의 기능을 찾는다. 이러한 기능은 신화가 내포하는 모순(contradiction)을 해결하려는 논리적 모델(modèle logique)을 제공해 주기 때문이다. 신화적 사고(pensée mythique)는 신화 내의 대립, 모순을 극복하기 위해 점진적인 매개(mediation)개념이 등장한다. 바로 이러한 모순을 해결하려는 의도가 나타난 신화가 바로 레비-스트로스가 『구조인류학 I』에서 사용한 오이디푸스 신화이다. 인간이 흙으로부터 태어났다는 이론과, 실제적으로 인간은 남자와 여자의 결합으로부터 태어나는 사실 간의 모순을 조정시키려는 일종의 논리적 도구로서의 오이디푸스 신화의 기능을 볼 수 있다. 『아스디왈의 이야기』에서도 이러한 사회적, 지리적, 기후적 모순을 극복하려는 신화의 기능을 볼 수 있다(AS. II 175).[5] 이러한 모순을 매개하는 기능은 신화 전체에서만 나타나는 것이 아니라 등장하는 인물, 물건, 신화를 구성하는 에피소드 등에서도 나타난다. 북아메리카 여러 신화에 등장하는 트릭스타(trickstar)라는 동물이 좋은 예가 될 것이다(AS. 251).

레비-스트로스는 신화의 해석에 대한 이론을 『구조인류학 I』에서 제시한 후 『신화학』에서 그의 이런 이론적 모델을 사용하여 남·북아메리카 신화를 분석한다. 앞에 제시한 이론적 모델을 상대적으로 수정하는 과정을 거치게 된다.

5) AS. II: *Anthropologie structurale II*(구조인류학 2권), Plon, Paris, 1973.

1) 신화 분석의 이론적 모델

레비-스트로스는 먼저 의미가 있는 신화의 부분들을 잘라 내어(decoupage), 대립관계에 따라 재구성하는 방법으로 신화의 논리적 기능(fonction logique)을 찾는다. 신화적 언어(신화)는 일상의 언어가 아니라 메타 언어(méta-langage)다. 즉, 신화를 구성하는 문장의 의미와는 다른 의미를 갖는다. 이 다른 의미를 찾기 위해 레비-스트로스는 신화를 해체하고 의미 있는 대(大)단위, 즉 구성적 단위(unités constitutives)들로 재구성하는 과정을 거친다. 신화를 구성하는 의미 있는 큰〔大〕 단위들을 신화소라고 한다.

신화소는 음소에 위치하는 것으로 취급되어야 하지만, 이미 그 자체가 의미를 가지고 있는 것이기 때문에 사실은 문장의 층위에 있는 것이다. 말하자면, 친족 용어는 단어(용어)의 위치에 처하지만, 친족 체계 내에서는 그 자체를 음소처럼 취급해야 된다는 것을 의미한다. 음소는 그 자체가 의미가 없지만, 다른 음소들과의 결합(이때의 결합은 대립을 바탕으로 이루어진다)에 의해 의미를 가지는 단소(單素)가 된다. 이처럼 이미 의미를 가지고 있는 의미소(意味素)인 신화소를 의미를 가지지 않은 음소처럼 신화 체계 내에서 대립관계를 통해 논리적 기능을 찾아내는 것이다. 논리적 기능은 체계 내에서 의미(sens)를 나타낸다. 신화의 감추어진 의미를 찾기 위해서는 이와 같은 구조적 방법을 사용해야 한다고 레비-스트로스는 말한다.

신화소는 다른 신화소와의 관계없이는 독자적인 의미를 갖지 못하며, 다른 신화소와의 관계를 관계군(關係群, paquets de relations)이라고 한다. 신화소가 의미를 가지는 것은 이러한 신화소들 간의 관계에 의해서이다. 즉, 신화소의 의미 있는 기능(fonction signifiante)은 신화소들 간의 조합에 의해서 얻어진다(AS 233-234).

신화로부터 쪼개진 신화소들은 관계군을 형성하도록 재배치해야 하는데, 먼저 떼어 낸 신화소들을 이야기가 전개되는 순서에 따라 수평축 위에 왼쪽에서 오른쪽으로 배치시키고, 다음 수직축 위에 위에서부터 아래쪽으로 수평축을 따라 수직축이 기둥(欄)을 이루도록 같은 의미(혹은 같은 관계)를 지니는 신화소들을 이야기의 순서대로 차례로 배치한다.

수평축은 통합적 연쇄(chaîne syntagmatique)를 나타낸다. 즉, 신화의 통시적 구조(structure diachronique)를 나타내는 것이다. 수직축은 계열적 집합(ensemble paradigmatique)을 구성한다. 다시 말하자면, 신화의 공시적 구조(structure synchronique) 즉 신화의 논리적 구조를 나타내는 것이다. 신화는 한 줄 한 줄 혹은 한 페이지 한 페이지를 통시적으로 읽어서는 의미(전체의 화음)를 찾을 수 없으며, 축을 따라 공시적으로 위에서 아래로, 왼쪽에서 오른쪽으로 오케스트라의 악보처럼 동시에 읽어 나가야 한다. 레비-스트로스는 『신화학』을 쓰면서 마치 작곡가가 오케스트라를 작곡하듯 신화를 배열하며, 오케스트라의 악장으로 비유하여 제목을 붙이고 있다. 오케스트라 악보의 수직축은 공시적 서열(ordre paradigmatique)이며, 멜로디를 따라 진행하는 것은 통시적 관계(relation syntagmatique)를 표현하는 것이다.

레비-스트로스는 오이디푸스 신화를 분석하면서 다양한 종류가 존재함에도 불구하고 어떤 판본(版, version)을 사용할까를 고민하지 않았다. 레비-스트로스 이전의 학자들은 어떤 판본이 원천(origine)에 가까운가를 따지는 비교역사학파의 관점을 가지고 그것의 전파 혹은 어느 것이 전이냐 후이냐를 따졌지만, 레비-스트로스는 이것이 의미가 없다고 보았다. 이들 신화 모두를 그 변형(transformation)의 하나로 보았기 때문이다. 보통 신화는 다양한 종류의 판본이 존재한다. 이것은 같은 구조를 가진 신화들의 변형으로 어느 것을 먼저 분석하여도 마찬가지이다. 레비-스트로스는 이렇게 같은 구조를 가진 신화가 반복하여 다른 판본이 생기는 것은 신화의 구조를 더욱 분명히 나타내기 위한 신화 자체의 특성이라고 본다. 언어학에서 체언 현상(redondance)과 같은 것이다. 여기서 더욱 중요한 사실은 이러한 여러 종류의 신화는 그 구조가 유사하더라도 그 내용은 얼마든지 달라질 수 있다. 같은 종류의 신화라도 거기에 등장하는 인물들이 남자가 여자로 될 수도 있고, 여자가 여우로 나타날 수도 있다. 또한 인물의 기능이 '도움을 주는 행위를 할' 수도 있지만, 반대로 '해를 입히는 행위를 할' 수도 있다. 레비-스트로스는 이러한 이유를 『구조인류학 I』에서 아메리카 인디언 신화를 바탕으로 신화가 어떻게 변형되어 반대(inversion)의 기능을 행사하는지를 앞에서 잠깐 언급한 신화구조의 매개개념을 가지고 설명한다. 여기서는 그 원리만을 몇 개의 도표를 가지고 설명해 볼 것이다.

먼저 레비-스트로스는 파슨스(Parsons)와 커싱(Cushing), 스티븐슨(Stevenson)이 수집한 신화를 분석해 본 결과 아래와 같은 도식을 얻을 수 있었다.

〈표 1-2〉

대립관계	Cushing	Parsons	Stevenson
신/인간	−	+	+
식물의 줄기섬유질/동물의 힘줄	−	−	+

농업을 위주로 하는 부족과 사냥을 위주로 하는 부족이 사용한 활의 줄이 식물로부터 나온 것인가 아니면 동물로부터 온 것인가의 대립 여하에 따라서 (+), (−)의 기호를 사용하였다. 또한 신과 인간의 관계가 우호적인가 비우호적인가에 따라 대립을 성립시켜 본 것이다. 우리는 여기서

커싱 판본과 스티븐슨 판본 사이에는 대립관계를 나타내고 있다는 사실을 알 수 있다. 그러나 파슨스 판본은 이 두 대립되는 것의 매개적인 중개 항임을 또한 알 수 있다. 이 세 판본은 한 신화의 조합변이형(variantes combinatoires)이다.

레비-스트로스는 같은 종류의 속성(attributs)을 가진 여러 판본의 신화들을 같은 신화의 조합변이형으로 간주한다. 커싱이 수집한 주니(Zuni)족의 신화 속에는 구원자(messie)가 신화의 시작 부분에서 '자비한(bienfaisant)' 것으로 나타나지만, 푸에블로(Pueblo)족의 신화에서는 구원자의 행위가 '모호한(équivoque)' 것으로 신화의 중간 부분에 나타나고, 지아(Zia)족 신화에서는 '해를 입히는(malfaisant)' 것으로 신화의 마지막 부분에 나타난다. 여기서 우리는 두 가지 사실, 즉 각 신화에서 같은 인물이 등장하는 순서(앞/중간/뒤)에서나 인물이 행하는 인간들과의 관계(자비한/모호한/해를 입히는)에서 쉽게 푸에블로족의 신화는 주니족과 지아족 신화의 매개 신화라는 것을 알게 된다. 이처럼 같은 조합변이형 집단의 신화는 선(善)한 신이 악(惡)한 신으로 변형되고 있음을 알 수 있다.

레비-스트로스는, 이러한 분석방법(변증법적 논리)을 체계적으로 응용하면 일련의 치환 집단(groupe de permutation)을 이루는 한 신화의 변이형(variantes)으로 정리할 수 있다고 한다. 이때 이들 신화의 양쪽 끝에 위치하는 극단적인 두 신화는 대칭(symétrique)이며 도치된(inversée) 구조를 갖게 된다. 이렇게 하여 3개의 조작 유형(trois types d'opération)을 만들 수 있다. 북아메리카 인디언 신화 속에 나오는 트릭스타(trickstar)라는 동물이 왜 나오는지가 수수께끼였다. 레비-스트로스는 이렇게 말한다. 신화적 사고는 어떤 대립적인 요인들을 감지하면 즉시 이를 두 대립구조를 매개하는 점진적인 매개구조를 만든다. 두 항(terms) 사이에 뛰어넘을 수 없는 대립을 중개하는 항이 나타난다. 이렇게 하여 이원적 대립은 3원적 관계의 대립의 구조를 만든다." 그래서 아래와 같은 매개(중개)구조를 얻을 수 있다.

〈표 1-3〉

원초적 대립	첫 번째 3원 구조	두 번째 3원 구조
삶	농업	초식동물
		썩은 고기를 먹는 동물
	사냥	육식동물
죽음	전쟁	

썩은 고기를 먹는 동물(charognard)은 동물성을 먹지만, 사냥을 하지 않는다. 즉, 수동적인 점에서 초식동물과 같다. 이처럼 대립되는 두 항을 매개하는 것으로 아메리카 신화에 나오는 것들은 무수히 많다. 코요테(coyote), 안개, 머리가죽(scalp) 등. 코요테는 썩은 고기를 먹는 동물로서 초식동물과 육식동물을 매개하는 것으로, 안개는 하늘과 땅을, 머리 가죽은 인디언들이 전쟁에서 얻은 전리품이다. 즉, 농부가 수확하는 것과 같기 때문에 전쟁과 농업 사이의 매개 항으로 나타날 수 있는 것이다. 마치 자연과 문화 사이에는 옷(vétemants)이 나타나고, 마을과 숲 사이에 쓰레기가 나타나는 것도 두 대립 항들을 매개하는, 즉 3원 대립을 이루는 매개 항을 구성하기 위해서다. 앞에 제시했던 트릭스타(trickstar) 역시 '모호한' 행위자로서의 매개 항으로 아메리카 신화에 나타나는 것을 알 수 있다. 트릭스타가 중개 항으로 나타날 수 있는 것은 모호함 때문이다. 마치 뜨거움과 차가움의 중간에는 반드시 차지도 뜨겁지도 않은 미지근함이 존재해야 하는 것처럼… 뜨거운 항은 미지근한 중간 항을 거치지 않고는 차가운 항에 도달할 수 없다. 그러므로 삶과 죽음을 이어 주는 항으로 나타나는 신화 M_5의 질병의 출현은 필요 불가결한 항이다. 그런데 중

간 항으로 나타나는 트릭스타의 역할은 다른 동물들이 이를 대신할 수 있다. 예를 들자면 신화 M_2에서 이 세상과 저 세상을 연결할 수 있는 장례식의 기원과 장식물의 창조로 산 자와 죽은 자를 연결하듯이 동남아 산간지방의 묘족 장례식에는 닭이나 소가 희생되는데, 이는 죽은 자의 영혼을 저세상(조상세계)으로 인도하기 위함이다(임봉길 2005: 209 이하 참조). 레비-스트로스는, 이러한 일련의 매개자들은 아메리카 인디언 신화에 다양한 문제들을 해결할 수 있는 '논리적 분절(articulations logiques)'자(者)이며, 이들은 뛰어넘는 기능(fonction de surmonter)을 수행함으로써 대립의 문제를 해결한다고 보았다.

레비-스트로스는 또한 신화의 논리적 구성(construction logique)으로 기능의 이중적 치환(double permutation de fonctions)을 가정할 수 있다고 한다. 아메리카 신화에서는 흔히 한 인물, 여기서는 하나의 신(divinité)이 경우에 따라서 '우호적'일 수도 있고 '악질적'일 수도 있는 성품의 대립을 볼 수 있다. 호피(Hopi)족 신화에 나오는 샤라코(Shalako) 의례의 기반을 구성하는 다양한 신화의 이본(variantes)을 비교해 볼 수 있을 것이다.

(마사우 : x) ≃ (무잉구 : 마사우) ≃ (샤라코 : 무잉구) ≃ (y : 마사우)

* (≃)는 isomorphisme(동형, 同形)을 의미한다.

여기서 (X)와 (Y)는 두 극단적 대립의 신화가 제시할 수 있는 자의적인 가치(valeurs arbitraires)를 표현하고 있다. 첫 번째 신화에 나오는 마사우는 인간에 대하여 '구원적'이지만, 두 번째(무잉구)에서는 마사우보다 '덜 구원적'이며, 세 번째(샤라코)는 무잉구 신화보다도 덜 구원적이다. 그리고 네 번째 판에서 마사우는 차라리 인간에 대하여 '적대적'이다.

이러한 점진적인 가치(valeur)의 변화는 순계류(鶉鷄類, gallinacés)나 다른 동물의 복종사슬관계에서도 나타난다(pecking-order).[6] 레비-스트로스는 이러한 관계를 『친족의 기본구조』에서 일반교환 체계(échange géneralisé)와 같다고 보고 있다.[7]

앞에서 제시한 이러한 관계를 종합하면서, 레비-스트로스는 치환 집단 형태로 신화의 변이형(variantes)들을 정리한다면 신화 집단의 법칙(loi de groupe)을 발견할 수 있을 것이라고 한다. 여기서 모든 신화를 변이형의 총합으로 간주하면 아래와 같은 표준적(canonique) 관계의 유형을 만들 수 있다.

$$Fx(a) : Fy(b) \simeq Fx(b) : Fa-1(y)$$

여기서 (a)와 (b)는 두 개의 항(termes)을 나타내고 (x)와 (y)는 기능(fonctions, 또는 함수)을 나타낸다. 항(termes)과 관계(relations)를 아래와 같이 도치(inversion, 역전)하더라도 이 두 환경 사이에는 동치관계(relations d'équivalence)가 성립한다. 즉, 이러한 도치는 두 개의 조건을 만족시키는 조건에서인데, 먼저 두 항 중의 하나를 그 항의 반대(contraire) 것으로 바꿔 놓는다는 조건〔여기서 항 (a)는 그 반대인 (a-1)도 된다〕이며, 다른 하나는 두 요소 (y)와 (a) 항의 가치(valeur de terme)와 기능적 가치(함수의 가치) 사이에 상관적 도치(inversion correlative)가 성립하는 조건하에서이다. 이

6) 가장 약한 놈은 자기보다 강한 놈에게 복종하지만, 결국 가장 강한 놈은 가장 약한 놈에게 복종한다는 사실.

7) A → B → C → D → A가 되는 혼인 순환고리.
예를 들자면, 한국의 혼인제도는 일반교환 체계이다. 박씨 → 이씨 → 최씨 → 박씨 등과의 혼인고리를 의미한다.

와 같은 조건이 성립되면 두 환경 사이에는 동치관계가 성립한다.

신화구조 분석의 근본적 도구들 중의 하나인 변형개념은 전적으로 유사성(analogie)을 바탕으로 이루어진다. 다시 말하면 변증법적 논리로부터 나온다. 레비-스트로스는, 결국 변형 집단의 법칙으로 표현된 위의 공식은 각각 항과 관계의 도치로 정의된 두 환경 사이에 동치(등가)관계가 존재한다는 것을 인정하고 있다.

그러한 동치관계가 어떻게 보로로 신화 M_5의 질병을 뿜어 내는 어머니, 사리그, 무지개, 그리고 별〔星〕 사이에 성립될 수 있는지를 아래의 예가 잘 보여 준다. 이 신화 M_5 속에는 천체(天體)적 요소를 나타내는 참조사항이 전적으로 부재함에도 이 신화가 잠재적으로 천체 코드(화)를 나타내는지를 증명하는 것과 관련이 있다(여기서는 이에 대하여 이야기하지 않기로 한다). 신화 M_5의 여주인공은 두 가지 측면을 나타낸다. 먼저 주인공은 더 많은 물고기를 먹기 위해 어린아이를 방치한 나쁜 양모이다. 이어서 그녀는 먹은 물고기를 인간들에게 치명적인 질병의 형태로 몸 전체에서 뿜어 낸다. 그리고 사리그 또한 방금 위에서 본 특성과 비교할 수 있는 두 가지 양태로 특성화된다. 즉, 사리그는 훌륭한 양모인 반면, 역한 냄새를 풍긴다. 이 두 양태를 각각 (1)과 (2)로 표시하면, 아래와 같은 두 가지 조건하에서 사리그를 보로로 여주인공(M_5)으로 변형시킬 수 있다.

$$(1) \rightarrow (-1)$$
$$(2) \rightarrow 2^n$$

다른 말로 표현하면, 보로로 여주인공은 사리그의 긍정적 양태가 역으로 변형되고, 부정적 양태는 불확정적이지만 향상된(배가된) 힘을 지니게 된 (또 다른) 사리그가 된 것이다. 모든 인간에게 치명적인 그녀의 악취로 인해 이제 양육자(양모)의 덕목을 잃어버린 (또 다른) 사리그이다[악취, 즉 질병과 죽음을 유발함으로써 부정적인 측면이 배가(2^n)된다]. 그런데 가이아나 인디언들은 무지개를 '사리그'라고 부르며, 모호한 존재로 표현한다. 즉, 양육자로서 사리그는 생명에 기여하며(긍정적), 악취를 풍기는 동물로서 죽음을 예견한다(부정적). 자신이 재난과 질병의 책임자이며, 뱀과 동일시되고 있는 무지개의 정상적 가치와 혼돈되는 사리그의 극한 가치를 얻기 위해서는 이러한 사리그의 상반된 속성들을 역으로 변화시키는 것으로 충분하다. 그러니까 사리그의 의미론적 가치를 역으로 변환시켜 사리그를 무지개로 변형시킬 수 있으며, 또한 이들(의미론적 가치)을 하나 그리고 또 다른 하나를 상반되는 방향으로 도치시킴으로써 사리그를 별로 변형시킬 수 있다. 결국 유한한 존재(인간)의 아내인 별은 '슈퍼-양육자'(재배식물의 기증자)이며, 전혀 악취를 풍기지 않는다. 왜냐하면 이것은 두 번째 (또 다른) 사리그이기 때문이다. 아니면 같은 사리그, 그러나 시동생에게 강간을 당한 후 그녀의 성품이 변화된 사리그는 단명의 유입자로서 모든 부정적 기능을 수행한다.

별 — 사리그 — 무지개

(f 극대화) ← f 양육자 → (f 부정적)

(f 부정적) ← f 악취를 풍기는 → (f 극대화)

* f = 기능

[그림 1-5]

한 인물이 다른 인물 혹은 별, 또는 기상학적 현상(무지개)으로의 변화를 성립시키기 위해 구조적 방법이 근거로 하는 유사성은 그 인물의 외양이나 정체성이 아니라 신화 체계 속에서 이 인물이 수행하는 기능

혹은 기능들을 고려했을 경우에 나타난다는 사실은 대단히 중요하다. 기능이 항이 되고, 항이 기능이 되는 경우는 묘족 샤먼의 신들과 그들의 역할에서도 볼 수 있다. 동물이나 사람 등 구체적인 인물이 아닌 기능이 인물(샤먼 신)이 된다. 샤먼은 집 안을 깨끗하게 청소하고 유지하기 위하여 '깨끗한 신'이나 '하얀 신', '순수한 신'을 부르며 굿을 한다(임봉길 2005: 173 참조). 이러한 유사성은 항(용어)들의 내재적 의미를 논리적 기능으로 축소시키는 형식분석(analyse formelle)에 의해서만 알아낼 수 있다.

레비-스트로스는 『신화학』을 집필하면서 끊임없이 신화들 사이에, 또는 신화 집단들 사이에 존재할 수 있는 다중의 상관관계, 즉 보충적 관계, 보완(상보성)관계, 상동성 관계, 전도된 대칭관계 등 변증법적 논리를 바탕으로 생기는 이러한 관계들을 분명히 하는 데 힘을 쏟는다.

2) 신화 집단의 변형의 예

레비-스트로스는 『신화학』 2권에서 일련의 차코 신화와 중앙브라질의 여러 부족 신화들을 신화의 변형 시리즈로 만든다. 이 신화 집단의 변형 시리즈는 다섯 개의 집단으로 분류된 신화들의 연쇄이다. 이들 신화들의 핵심 주인공이 동물이라는 점을 받아들일 때 만일 그리고 단지 만일(↔) (1)과 (2)가 성립된다면, 이들 신화들은 아래와 같은 신화 집단이 성립될 수 있다.

(1) (결과적으로) 연속되는 두 신화에서 동물의 정체(정체성)가 같으면 동물의 성(性)은 역(逆)이 된다.

(2) (결과적으로) 연속되는 두 신화에서 동물의 성(性)이 같으면 동물의

특성은 역(逆)이 된다.

a. 첫 번째 변형 【벌 ⇒ 벌】↔【○ ⇒ △】
한 신화의 주인공이 벌이고 다른 신화의 주인공 역시 벌일 경우, 다른 신화에서 여성(암컷)은 남성(수컷)이 된다.

b. 두 번째 변형 【△ ⇒ △】↔【벌 ⇒ 개구리】
첫 번째 신화의 주인공이 수컷이고 두 번째 신화의 주인공 역시 수컷일 경우, 첫 번째 신화의 벌은 두 번째 신화에서 개구리가 된다.

c. 세 번째 변형 【개구리 ⇒ 개구리】↔【△ ⇒ ○】
한 신화의 핵심 주인공이 개구리이고 다른 신화에서도 개구리일 경우, 수컷은 암컷으로 변한다.

d. 네 번째 변형 【○ ⇒ ○】↔【개구리 ⇒ 표범】
한 신화의 핵심 주인공이 암컷이고 다른 신화에서도 암컷일 경우, 개구리는 표범이 된다.

e. 다섯 번째 변형 【표범 ⇒ 표범】↔【○ ⇒ △】
한 신화의 핵심 주인공이 표범이고 다른 신화에서도 표범일 경우, 암컷은 수컷이 된다.

f. 여섯 번째 변형 【표범 ⇒ 표범】↔【△ ⇒ ○】
한 신화의 핵심 주인공이 표범이고 다른 신화에서도 표범일 경우, 수컷은 암컷이 된다.

e와 f는 같은 변화가 역으로 반복될 뿐이다. 말하자면 신화 집단이 끝났음을 알리는 신호다. 왜냐하면 여기서 다시 반복되기 위해서는 a에서 시작해야 하기 때문이다. 신화 집단이 순환 집단임을 말한다.

4. 신화 분석을 위한 비교방법

1) 형식분석

형식분석은 '유일하고 안정된 요소'들로부터 구성된 모델을 매개로 하여 이루어지는데, 형식적 특성들은 요소들과 독립적으로 비교될 수 있다. 그러니까 먼저 전략적 가치가 있는, 말하자면 모델의 성질이 어떠하든지 모델의 형식으로 표현될 수 있는 실제의 층위들을 판별하고 분리하는 것과 관련된다(AS. 311).

『친족의 기본구조』에서 레비-스트로스는 수학적 모델을 사용한다. 그러나 『신화학』에서 이 모델들은 개요를 나타내는 '일람표', 기하학적 도형, 격자형 구조 등으로 대체되며(OMT. 153, 349), 서로 연결되어 있는 명제들을 논리-수학적 상징으로 대체한다. 이러한 도형이나 상징들은 증명을 위한 도구가 아니라 단지 복잡한 관계나 변형의 전체를 한눈에 알아볼 수 있도록 설명을 미리 예시하거나 요약하기에 적합한 접근 방식일 뿐이다(CC. 39; HN. 567). 결국 레비-스트로스는 신화의 논리-수학적 모델의 취급이 어려움에 봉착하게 되는 이유를 설명한다. 왜냐하면 신화분석은 결국 단순한 용어들이나 단순한 관계를 취급하기보다는 단어(혹은 항)들의 묶음(群)이나 관계들의 묶음을 더욱 많이 다루게 되는데, 이러한 관계나 용어의 묶음들은 서로 다른 유형의 대칭을 나타내고, 또한 그 수가 많아서 한정된 어휘로 이들 사이의 불일치, 대립이나 역을 모두 묘사할 수 없기 때문이다. 말하자면 이 모두를 단순화하여 표시하기가 쉽지 않다(HN. 568).

신화의 첫 번째 단계의 비교는 일반적으로 신화를 에피소드별, 시퀀스(장면)와 신화소별로 분해하는 것이 목적인 형식분석 유형으로 이루어진다. 그리고 신화의 구조를 구성하는 기본적인 대립(들)과 신화의 메시지를 해석하는 데 필수적인 여러 코드(들)를 구별해 내는 것이다. 이러한 작업은 이미 신화를 구성하고 있는 여러 요소들에 대한 (한 신화의 내부에서 이루어진) 비교분석의 형식을 취하고 있다.

비교는 신화를 구성하는 3가지 층위에서 이루어질 수 있는데, 내용이나 메시지의 층위(어휘나 문법을 포함하고 있는)와 코드의 층위, 그리고 골조 혹은 구조의 층위이다. 그러니까 신화 사이의 유사성이나 혹은 차이성은 메시지와 코드(어휘, 문법 혹은 둘 다 동시에 관계된다) 혹은 골조와 관련될 수 있다. 결과적으로 비교는 먼저 메시지가 해독되고 골조가 발견된 후에 완성된다.

2) 신화의 비교(신화와 신화들 사이의 비교)

우리는 『신화학』 1권과 2권에서 사용된 신화들 사이의 비교분석이 어떻게 이루어지는가를 몇 가지 예를 들어 볼 것이다.

신화 M_8처럼 취사의 기원 신화인 M_{14}의 초입에서 인용된 켁사다(카에테투와 켁사다는 야생돼지의 변종들이다)로 한층 보강된 신화 M_8의 카에테투의 역할을 설명하기 위해 레비-스트로스는 야생돼지의 기원신화들인 M_{15}와 M_{16}의 조사를 시작한다. 그는 먼저 이 신화들이 야생돼지류에게 부여한 의미론적 기능에 대하여 묻는다.

M_{15}. 테네테하라(Tenetehara) 족 신화: 야생돼지의 기원

투판(Tupan, 문화 영웅)은 자신의 대자(代子)와 함께 여행을 하고 있었다. 그들이 어느 마을에 당도하게 되었는데, 마을 사람들이 소년과 인척관계였으므로 투판은 소년을 그들에게 맡겼다. 그러나 마을 사람들은 소년을 막대했고, 아이는 투판이 돌아왔을 때 사실을 하소연했다.
분개한 투판은 대자에게 깃털들을 모아서 마을 주위에 쌓아 두도록 명령했다. 깃털이 충분히 모이자 투판은 거기에 불을 놓았다. 불길에 휩싸인 주민들은 도망치지 못한 채 이리저리 뛰어다녔다. 점차 마을 사람들의 소리(비명)는 꿀꿀거림으로 변해 갔다. 그 이유는 그들이 산돼지 페카리와 다른 야생돼지들로 변했기 때문이다. 이들 중 숲에 도달한 것들이 오늘날 야생돼지의 조상이 되었다. 투판은 그의 대자 마라나이와(Marana ywa)에게 돼지들의 주인이 되게 했다(Wagley-Galvão, 134).

M16. 문두루쿠(Mundurucu) 족 신화: 야생돼지의 기원

때는 건기였고, 모두들 숲에서 사냥을 하고 있었다. 조물주 카루사케베(Karusakaibe)는 그의 아들 코룸타우(Korumtau)와 함께 야영지에서 조금 떨어진 곳에 머물고 있었다. 당시 사람들은 털 달린 사냥감으로는 야생돼지 카에테투밖에 몰랐으며, 사람들이 주로 사냥하는 것이 바로 이 동물이었다. 카루사케베는 예외였는데, 그는 인함부새를 사냥하고 있었다. 그리고 매일 아들을 자신의 여동생들의 야영지〔쿠드로(Coudreau)에 따르자면 '이웃들의 야영지'〕에 보냈는데, 그가 잡은 인함부새와 여동생들의 남편들이 잡은 야생돼지 카에테투를 교환하기 위해서였다. 불만을 품게 된 소년의 고모들은 화를 내기에 이르렀고, 조카에게 모욕을 주었다〔그에게 깃털과 껍데기를 던지면서(Tocantins, 86과 Coudreau; Kruse 3)〕. 그는 울면서 돌아왔고 아버지에게 일어난 일을 설명했다.
카루사케베는 아들에게 새털로 야영지의 윗부분을 궁륭 모양으로 둘러싸도록 명령했다〔이 작업이 이루어지는 동안 소년은 새와 두꺼비로 모양을 바꾼다(Kruse 3)〕. 그다음 카루사케베는 그 안에 담배연기 구름을 뿜어 넣었다. 주민들은 연기에 취했고, 카루사케베가 "당신들의 음식을 먹으시오!"라고 외쳤을 때, 그들은 조물주가 자신들에게 짝짓기를 하라고 명령하는 것으로 알아들었다. "그들은 곧 일상적인 끙끙거리는 소리를 내면서 사랑의 행위에 자신들을 맡겨 버렸다." 그리고 모두 야생돼지로 변했다. 연기를 막기 위해

> 코를 막았던 나뭇잎은 돼지의 콧등(주둥이)이 되었으며, 몸뚱이는 카루사케베가 개미핥기에게 빌려서 그들에게 던진 털로 뒤덮였다. 원래 마을에 남아 있었던 다른 인디언들은 동료들의 운명에 대해 전혀 모르고 있었다. 매일 카루사케베는 몰래 털로 된 우리〔'돼지들의 산'(Kruse 3)〕에 가서 반쯤 열려진 문 앞에 약간의 음식물을 놓아 두고 돼지를 한 마리씩 유인해 냈다. 그는 화살 한 방으로 돼지를 죽이고는 문을 다시 잠근 다음 그가 잡은 것을 가지고 마을로 되돌아가곤 했다
> 주인공이 없는 사이 데이루(Daiïru, 실망을 안겨 주는 자, 사기꾼)는 코룸타우로부터 울타리의 비밀을 알아냈다. 그러나 그의 부주의로 인해 돼지들이 도망치고 말았다(Murphy 1, 70-73).

문두루쿠 신화 M_{16}은 카에테투의 털이 검고 짧으며 흰 털이 섞여 있는 반면, 야생돼지는 털이 아주 검고 더 길다는 점을 명확히 하고 있다. 다른 판본인 M_{18}은 페카리(혹은 켁사다) 야생돼지의 주둥이는 더욱 길다고 단언한다. 그러므로 누 야생돼지 종은 아래와 같은 양상으로 특징된다.

1. 카에테투: 더 짧은 주둥이, 흰 털이 섞인 짧은 털
2. 페카리, 또는 켁사다 야생돼지: 더 긴 주둥이, 검고 긴 털

이 신화들은 두 종류의 야생돼지가 어떤 의미론적 위치에 있는지를 이해할 수 있게 해 주는데, 이것들은 인간성과 동물성을 매개할 수 있도록 특별한 하나의 짝으로 결합되어 있거나 서로 대립된 짝으로 되어 있다. 말하자면 이들을 나타내는 항들 중 하나는 원래의 용도가 동물을 나타내고 있는 반면, 다른 하나의 항은 원래 인간이었다가 동물이 된 사실을 나타내고 있는데, 이것은 비사회적인 행위로 인해 인간이 동물이 된 사실을 보여 준다. 즉, 야생돼지 페카리의 조상들은 원래 "비인간적인 행위를

하는" 인간들이었다. 야생돼지 카에테투와 야생돼지 페카리는 결국 반(半)인간들이 되는데, 첫 번째 것들(야생돼지 카에테투)은 공시적인 측면에서 절반은 동물이고 나머지 절반은 원초적 인간이다. 두 번째 것들(야생돼지 페카리)은 통시적인 측면에서 위와 같은 결과를 갖게 되는데, 이것들은 동물성을 갖기 이전에 인간이었기 때문이다.

[그림 1-6]

또한 이 신화들이 거론하고 있는 친족관계에 특별한 주의를 기울일 필요가 있다. 테네테하라 신화 M_{15}가 표현하고 있는 친족관계는 결코 명시적이지는 않지만, 문화 영웅인 주인공은 대자를 갖고 있으며, 그는 이 대자의 부모(친족)들과 불화관계에 있다. 그렇지만 원본이 암시하고 있듯이 만일 이 대자가 조카(누이의 아들)라면 조물주(주인공)와 대자인 소년의 부모(친족)와의 관계는 문두루쿠 신화 M_{16}에서 나타난 관계와 같다. 다시 말하면 신화에서는 주인공인 조물주는 아들을 갖고 있으며, 여기에서 주인공은 누이들(아들의 고모) 그리고 누이의 남편들과 대립한다. 카야포 신화 M_{18}에서 주인공 오왐브레는 자신의 아들을 모계 친족에게 보내 음식물을 얻어 오도록 하며, 주인공은 누이의 남편인 매제 타카케와 불화관계에 있다. 이처럼 이들 신화에서는 늘 인척들 사이의 분쟁관계를 나타내고 있다.

결국 테네테하라와 문두루쿠 신화에 거론된 친족과 혼인관계(인척관계)의 형상을 보면 다음과 같다.

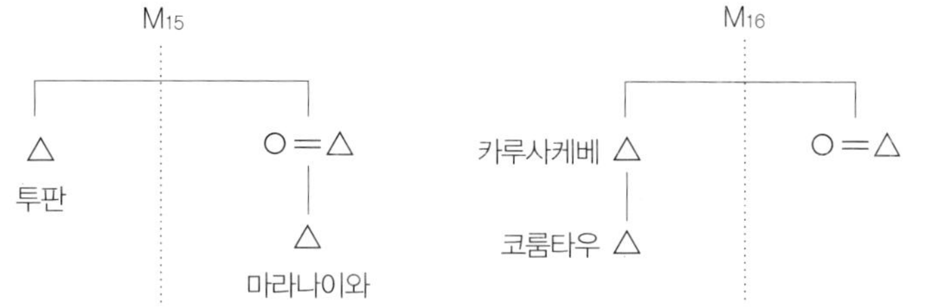

[그림 1-7]

위에서 거론한 인척 사이의 불화는 아래와 같이 요약될 수 있다. 즉, 여자들의 남자형제는 자신의 누이들 남편으로부터 나쁜 취급을 받는 희생자가 된다. 다시 말하자면 여자를 제공하는 자는 여자를 취하는 자로부터 박대를 당한다.

레비-스트로스는 표범의 아내에 관한 신화 M_{14}가 어떻게 야생돼지의 기원 신화 집단을 취사용 불의 기원 제(gé)족 신화 집단(M_7~M_{12})과 새 둥지 터는 사람의 보로로족 신화 M_1에 연결시킬 수 있는지를 보인다. 이들 모든 신화에는 인척들 사이에 불화의 모티프(소재)를 찾을 수 있는데, 보로로 신화의 경우 신화 M_7~M_{12}와 M_{15}, M_{16}의 신화 집단들에 공통적인 친족과 인척관계의 형상을 도치시키고 있다. 이러한 전도(도치)는 보로로족의 출계가 모계 출계라는 사실로 설명된다. 그래서 보로로인들이 (신화) 내용의 체계적 도치를 통해 인척관계의 주제를 취급하는 것을 보고 놀랄 필요는 없다. 레비-스트로스는 이러한 주장을 보강하기 위해 문화재(文化財)의 기원을 다루고 있는 다른 보로로 신화 M_{20}을 조사한다.

M_{20}. 보로로족의 신화: 문화재의 기원

옛날에는 보코도리 씨족(세라 반족에 속한다)의 남자들은 '아라앵무새의 둥지'라고 불리는 앵무새의 깃털로 만든 오두막에서 즐겁게 살던 초자연적인 신이었다. 그들은 필요한 것이 있을 때에는 가장 어린 동생들 중 한 명을 누이에게 보냈는데, 그러면 누이는 남편에게서 그들이 요구한 물건을 얻었다. 그래서 어린 동생은 그들이 꿀을 요구한다는 사실을 매형에게 알렸다. 매형은 그들을 자신의 오두막에 와서 꿀을 맛보라고 초청했는데, 꿀은 진하고 끈적끈적하며 거품으로 꽉 차 있었다. 왜냐하면 꿀을 따러 가서 매형은 아내와 성교를 하면서 꿀을 땄기 때문이다. 아내의 형제들은 모욕을 당하고 돌아와서는 물 밑에서 코코넛 열매의 껍질과 조개껍질을 뚫을 수 있는 돌멩이를 찾기로 결심했다. 이 돌멩이는 목걸이나 걸개와 같은 장식물을 만드는 기술적인 도구였다. 마침내 그들은 돌멩이를 찾을 수 있었고, 덕분에 구멍을 뚫는 작업을 성공적으로 할 수 있었다. 이러한 성공으로 그들은 승리의 웃음을 웃을 수 있게 되었는데, 이 웃음은 세속적인 즐거움을 표현하는 웃음과는 구별되는 웃음이었다. 이러한 '강요된 웃음(rire forcé)' 또는 '희생적인 웃음(rire de sacrifice)'은 '영혼의 웃음(rire des ames)'이라고 불린다. 이러한 격언은 또 역시 보코도리 씨족에 속한 의례적인 노래를 지칭하기도 한다(『보로로 백과사전』 제11권, 114쪽).

멀리서 들리는 소리의 원인이 무엇인지 호기심에 끌려 그들의 누이는 형제들을 몰래 정찰했는데, 여자에게 금지된 깃털 오두막의 내부를 들여다봄으로써 규율을 어기게 되었다. 그런 일이 있은 직후 보코도리 씨족은 사라지기로 결심했다. 그들은 먼저 엄숙하게 동족(同族, lignées는 종족이나 동족으로 불릴 수 있다. 모두 같은 의미로 사용된다—필자) 사이에 장식물을 나누어 가졌는데, 이 장식물은 각 동족의 특권을 나타내는 것이었다. 그리고 그들은 모두 불붙는 장작더미에 몸을 던졌다(이미 결혼한 친족들은 제외했는데, 이들이 종족을 영속시킬 수 있었다).

거의 불에 타 없어질 즈음에 그들은 붉은 아라앵무새, 노란 아라앵무새, 매, 독수리, 백조 등 여러 종류의 새로 변신했다. 부락의 또 다른 거주자들 역시 불길한 그들의 거주지를 떠나기로 결심했다. 단지 누이만이 정기적으로 그들이 죽은 희생 장소에 돌아왔으며, 그녀는 잿더미 위에 자라난 식물들을 채집했다. 이때 나타난 식물들은 우쿠쿠, 목화, 박 등이었고, 그녀는 이 식물들을 자신의 친족들에게 나누어 주었다(Cruz 2, 159-164).

야생돼지 기원의 신화처럼 이 신화도 인척 사이의 관계를 거론하고 있는 것이 분명하다. 이 신화는 같은 구문(syntaxe)을 사용하지만, 다른 '말'(단어)들을 사용하고 있다(다른 말로 하자면 코드는 구문에 있어서는 같지만 어휘에 있어서는 다르다). 두 유형의 의붓형제(여기서는 처남과 매형을 의미—필자)들은 역시 서로 얼마의 거리를 두고 거주하고 있다. 그러나 이 신화에서는 여자를 제공하는 자들은 새와 동일시된다〔그러나 (앞의 신화에서처럼) 새를 잡는 사냥꾼에 비교되지는 않는다〕. 이들은 미혼이고, 깃털로 된 오두막에 거주하며 낙원에서의 삶을 영위하고 있다.

신화 M_{20}에서는 야생돼지와 관련되는 신화 M_{15}, M_{16}처럼 여자를 제공하는 자들은 여자를 취하는 자들에게 음식물의 분배, 즉 고기나 꿀을 기대한다. 그러나 예를 들자면 신화 M_{16}에서 음식물 분배의 거부(또는 양도를 하되 마지못해 한다)는 무절제한 성 행위를 야기하고, 이로 인해 그들은 야생돼지로 변형되는데, 이 신화(M_{20})에서는 그것이 전도되어 있다. 즉, 꿀을 따는 동안 금지된 성 행위를 한 것은 분배를 거부한 행위와 일치한다(왜냐하면 제공된 꿀은 먹을 수 없는 음식이기 때문이다). 이로 인해 (여기서는 음식물을 거부한 자들이 아니라) 모욕을 당한 자들은 먼저 장식물과 이를 만드는 기술을 창조한 문화 영웅으로 변형되며, 다음에는 불 속에 몸을 던짐으로써 더욱 예쁜 색깔과 빛나는 깃털을 가진 새로 변화한다(결과적으로 장식물을 만드는 1차적 재료로 사용하기에 더욱 적합한 깃털을 가진 새로 변형된다).

결국 야생돼지의 기원신화 집단에서는 여자를 제공하는 자들은 인간의 본질을 보존하고 있으며, 그들의 매형들—연기로 덮인 오두막의 포로가 된다—은 야생돼지로 변형되는데, 야생돼지의 기능은 문화적인 것이 아니라 자연적인 것이다(음식으로 사용되기 때문에). 여기서는 단지 (신화의) 골격(armature)만이 변화되지 않고 있다. 공식에 따르면 다음과 같다.

[여자] 제공자 : 취하는 자 :: M_{20}(새 : 인간) :: M_{16}(인간 : 야생돼지)

인척 사이의 관계는 자연/문화라는 대립의 형태로 개념화된다는 점을 지적할 필요가 있다. 그러나 이것은 항상 여자를 제공하는 자의 관점으로 이루어지는데, 여자를 취하는 자가 인간의 특성을 가질 때 여자를 제공하는 자는 그들 스스로 초자연적인 신이 된다. 여하튼 이들은 표범이나 야생돼지 같은 동물이다. 표범의 경우 표범은 문명인의 행위를 하는 매형이었으며, 사람들에게 문명의 기술을 선사하는 자였다. 이것은 자연에서 문화로 향하는 행위이다. 야생돼지의 경우 문화가 자연으로 떨어졌을 때, 야생돼지는 거칠게 행동하는 과거의 인간이었으며(여자를 제공받는 대가로), 처남들과의 관계를 개선하기보다는 차라리 단지 성적인 것을 즐기려는 것 이외에 다른 아무것도 하지 않았다. 다른 말로 표현하자면, 그는 문화의 법칙에 따라서라기보다는 자연의 법칙(본능)에 따라 행동한 것이다.

위 세 신화에 나타나는 모든 특성을 서로 비교하기보다는 공통적으로 나타난 특성의 일부만을 비교하고 있다. 먼저 각 신화에 나타난 야생돼지의 비교를 통해 신화들이 전하는 메시지를 밝힌다. 그리고 사회학적 코드를 바탕으로 신화들에 나타나는 친족과 인척관계를 비교하고 이를 통해 세 신화에 나타난 코드와 골조를 밝히고 있다.

또한 『날것과 익힌 것』(CC. 92-102)에서 레비-스트로스는 신화 M_{15}, M_{16}과 M_{20}의 일치와 불일치의 핵심점을 강조하거나, 한 신화에서 다른 신화로 행해지는 변형이나 혹은 그 반대로 이 신화들에게 공통적인 불변적 골조를 나타내는 몇몇 도식이나 공식의 핵심점을 강조함으로써 신화들을 비교분석한다.

『신화학』 2권의 초입에서 레비-스트로스는 『날것과 익힌 것』에서 수행했던 여정으로 다시 돌아와, [그림 1-8]과 같이 도식 위에 자신의 설명을 요약하고 있다. 우리는 이 도식을 여기에 제시하는데, 이것은 레비-스트로스가 1권에서 제시했던 도식들처럼 자주 사용되는 또 다른 비교양식이기 때문이다.

위 세 신화의 비교를 통해 레비-스트로스는, 이 신화들이 사회학적 '골조'로 보면 '유사'하고 '전도된 메시지'를 전달한다는 결론을 얻었다. 왜냐하면 신화 M_{20}에서는 취사 '저편'에 위치하며 특정한 씨족에게 합당한 몇몇 문화재의 기원 신화와 관계되며, 신화 M_{15}와 신화 M_{16}에서는 취사의 '이쪽'에 위치하며 취사의 재료를 구성하거나 특정한 자연의 종(種)으로 나타난 음식 원료의 기원신화와 관련되기 때문이다. 이때 '전도된 메시지'는 어휘에 있어서는 다르고 구문(syntaxe)에 있어서는 동일한 코드에 따라 전달된다. 결국 우리는 어디에도 없는 새로운 용어가 나타나는 것을 보게 된다. 그것은 꿀이며 이 꿀이 저질의 꿀 형태로 제공될 때, 꿀은 주인공들을 새로 변형시키는 데 결정적인 역할을 수행한다. 이것은 주인공 누이의 '근친상간적'인 무례함과 짝을 이룬다. 신화 M_{16}은 주인공의 누이들이 남편들과 행하는 무절제한 성교의 형태로 대칭적 이미지를 제시한다(MC. 21).

이제는 같은 메시지를 전달하기 위해 야생돼지의 기원신화가 어떻게 변형된 코드를 사용하는지를 보여 줄 차례이다(CC. 102).

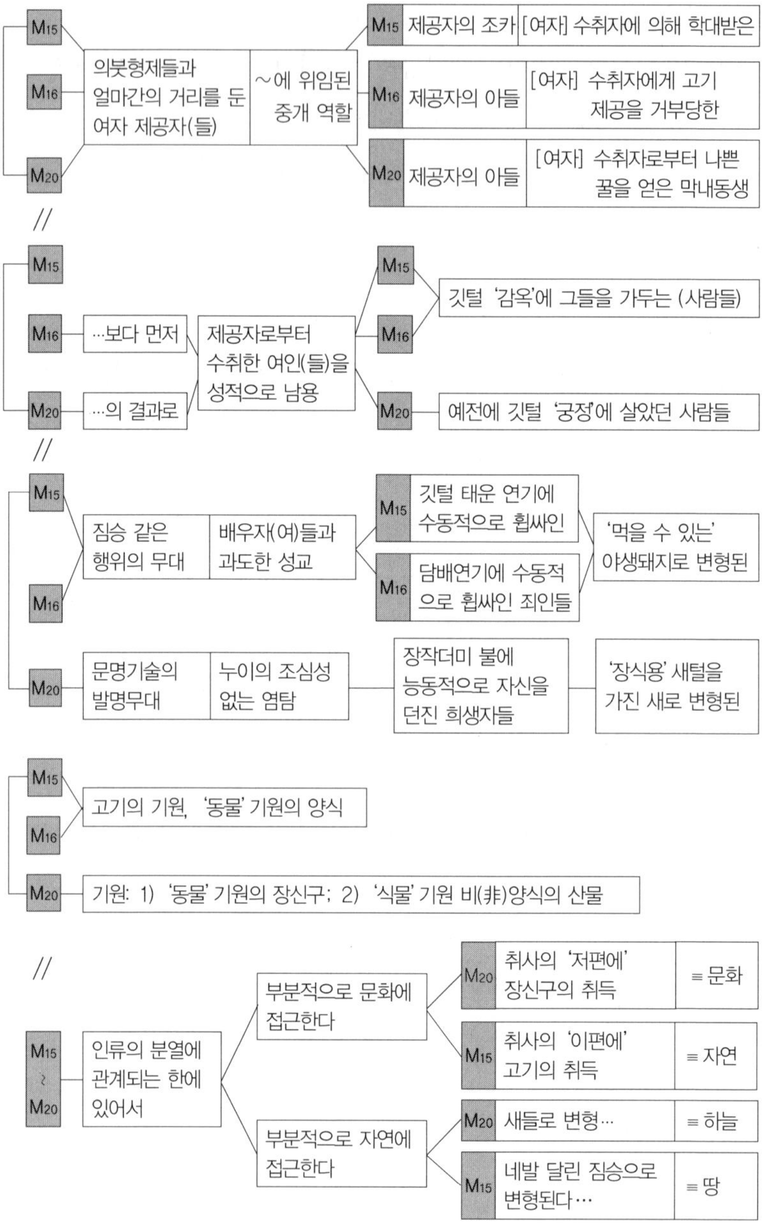
M15
M16
M20
의붓형제들과 얼마간의 거리를 둔 여자 제공자(들)
~에 위임된 중개 역할
M15 제공자의 조카 [여자] 수취자에 의해 학대받은
M16 제공자의 아들 [여자] 수취자에게 고기 제공을 거부당한
M20 제공자의 아들 [여자] 수취자로부터 나쁜 꿀을 얻은 막내동생
//
M15
M16 …보다 먼저
M20 …의 결과로
제공자로부터 수취한 여인(들)을 성적으로 남용
M15
M16
깃털 '감옥'에 그들을 가두는 (사람들)
M20 예전에 깃털 '궁정'에 살았던 사람들
//
M15
M16
짐승 같은 행위의 무대
배우자(여)들과 과도한 성교
M15 깃털 태운 연기에 수동적으로 휩싸인
M16 담배연기에 수동적으로 휩싸인 죄인들
'먹을 수 있는' 야생돼지로 변형된
M20 문명기술의 발명무대
누이의 조심성 없는 염탐
장작더미 불에 능동적으로 자신을 던진 희생자들
'장식용' 새털을 가진 새로 변형된
M15
M16
고기의 기원, '동물' 기원의 양식
M20 기원: 1) '동물' 기원의 장신구; 2) '식물' 기원 비(非)양식의 산물
//
M15 ~ M20
인류의 분열에 관계되는 한에 있어서
부분적으로 문화에 접근한다
M20 취사의 '저편에' 장신구의 취득 ≡ 문화
M15 취사의 '이편에' 고기의 취득 ≡ 자연
부분적으로 자연에 접근한다
M20 새들로 변형… ≡ 하늘
M15 네발 달린 짐승으로 변형된다… ≡ 땅

[그림 1-8]

M_{21}. 보로로족의 신화: 야생돼지의 기원

남자들은 매일 물고기를 잡으러 갔으나 늘 아무것도 잡지 못했다. 빈손으로 돌아올 수밖에 없는 그들은 슬픈 마음으로 마을로 돌아오곤 했다. 아내들은 얼굴을 찡그리며 그들을 불쾌하게 맞이했고, 급기야는 남편들과 대항하기에 이르렀다. 결국 여자들이 고기잡이를 하겠다고 선언했다. 그리고 그녀들은 수달을 불러 물속에 들어가 물고기를 잡아 오도록 시키면서 만족해 했다. 그래서 아내들은 물고기를 가득 잡아 가지고 돌아오곤 했다. 남편들은 이에 질세라 노력을 했지만 역시 아무것도 잡을 수가 없었다.

얼마의 시간이 지난 후, 남편들은 어떤 계략이 있는 것이 아닌지 의심했다. 그래서 그들은 훈련시킨 새에게 아내들을 감시하라고 했다. 다음 날 남편들은 개울가로 가서 수달을 불러서는 한 마리씩 목 졸라 죽였는데, 한 마리만이 그들로부터 도망갈 수 있었다. 이제 아무것도 잡아올 수 없는 그들의 아내를 야유할 수 있는 차례가 온 것이다. 아내들은 복수를 원했다. 그녀들은 피키(piqui, *Caryocar*) 열매 음료수를 만들어 남편들에게 주었는데, 피키 씨의 주변에 돋아난 무수한 가시를 제거하지 않고 만들어 주었기 때문에 가시가 목에 걸린 남편들은 '우, 우, 우, 우' 울부짖는 소리를 내면서 야생돼지로 변형되었다. 돼지들의 소리는 남편들이 울부짖는 소리다(Colb. 3, 259-260).

앞에서 조사한 신화 집단을 완성하고 있는 신화 M_{21}는 특성들의 전체를 아래와 같이 검증해 볼 수 있게 한다.

(1) 보로로족에 있어서 야생돼지의 기원신화 M_{21}은 분리의 기능으로 나타난다.

(○ ≠ △)[8)]

8) 여기에서 사용되는 상징 기호들은 번역본 『날것과 익힌 것』의 상징기호표(12쪽)를 참조할 것.

(2) 도치된 분리: (), 이 도치된 분리는 문두루쿠족에서는 야생돼지의 기원을 지배하고 있으며, 보로로족 신화 M_{20}에서는 문화재의 기원(≠ 야생돼지, 자연적 자원)과 관계를 갖는다.

(3) 도식: M_{16} [() → (야생돼지의 기원)], 양극을 이루는 항들 사이에서 사회학적 대립(여자 제공자, 여자 취득자)은 아래와 같은 형태로 실현된다.

보잘것없는 (새) 사냥꾼 / 훌륭한 (야생돼지 카에테투) 사냥꾼

다음과 같은 도식: M_{21} $\left[(\bigcirc \neq \triangle) \rightarrow (\text{야생돼지의 기원}) \right]$ 으로부터 사회학적 대립(이번에는 남편과 아내)은 아래와 같은 형식으로 성립된다.

보잘것없는 어부(남) / 훌륭한 어부(여)

그러므로(결과적으로)

a) $\left[M_{16}\ (\langle / \rangle) \right] \rightarrow \left[M_{21}\ (0/1) \right]$

대립이 강화된다. 왜냐하면 신화 M_{16}의 여자 제공자는 어쨌든 사냥감을 죽인다(매형들의 사냥감보다 열등하기는 하더라도). 반면 신화 M_{21}의 남편들은 고기를 전혀 잡지 못한다. 그래서

b) $\left[M_{16}\ (\text{사냥감} \equiv \text{공기} \cup \text{땅}) \right] \rightarrow \left[M_{21}\ (\text{사냥감} \equiv \text{물}) \right]$

마찬가지로

[문두루쿠 (△ —//— ○=△)] / [보로로 (○≠△)] :

[M_{16} (여자 제공자 = 새 사냥꾼)] / [M_{21} (여자 = 여자 어부)]

나중에 『날것과 익힌 것』 272-273쪽에서 아래의 도식들을 체계적으로 검증하게 될 것이지만, 도식을 만들어 보면

[보로로 (△ —//— ○=△)] / [문두루쿠 등 (○≠△)]

또한 아래와 같은 도식을 갖게 된다.

[M_{20} (여자의 제공자 = 새)] / [M_{150} (여자 = 물고기)]

(4) 아래와 같은 변형을 얻는다.

[M_{16} (사냥감 ≡ 공기∪땅)] → [M_{21} (사냥감 ≡ 물)]

이것은 다음과 같이 전개될 수 있다.

[M_{16} (자연적 자원 ≡ 공기∪땅)] → [M_{21} (문화재 ≡ 물∪공기)] →

→ [M_{21} (자연적 자원 = 물∪땅)] ;

다른 말로 표현하자면 신화 M_{20}에서 어부인 남편들은 물속에서 문화적인 도구(조개껍질을 뚫기 위해 돌로 만든 송곳)를 낚는다. 그리고는 새로 변하는데 이로부터 장식용 깃털을 얻을 수 있게 되었다. 이것은 신화 M_{21}에서 아내(여자)들이 물고기를 낚고, 이어서 남편(남자)들을 야생돼지로 변형시키는 것과 같다. 더욱 신화 M_{20}의 '어부'들은 초자연적인 신(이들은 '영혼'의 '웃음'을 시작하게 한 신이다)들인 반면, 신화 M_{21}의 여자 어부들은 수달을 매개로 하여 행위하는 자연적 존재이다.

(5) 결국 이 모든 총체적 조작은 청각 코드의 층위에서 동등(상응)함을 갖게 되는데, 이를 도식으로 나타내면

a) M_{16}: (야생돼지의 기원)= ^{f}(사랑의 탄성 ∪ 동물의 으르렁거림) ;
b) M_{20}: (문화재의 기원)= ^{f}(신성한 웃음 // 세속적인 웃음) ;
c) M_{21}: (야생돼지의 기원)= ^{f}(동물의 으르렁거림 // 사랑의 탄성) ;

등으로 도식화할 수 있다. 신화 M_{21}에서 남자들이 야생돼지로 변하게 되는 결과는—신화 M_{16}에서 일어난 것과는 반대로—파탄 난 부부가 분리되면서 나온 것이지, 그들의 육체적인 결합에서 나온 것이 아니다.

이처럼 신화 M_{21}, M_{15}와 M_{16}은 '전도된 사회학적 골조'(신화 M_{15}와 M_{16}에서 인척들 사이의 분쟁 대신에 신화 M_{21}에서는 부부 사이의 분쟁이 문제가 된다)와 '상이한 코드'(신화 M_{21}에서 어로는 사냥으로 대체된다)를 가지고 '같은 메시지'(야생돼지의 기원)를 전달한다. 반면 신화 M_{20}은 신화 M_{15}, M_{16}과 '같은 골조'를 보이지만, 부분적으로 다른 코드(어휘는 다르지만 구문구성법은 같다)를 가지고 '전도된 메시지'를 전달한다(CC. 102-105).

다른 한편으로는 야생돼지의 기원신화들의 분석을 통해 이 신화들이

취사의 기원신화들과 부분적으로 동형관계이고 또 추가적 관계라는 결론을 얻을 수 있는데, 이것은 두 신화 (집단) 모두가 혼인동맹의 문제를 제기하고, 그리고 부분적으로 이형관계이며 서로 보충적 관계의 문제를 제기하고 있기 때문이다. 말하자면 각 신화는 혼인동맹의 한 측면만을 니디네고 있다. 취사의 기원신화(들)에서 표범은 친절하고 구원적인 매형이며 문명기술의 전달자이지만, 야생돼지의 기원신화(들)에서 야생돼지는 불친절하고 (악하고), 단지 사냥감으로서만 유용한 존재이다(왜냐하면 이들을 가축화하기가 불가능했기 때문에).

이것을 도식으로 표현할 수 있다.

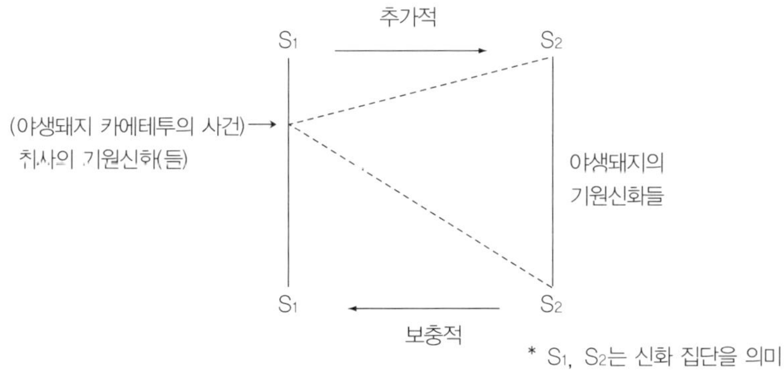

[그림 1-9]

신화 M_{18}의 야생돼지 카에테투의 사건에서 출발하여 우리가 논했던 세부 항목들은 내용을 구성하는 것이며, 이러한 세부적 내용을 바탕으로 논증을 계속하면서 내용이 어떤 의미에서는 방향이 전도되었다. 다시 말해서 내용이 형식이 되어 버린 것이다. 따라서 구조 분석에서는 내용과 형식이 별개의 실체가 아니라 같은 주제를 심화시키기 위해 필수적으로 채택하는 보충적 관점이라는 사실을 이해할 수 있다. 무엇보다도 내용이 단지 형식으로만 변형되지는 않는다. 초기에는 단순한 세부 항목이었지만, 이것들이 체계로 피어난다. 말하자면 초기의 체계는 이 세부 항목을 체계의 요소들로서 받아들이고, 같은 유형과 같은 크기의 서열을 포함하는 체계로 태어나는 것이다(CC. 106).

지금까지 4개의 신화를 비교하면서 하나 혹은 다른 한 신화에서 특수하게 나타나는 측면은 다루지 않고 남겨 놓았는데, 말하자면 신화 M_{16}은 인간을 야생돼지로 변형시키기 위해 신화 M_{15}가 사용한 수단(깃털의 연기)에 담배연기를 추가한다. 이 담배연기는 그 자신이 야생돼지의 기원신화(들)와 좀 더 뒤에서 연구되는(CC. 109-111) 담배의 기원신화(들) 사이에 돌쩌귀(경첩)로 사용된다. 신화 M_{21}에서는 나쁜 과일조림(가시가 가득 든)이 신화 M_{20}의 나쁜 꿀(덩어리진)과 같은 역할을 한다. 그래서 과일조림과 꿀(이들은 축축한 쪽에 위치한다)이 깃털연기와 담배연기(이들은 건조한 쪽에 위치한다)로 표현되는 주술적 수단의 시리즈에 추가된다.

신화 M_{16}과 M_{21}에서 꿀과 담배의 상관과 대립관계가 나타나는 것을 보게 되는데, 더욱 꿀과 담배는 『신화학』 2권에서 신화들의 재료를 구성한다(MC. 21-23). 신화 M_{21} 속의 수달의 의미론적 기능을 밝히는 데 이들이 역할을 한다. 즉, 담배의 기원 보로로 신화 M_{27}(여기에서 사람들은 담배연기를 삼킴으로써 수달로 변형된다)에 의거하여 레비-스트로스는 건조함은 습기찬 것으로, 담배는 과일조림으로, 사냥은 어로로, 불은 물로 이들 (담배와 꿀) 사이에 상응하는 변형이 이루어지는 조건하에서 (물고기의 주인인) 수달들은 (지상 사냥감의 주인인) 야생돼지와 대칭이 되는 과정을 제시하게 된다(CC. 113-116과 MC. 34-35)

이러한 예들은 신화의 내용으로 보아서는 분명히 서로 다른 신화들이 어떻게 비교될 수 있는지를 보여 준다. 이러한 비교가 항상 완벽하지는 않은데, 이것은 비교가 대위법적인 방식으로 진행되는 까닭에 조사중인 신화들의 어떤 내용들은 신화의 맥락 속에서는 설명되지 못한 채 남아 있을 수 있으며, 이런 내용들이 합당한 (명료한) 것이 되기 위해서는 하나 혹은 여러 개의 다른 신화들의 개입이 필수적이기 때문이다. 그래서 신화의 연구는 점진적으로 나선형의 축을 따라 진행된다. 그러나 문제가 되는 신화들이 심지어 자신들의 고유한 에피소드나 소재를 표현한다고 하더라도 하나의 같은 집단에 속한 것으로 취급되기 위해서는 신화들 사이에 상당수의 유사성과 차이성이 변형으로 충분히 설명될 수 있어야 한다.

보로로 신화 M_1의 경우와 제족의 신화 M_7에서 M_{12}까지의 신화들의 경우가 바로 이런 경우이다. 레비-스트로스는 비록 이들 신화들이 공통으로 새 둥지 터는 사람의 에피소드를 갖고 있고, 또한 성급한 분석으로 보로로족이나 제족들에 의해 차용된 것으로 생각할 수 있었음에도 불구하고, 더욱 (다른 관점에서) 이 신화들의 맥락은 서로 차이가 날 정도였지만 하나의 유일하고 같은 신화를 구성한다는 사실을 증명한다. 레비-스트로스는 이러한 차이성을 갖는 신화들이 하나의 신화 도식에 포함되기 위해서는 그만큼 많은 변형을 겪어야 된다는 점을 밝히려고 노력했다(CC. 145-149).

3) 코드의 층위에서 행하는 신화들의 비교

신화들 사이의 비교는 하나의 신화 전체에 대하여 실행할 필요는 없다. 신화가 전하는 메시지의 특별한 점에 국한할 수도 있고, 여러 다른 코드를 통해 전달되는 메시지를 연구할 수도 있다. 유사한 에피소드가 등장하는 신화 M_6, M_9, M_{10}, M_{70}의 경우, 이 신화들은 단명의 소재를 '소리'

의 신중하지 못한 수용(혹은 민감성)과 연관시키고 있다. 그래서 레비-스트로스는 비교의 출발점으로 청각 코드를 기준으로 하여 미각, 후각, 촉각 코드 사이에 상호 전환성을 조사하는 것으로 신화의 비교를 시작한다. 신화 M_1에서 새 둥지 터는 사람인 주인공의 아버지는 살인 계획을 가지고 어떤 경우에든 움직이면 소리가 날 3가지 물건을 가져오도록 주인공에게 강요한다. 이러한 소리와 관계되는 주제는 불의 기원신화나 취사의 기원신화들에서도 나타난다. 신화 M_{11}에서 주인공은 죽을 위험에 직면하게 되는데, 그에게 먹도록 건네준 구운 고기를 소리 내어 씹는 바람에 자신을 입양한 표범의 아내를 놀라게 했기 때문이다. 신화 M_9에서는 소리와 관계되어 인간의 수명이 단축된다. 왜냐하면 주인공이 불의 주인인 표범의 신중한 충고를 잊고, 바위와 단단한 나무의 부르는 소리에 답하는 대신에 '썩은 나무의 부르는 소리'에 답하였기 때문이다(CC. 157). 신화 M_{70}은 특히 '단명'의 기원과 관계가 있는데, 사리에마(살에 벌레가 있는 새)의 우는 소리를 들은 지하세계의 사람들이 이 새를 잡기 위해 지상으로 떠났으나 '죽은 나무'만을 발견할 수 있을 뿐이었다. 이것은 이들에게 땅 위의 모든 것은 사라질 운명이라는 메시지를 전달하는 것이다.

단명의 소재와 취사의 기원 신화 소재 사이의 연결은 자명하다. 왜냐하면 취사를 하기 위해 사람들은 죽은 나무로 불을 피우기 때문이다. 이런 의미로 취사를 한다는 것은 바로 '썩은 (죽은) 나무의 부르는 소리를 듣는 것'이다(CC. 159). 다른 한편 죽은 나무의 상징적 가치는 신화 속에서 찾을 수 있는데, 재배식물을 발견하기 전에 사람들은 '반(反)식물성 양식'인 썩은 나무를 양식으로 삼았는데, 이런 이유 때문에 썩은 나무는 재배식물의 반대(역)라고 결론지을 수 있다. 또한 신화 M_9의 에피소드는 식인귀의 바구니 속에 갇힌 주인공이 자기 대신에 돌(바위)을 놓고 탈출하는데, 이때 돌(바위)은 인간의 살과 대칭적이고 도치된 항으로 나타날 수 있다. 빈칸으로 남아 있는 곳을 유일한 취사항인 '동물의 살'로 채우면 [그림 1-10]과 같은 도식을 얻을 수 있다.

[그림 1-10]

레비-스트로스의 결론은 다음과 같다: 이것은 무엇을 의미하는가? 세 개의 '부르는 소리' 시리즈는 도치된 순서로 보아 농업과 사냥 그리고 식인의 세 범주로 나뉘는 음식의 분할을 의미한다. 게다가 '미각'이라 부를 수 있는 이 세 범주는 또 다른 감각 체계의 용어로 기호화된다. 청각용어, 결국 사용된 청각 상징들은 두 개의 또 다른 감각기관의 기호화를, 즉각적으로 암시할 수 있는 놀랄 만한 특성을 갖고 있다. 이는 [그림 1-11]에서 볼 수 있는 것처럼 청각 코드와 촉각 코드를 말한다.

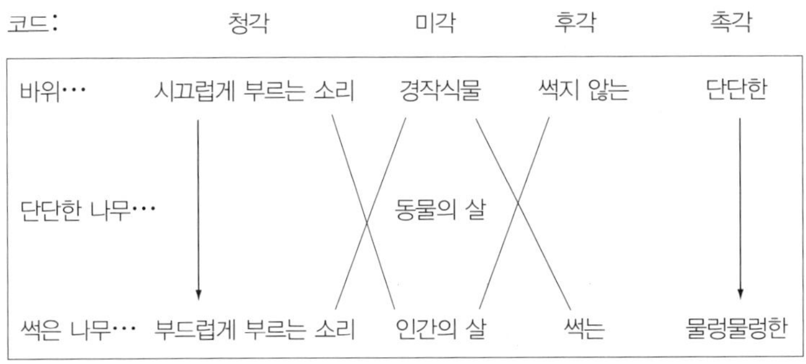

[그림 1-11]

그러니까 여기서 청각 코드는 다른 코드로 표현될 수 있는 대립 체계, 식물성 양식과 식인(미각 코드), 부패성과 비부패성(후각 코드), 부드러움과 딱딱함(촉각 코드) 등을 사용하여 삶과 죽음의 관계를 표현할 수 있는 '조작자'로 사용되고 있다. 이로부터 우리는 소리의 발신자로서 돌과 나무에 부여한 명확한 의미를 이해할 수 있게 되었으며, 이들 소리의 발신자들은 또 다른 감각기관의 암시적 의미로도 표현될 수 있다. 이것들은 감각과 관계되는 모든 대립 체계의 동형성을 표현할 수 있는 조작자들이며, 삶과 죽음, 식물성 음식과 식인, 부패와 비부패성, 부드러움과 딱딱함, 침묵과 소리를 연결하는 동치관계 집단을 총체로 설정하는 조작자들인 것이다(CC. 161). 우리는 일상생활에서도 이러한 질적인 대립을 통해 삶과 죽음, 사랑과 이별, 전쟁과 평화 등을 표현한다. 따스한 삶과 차가운 죽음(촉각 코드), 달콤한 사랑과 쓰디쓴 이별(미각 코드)로 표현하거나 핏빛 전쟁과 푸르른 평화(시각 코드)를 말하기도 한다. 그러니까 (따스함 : 차가움) :: (삶 : 죽음), (달콤함 : 쓰디씀) :: (사랑 : 이별), (핏빛 : 푸르름) :: (전쟁 : 평화)로 나타낼 수 있다.

그러니까 신화의 분석은 즉각적으로 알 수 있는 하나 혹은 여러 개의 코드에 의거하여 신화(들)의 메시지를 해독하는 것으로부터 시작한다. 신화는 여러 개의 다른 코드로 구성되어 있기 때문이다. 그래서 하나의 신화는 여러 개의 다른 신화들과 연결될 수 있다. 마치 원숭이 엉덩이가 시각 코드에 따라 사과와 연결되듯이(붉은 원숭이 엉덩이=붉은 사과)…물론 신화를 구성하는 각 요소는 다중의 코드를 가질 수 있다. 앞에서 보았듯이 신화 속의 비세르라는 동물은 수상 코드와 천체 코드로 다른 신화들의 요소들과 연결될 수 있다. 그러므로 분석이 진전됨에 따라 메시지는 다른 신화들에서 새로 발견한 다른 코드들을 수단으로 해서 재해석되고, 또 먼저 분석했던 신화들의 메시지를 해독할 수 있도록 도움을 준다.

이러한 연속적인 재독해(해석)를 바탕으로 신화의 의미를 풍부히 알 수 있음은 물론, 비교의 가능성을 증가시킬 수 있다. 왜냐하면 이러한 재독해를 통해 첫 보기에는 전혀 상이한 내용을 가진 신화들 사이에 연관관계를 성립시킬 수 있기 때문이다. 『신화학』 전권에서 레비-스트로스가 다룬 신화는 800개가 넘는다. 그는 하나 혹은 여러 다른 코드의 층위에서 개입함으로써 다소간의 많은 그리고 복잡한 변형을 통해 이 신화들을 서로 연결시킬 수 있었으며, 결국에는 유일한 같은 신화를 구성하는 것으로 생각할 수 있었다.

5. 후기: 개별 신화의 분석과 신화 집단

레비-스트로스가 『신화학』 1권의 서문에서 몇 개의 요소들을 가지고 의미를 만드는 기호의 층위에 있는 언어와 음악을 한편에 놓고, 현대음악과 추상화를 다른 편에 놓고 비교하는 것은 신화가 언어나 음악처럼 한정된 (제한된) 요소들의 대립(차이성)을 통해 새로운 의미를 창출하는 체계로 보기 때문이다. 이미 의미가 있는 용어나 동물, 식물, 문장 등을 서로 대립시켜 신화 체계를 구성한다. 신화는 문장으로 구성된 통사구문이지만 이 통사구문을 구성하는 각 요소는 다른 요소들과의 관계에서 새로운 의미를 만들어 낸다(메타 언어). 그래서 문장으로 된 신화의 내용 뒤편에 각 용어(구성 요소)들의 대립을 찾아 문장을 읽을 때에만 다른 층위의 감추어진 뜻을 찾을 수 있다. 좀 더 구체적으로 신화를 구성하는 각 요소들의 특성을 찾아 이들이 어떻게 대립을 이루며 체계로 구성되는지 알아볼 필요가 있다.

먼저 단군신화의 여러 판본 중 핵심을 이루는 부분만을 예로 들어 분석해 보자. 단군신화는 신화학자들이 동의하고 있듯이 두세 개의 부분으로 구성되어 있다. 천제인 환웅이 아사달이라는 곳에 내려와 사람들을 다스리고 있었다. 곰 한 마리와 호랑이 한 마리가 살았는데, 늘 신웅(神雄: 환웅)에게 사람이 되기를 빌었다. 때마침 신(神: 환웅)이 신령한 쑥 한 심지와 마늘 스무 개를 주면서 말했다.

> 너희들이 이것을 먹고 100일 동안 햇빛을 보지 않는다면 곧 사람이 될 것이다. 곰과 호랑이는 이것을 받아서 먹었다. 곰은 굴속에 들어간 지 21일(삼칠일) 만에 여자의 몸이 되었으나, 호랑이는 능히 이를 참지 못했으므로 사람이 되지 못했다. 웅녀(熊女)는 그와 혼인할 상대가 없었으므로 항상 태백산 신단수 아래에서 아이 배기를 축원했다. 환웅은 이에 임시로 인간(남)으로 변하여 그와 결혼해 주었더니, 웅녀는 임신하여 아들을 낳았다. 이름을 단군왕검이라 했다(『삼국유사』).

내용을 보면 도저히 합리적으로 생각할 수 없는 일이 일어났다는 이야기인데, 이는 당시의 사람들이 합리적이지 못했기 때문에 이러한 신화를 만들었다고 보기는 어렵다.

신화에 나타난 요소들(『신화학』 1권에서 이야기한 신화소)은 환웅, 태백산, 신단수, 쑥, 마늘, 곰, 호랑이, 삼칠일, 굴, 100일, 단군 등의 용어를 볼 수 있다. 이 용어들이 결합되어 단군신화를 만든 것이다. 먼저 레비-스트로스에 따르면 하늘과 땅의 대립을 볼 수 있다. 환웅은 천상이고, 곰이나 호랑이, 쑥과 마늘은 지상에 사는 동식물이기 때문이다. 그래서 우주적 코드로 보아 하늘/땅의 대립이 있고, 식물/동물의 대립이 나타나고, 동물학 코드로 볼 때 곰/호랑이의 대립이 나타난다. 둘 다 산속에 사는 지상 동물이지만 곰은 겨울잠을 자는, 즉 동굴 속에 들어가 겨울을 나는 땅속의 동물이고, 잠시 굴속에 칩거하기는 하지만 호랑이는 땅 위의 짐승이다. 여기서 곰과 호랑이의 대립은 땅속/땅 위의 대립으로 나타난다. 마찬가지로 식물학 코드로 볼 때 쑥과 마늘 역시 대립관계에 있다. 쑥은 지상의 잎을 사용하는 식물인 데 반해, 마늘은 땅속의 부분을 사용하는 식물이다. 이러한 특성으로 보아 땅속/땅 위의 대립이 식물과 동물 모두에서 짝을 이루어 나타난다. 이를 도식화하면,

하늘/땅 :: 땅 위/땅속

이 됨을 알 수 있다. 그러면 왜 곰은 쑥과 마늘을 먹고 여인이 되고 호랑이는 짐승으로 남아야 했을까? 여기서 쑥과 마늘은 인간인 여인으로 변화되도록 하는 매개체로서 기능하며, 결정적으로 굴속(땅속)에 긴 시간을 머물 수 있는 특성을 가진 동물은 호랑이가 아닌 곰이기 때문에 곰이 인간이 될 수밖에 없다. 더욱 짐승이 인간이 되거나 신이 인간이 되기 위해서는 여자의 자궁 속에 들어갔다 나와야 된다는 세계 도처의 신화적 사고가 이를 증명한다. 씨앗이 땅속에 들어갔다 새로운 싹으로 나오고, 영혼이 여자의 자궁 속에 들어갔다 인간으로 태어나듯이 곰은 땅속이라는 자궁 속에 들어가 삼칠일이 지난 후 인간으로 변형될 수 있었다. 마찬가지로 시베리아 샤먼이 태어나기 위해서는 풀무 속(용광로)에 들어갔다 나와야 되는 통과의례의 격리 기간이 필요하듯이 곰 역시 인간이 되기 위해서는 땅속이라는 장소(자궁)에서 얼마 동안 머물러야만 했다. 하느님의 아들인 예수 역시 마리아의 뱃속을 빌려 인간이 되었다. 이와 유사한 이야기는 묘족 창조신화에도 등장한다. 대홍수로 지상의 모든 인간들이 사라지고 남매만이 남았는데, 이들은 후손을 낳아야만 했다. 누이는 오라비에게 3가지 문제를 내고 오라비는 이 문제를 모두 풀었다. 이들은 근친상간을 했고 얼마 후 아기를 낳았는데 나무토막 같은 것이 나왔다. 그래

서 이들은 조물주인 쇼(Sho)에게 달려가 어떻게 할지를 물었다. 쇼는 그것을 잘게 잘라 땅에 뿌리라고 했다. 그랬더니 땅에서 시웅 씨족, 장 씨족, 리 씨족 등 현재의 모든 씨족이 나왔다.

그렇다면 왜 곰은 남성이 아닌 여성으로 변형되었을까? 이것은 천상의 신이 남성으로 나타나기 때문에 그에 대응물(대립 짝)은 여성이어야 하기 때문이다.

삼칠일은 무엇인가? 3이라는 숫자는 한국 민족지적인 의미에서 찾아야 할 것이다. 3은 하늘, 땅, 인간을 나타내는 완전한 수로 알려져 있으며, 3을 2의 변형으로 보는 레비-스트로스의 관점에서 보면 두 극 사이에 연결을 위해서는 하나의 중개 항이 필요하다. 그래서 두 개의 대립 항을 통합하는 매개 항과 더불어 삼각, 즉 3이라는 숫자는 대립이 통합된 완전한 숫자로 볼 수 있다.

그러면 7은 무엇을 나타내는가? 이스라엘 민족이 12나 7을 중요시하는 것처럼 각 민족마다 그들이 자주 사용하는 숫자가 있으며, 이것은 그들의 삶이 이 숫자와 연결되기 때문이다. 우리는 흔히 9라는 숫자를 좋아하며, 9는 3의 세 배수를 의미한다. 7은 타 민족뿐만 아니라 우리 민족 역시 중요시한다. 7은 3과 4의 합이며, 4는 사방위를 뜻하고 사해(지상의 세상)를 의미하며, 3은 앞에서 말한 하늘, 땅, 인간 또는 천상, 지상, 지하의 세 세계를 뜻할 수 있다. 그래서 모든 세상을 의미하는 7이라는 숫자는 여러 지역 민족들의 문화 속에서 큰 역할을 하는 것 같다. 100일은 우리 민족의 삶에서 중요한 역할을 하는데, 생후 100일의 백일잔치, 100일 기도 등 이 숫자 역시 우리 민족에게 중요한 수이기 때문에 신화에 등장한 것으로 생각된다. 10은 3과 7의 합이고 100은 10의 열 배이다. 그렇기 때문에 중요할 수밖에 없다.

하늘과 땅을 매개하는 태백산과 신단수는 천상과 지상을 연결하는 매개체로서 이 역시 세계 도처 신화나 동화에서 산이나 나무가 같은 역할을 하는 것을 볼 수 있다. 그 외에도 동아줄, 사다리, 특히 『신화학』 1권에서는 리아나 덩굴, 연기 등이 등장하며, 다른 곳에서는 비, 무지개, 안개 등도 매개체로 등장한다. 신화를 구성하는 여러 항들은 모두 대립 항들로 볼 수 있지만, 이 항들 중에는 두 대립 항을 연결하는 매개 항으로 쓰이는 요소(항)들도 있다. 쑥과 마늘은 곰을 인간이 될 수 있도록 하는 매개 항이고, 굴속(땅속)은 곰을 여인이 될 수 있도록 하는 매개 항으로 볼 수 있다. 매개 항 없이 두 극을 결합할 수는 없다. 신화에서도 마찬가지다. 단군신화에서도 신과 짐승이 매개 항 없이 결합하는 것을 허락하지 않는다. 신화는 먼저 짐승을 인간으로 변형하고 신이 인간으로 변한 후에야 신과 인간이 성적인 매개를 통해 결합함으로써 새로운 인간을 만드는 과정을 이야기한 것으로 볼 수 있다. 단군신화로 보아 인간은 결국 하늘과 땅의 결합 산물이다. 신화 시대 인간들의 철학으로는 신성(神性)과 수성(獸性)의 결합이 인성이 된 것으로 볼 수 있다. 그래서 보통 천지인(天地人)이라는 용어를 사랑했던 민족이라고 이야기하는 것은 틀린 것이 아니다.

단군신화의 간략한 구조적 분석을 해본 것처럼 신화학에 등장하는 모든 신화들도 하나의 닫힌 체계로 생각하여 개별적으로 분석할 수 있다. 그러나 앞에서도 언급했듯이 신화란 늘 반복되며 새로 생성되는 것이기 때문에, 다른 말로 표현하자면 항시 변형되기 때문에 같은 신화 집단이라 생각되는 신화들과 연계하여 (계열 축을 구성하여) 분석하는 것이 더욱 합당하다.

그러므로 단군신화 구성 요소들의 진정한 의미를 알기 위해서는 한국의 다른 기원신화들과 연계하여 계열 축 위에서 분석하는 것이 합당하며, 더 나아가 일본이나 중국, 시베리아, 동남아시아의 신화와도 연관을 시도할 수 있다.

■ 참고문헌

* 레비-스트로스의 저서들

1974, *Anthropologie Structurale* (AS), Paris: Plon.

1973, *Anthropologie Structurale II* (AS II), Paris: Plon.

1961, *Georges Charbonier, Entretien avec Lévi-Strauss*(Gch), Paris: Julliard et Plon.

1962, *La Pensée Sauvage*(PS), Paris: Plon.

1978, *Introduction a Ľeuvre de Marcel Mauss in Sociologie et Anthropologie* (MM), Paris: PUF.

1964, *Mythologiques I, Le Cru et le Cuit*(CC)(『날것과 익힌 것』, 임봉길 역, 한길사, 2005), Paris: Plon.

1966, *Mythologiques II, Du Miel aux Cendres*(MC)(『꿀에서 재까지』, 임봉길 역, 한길사, 2008), Paris: Plon.

1968, *Mythologiques III, L'origine des Manieres de Table*(MT), Paris: Plon.

1971, *Mythologiques IV, L'homme Nu*(HN), Paris: Plon.

1985, *La Potière Jalouse*(PJ), Paris: Plon.

1983, *Le Regard éloigné*(RE), Paris: Plon.

1967, *Race et histoire*(RH), Paris: Gautier.

1966, *Les Structures Elementaires de la Parente*(SEP), Paris: PUF.

1974, *Le Totemisme Aujourd'hui*(TA), Paris: PUF.

1978, *Tristes Tropiques*(TT), Paris: Plon.

1960, "La structure et la forme-reflections sur un ouvrage de V. Propp(SF)," *Cahier de l'ISEA* 99(mars): 3-36.

* 기타 저서들

김형효, 1990, 『구조주의의 사유체계와 사상』, 서울: 인간사랑.

임봉길 외, 1996, 『구조주의 혁명』, 서울: 서울대학교출판부.

임봉길, 2005, 『아편을 재배하는 사람들』, 서울: 서울대학교출판부.

Benveniste, Emile, 1994. *Problèmes de Linguistique Generale*, Paris: Gallimard.

Lefebre, Henri, 1966, *Le Langage et la Societe*, Paris: Gallimard.

Martinet, Andre, 1980, *Elements de Linguistique Generale*, Paris: Colin.

Scubla, Lucien, 1991, *Lire Lévi-Strauss*, Paris: Editions Odile Jacob.

de Saussure, F. 1980, *Cours de Linguistique Generale*, Payot.

Sebag, Lucien, 1970, *Marxisme et Structuralisme*, Payot.

Simonis, Y. C., 1980, *Lévi-Strauss ou la Passion de l'inceste, Flammarion*, Paris.

Sperber, Dan, 1968, *Le Structuralisme Anthropologique*, Seuil: Points.

Troubetzkoy, N. S., 1957, *Principes de Phonologie*(traduction J. Cantineau), Paris: Klincksiek.

Viet, Jean, 1965, *Les Methodes Structuralistes dans les Sciences Sociales*, Paris: Mouton.

2장

신화와 인간의 정신구조

김용환

김용환

미국 러트거스대 철학박사(인류학)

현재 강원대학교 사회과학대학 문화인류학과 교수

1. 서론

신화는 인간과 동식물, 그리고 초자연적인 신격이 등장하면서 그들 사이에 다분히 비현실적인 사건들이 전개되는 이야기다. 이러한 내용은 이성적으로나 감성적으로 쉽게 이해하기 어렵다. 신화 연구자들은 그것이 지닌 사회적 혹은 심리적 의미를 찾아내려고 노력했다. 이를테면 말리노프스키는 신화가 헌장으로서 전통에 가치와 의미를 부여함으로써 그것을 강화하는 기능을 한다고 설명했다. 융이나 프로이트는 신화가 꿈과 마찬가지로 집단 무의식의 심리적 상태를 반영하거나 보상한다고 주장했다.

그러나 레비-스트로스는 신화의 사회적 이론이나 심리적 이론은 일반론적이고 특정 신화에 관한 한 아무것도 설명하지 못하며, 기껏해야 자의적인 해석에 불과하다고 지적했다. 오히려 그는 신화의 의미가 텍스트 구조에 있으며, 그것의 기능은 각 민족이 불합리한 모순을 극복하는 수단으로서 문화적 모델을 제공하는 데 있다고 주장했다(Lévi-Strauss 1955).

이런 관점에서 레비-스트로스는 다양한 신화의 구조를 분석했다. 그런데 그의 궁극적인, 그렇지만 부수적인 목적은 특정 민족의 집단 무의식구조보다는 인간의 보편적 정신구조를 구명하는 데 있었다. 그는 신화란 인간의 보편적인 정신구조가 사물이나 관념에 투사된 결과라고 간주했다. 그리고 인간의 정신은 이항대립의 통합구조를 지닌다고 보았다.

그 결과 신화 텍스트의 구조는 공통적으로 이항대립관계의 문화적 범주들이 상위 범주로 병합되고, 또 상위 범주들이 서로 이항대립관계를 맺으며 통합되는 체계를 갖는다고 생각했다.

구조주의 방법론의 논란은 차치하고, 레비-스트로스가 제시한 인간의 보편적 정신구조는 다분히 환원론적이고 단순하다는 비판을 받았다(Leach 1970). 그렇지만 그는 그것을 체계적으로 밝히려고 하지 않았다. 오히려 그는 신화 생성의 기반이 되는 인간의 정신적인 '신화 생성 능력(myth-making faculty)'을 따로 상정하는 것 자체가 무의미한 일이라고 여겼다. 왜냐하면 신화는 구체적인 현실을 떠난 신화 생성 능력의 단순한 산물이 아니었기 때문이다(Lévi-Strauss 1966).

그럼에도 불구하고 필자는 신화 생성 능력의 독립적 실재를 부정할 수 없다고 본다. 또한 인간이 지닌 신화 생성 능력의 정신구조를 규명하는 것은 레비-스트로스의 이론을 보완하고, 신화를 합리적으로 이해하는 데 기여할 수 있다고 생각한다.

신화 생성 능력의 정체를 밝히려는 시도는 인간 본성에 관심을 둔 인류학자나 심리학자들에 의해 다양하게 이루어졌다. 여기서는 특히 다퀼리(Eugene D'Aquili)의 생물구조주의, 도널드(Merlin Donald)의 문화진화론, 그리고 배릿(Justin Barrett)과 보이어(Pascal Boyer)의 진화심리학을 각각 검토하고, 그들이 제시한 신화 생성 능력의 정체를 살펴보겠다.

2. 생물구조주의

다퀼리는 정신분석의 임상의로서 뇌와 영혼의 관계에 깊은 관심을 가졌다. 그는 인간의 뇌가 기능적으로 분화된 일련의 인지적 오퍼레이터

(cognitive operator)를 보유하고 있다고 생각했다(D'Aquili 1983). 그에 따르면 인지적 오퍼레이터란 생물체에게 생존의 가치를 지니기 때문에 선택적으로 진화한 것이다. 인지적 오퍼레이터에는 이를테면 언어와 분석적 사고를 관장하는 좌반구에 계량적 오퍼레이터, 환원적 오퍼레이터, 추상적 오퍼레이터, 이분법적 오퍼레이터, 인과론적 오퍼레이터가 있다. 반면에 시각과 공간의 지각, 그리고 비(非)언어적이며 직관적 사고에 편향된 우반구에는 감정적 가치 오퍼레이터, 전체론적 오퍼레이터가 위치한다.

다퀼리는 인지적 오퍼레이터가 인간에게 독특한 방식으로 세계를 경험하고 또 사고할 수 있게 한다고 보았다. 이를테면 인간은 시공간적 인식이나 추상화 능력을 통해 위험을 추상적으로 생각하고 미래의 위험 가능성을 예상할 수 있다. 또한 위험 인자들은 감정적 가치 오퍼레이터와 결합되어 두려움을 자동적으로 유발한다. 주변의 잠재적 위협에 대한 이같은 인식과 반응은 그것을 해결하기 위한 기술과 행위 패턴을 발달시켰다. 그 결과 인간의 적응과 생존 능력은 다른 동물에 비해 현격히 제고될 수 있었다.

그러나 인지적 오퍼레이터의 발달은 부수적이지만 필연적으로 인간이 죽음에 대해 자각하도록 만들었다. 인간은 수많은 존재론적 의문에 빠지게 된 것이다. 이를테면 인간은 죽을 것인데 왜 태어나는가? 죽은 후에 인간은 어떻게 되는가? 고통은 왜 존재하는가? 우주는 어떻게 생겨났고 또 우주의 질서는 어떻게 유지되는가? 다퀼리는 이런 형이상학적 불안에 대한 해결 방안으로서 신화가 출현했다고 보았다(D'Aquili and Newberg 1999). 즉, 인간은 주변세계를 설명하고, 또 마음의 안정을 얻기 위해 신화를 창조했다는 것이다.

다만 다퀼리에 따르면 신화는 인지적 오퍼레이터를 바탕으로 창조되었다. 특히 추상적 오퍼레이터, 인과론적 오퍼레이터, 이분법적 오퍼레이터, 그리고 전체론적 오퍼레이터는 신화의 생성에 틀이 되었다. 부연하면 신화에서 사물은 개념적으로 추상화되고, 또 일련의 인과론적 사건들이 이야기 형식으로 전개되었다. 또한 인간의 경험적 지식으로 설명되지 않는 세상의 모순적 현실이 선과 악, 삶과 죽음, 변화와 영속 등의 이항대립적 관계로 설정되었다.

다퀼리는 이런 모순적 관계를 '신화적 문제(the mythic problem)'로 규정했다. 그리고 이항대립적 관계의 통합이 곧 '신화적 해결책(the mythic solution)'이라고 보았다(D'Aquili 1983). 즉, 신화는 존재론적 문제를 제시하고 동시에 해결하는 기능을 수행했다는 것이다. 그에 따르면 인간은 모순으로 가득하고, 또 언제라도 변할 수 있는 세상에서 불안한 삶을 살아야 하는 처지를 자각하면서 우주를 의미 있는 패턴으로 재배치하고 자신을 우주와 정렬시키려고 노력했다. 그 과정에서 신격이나 초자연적 힘이 통합의 주체로 창조되었다. 사실상 신격은 인과론적 오퍼레이터를 통해 자연적으로 설명할 수 없는 현상에 대한 원인을 상정한 결과 필연적으로 나타났다. 그리고 그것은 인간에게 세상의 모순을 해결할 수 있는 힘을 제공했다(Newberg, D'Aquili, and Rause 2001).

요컨대 다퀼리는 신화란 존재론적 관심사를 융화될 수 없는 대립 범주로 나누고, 신격이나 초자연적 힘을 통해 그것들을 화해시킴으로써 인간의 존재론적 불안을 완화하는 기능을 수행했다고 생각했다. 또한 그는 신화가 뇌의 구조와 기능으로부터 필연적으로 생성될 수밖에 없다는 생물구조주의의 입장을 견지했다.

다만 다퀼리는 신화가 인간의 존재론적 문제의 상징적 해결책에 그친다고 여겼다. 오히려 실질적인 해결은 의례 행위를 통해 이루어진다고 보았다. 의례는 리드미컬하며 반복적인 행위들이 일정한 패턴을 연출함으로써 감각과 지각, 행동, 그리고 내면적 감정을 일체화시킨다. 그는 인간의 정신이 구조적으로 신비적 상태에 빠지는 성향을 지녔고, 의례를 통해 이런 상태에 빠져 들면 사물 간의 구분, 사물과 자아의 구분, 선과 악의 구분, 심지어 신격과 인간의 구분이 사라진다고 보았다. 즉, 신화와 종교적 의례, 그리고 인간의 정신은 기본적으로 신비성을 띠고 삼위일체를 구성한다고 주장했다(D'Aquili and Newberg 1999).

그러나 다퀼리의 신화론은 상당한 문제점을 안고 있다(Atran 2002). 우선 그가 상정한 인지적 오퍼레이터의 존재 여부가 불투명하다. 이를테면 전체론적 오퍼레이터는 게스탈트 심리학에서 상정된 것인데, 그것의 기능은 다분히 일반론적이고 모호하며, 그것의 존재 여부 또한 실험적으로 입증되지 않았다. 인과론적 오퍼레이터는 물리적 인과관계를 인지하는 오퍼레이터나 행위적 인과관계를 인지하는 오퍼레이터 등 여러 유형으로 나뉠 수 있고, 각 유형은 독립적인 기능 모듈로 존재한다는 사실이 밝혀졌다. 신격이나 초자연적 힘과 관련된 행위적 인과관계를 인지하는 오퍼레이터는 다퀼리가 주장한 전두엽과 두정엽이 아닌 전두엽 전부(前部)에 위치한다. 이분법적 오퍼레이터는 어떤 영역에 적용되는 것인지 특정적이지 않고, 달리 분류된 사례들에 비추어 심지어 삼분법적 오퍼레이터나 사분법적 오퍼레이터의 존재를 상정하는 것도 가능하다.

나아가 다퀼리는 인간의 뇌 구조가 신비적 상태를 경험할 수 있는 잠재력을 지니고 있기 때문에 신격이나 절대자가 필연적으로 생성될 수밖에 없다고 주장했다. 그는 명상이나 신비적 체험이 자아의 경계를 감지하는 뇌의 특정 연합 영역에서 혈류의 양을 떨어뜨리고, 또 교감신경과 부교감신경을 동시에 극적으로 자극한다고 추정했다. 그렇지만 신경생리학적 자료가 미흡하고 또 신격의 생성과 연계시키는 것도 무리가 따른다. 결론적으로 다퀼리의 신화론은 레비-스트로스의 견해를 생물심리학적으로 설명하려는 시도라고 평가될 수 있지만, 그의 이론은 다분히 사변적이며 실증적 자료가 부족하다.

3. 문화진화론

도널드는 심리학자로서 인간 정신의 진화에 관심을 가졌다. 그는 고고학과 인류학의 문화 자료를 심리학적으로 해석함으로써 인간 정신의 진화를 문화의 단계로 설명하려고 시도했다. 이에 따르면 유인원은 에피소드(episode) 문화를 나타내는 반면, 호미니드가 진화한 초기에는 미메시스(mimesis) 문화가 형성되었다. 그렇지만 현생인류가 출현하면서 미메시스 문화는 쇠퇴하고, 신화적 문화(mythic culture)와 이론적 문화(theoretical culture)가 차례로 인류의 삶을 주도했다(Donald, 1991). 그의 문화진화론에 언급된 신화적 문화는 인간의 신화 생성 능력의 심리적 성격을 다룬 만큼 여기서 주목할 만하다.

우선 신화적 문화를 이해하기 위해서 도널드가 상정한 다른 유형의 문화를 파악할 필요가 있다. 그에 따르면 에피소드 문화는 유인원이 지닌 사건의 표상화(event representation) 능력에서 비롯된다. 유인원은 언어뿐 아니라 상징 능력을 결여해서 반성적 사고를 할 수 없다. 이런 상태에서 사건의 표상화 능력은 일련의 개별적이며 구체적인 사건들에 대한 기억만을 제공하기 때문에 유인원의 행동은 결국 개별적 에피소드의 기억에 바탕을 둔 상황적 반응에 국한된다(Donald 1991). 그렇지만 도널드는 유인원의 능력을 다분히 과소평가한 듯하다. 최근의 연구에 따르면 유인원은 어느 정도 반성적 사고를 하고 미래를 계획하는 능력을 지닌 것으로 나타난다(Mitchen 1996). 여하튼 에피소드 문화는 호미니드가 출현하면서 나타난 미메시스 문화와 대조적인 준거 틀이 된다.

미메시스란 단순히 새가 어미의 울음소리를 그대로 복제하는 흉내(mimicry)나 포유동물이 어미의 행태를 본받는 모방(imitation)과는 다른 차원의 행위다. 그것은 에피소드를 추상화하는 능력에 바탕을 둔 창의적 모사(模寫) 행위에 속한다.

도널드는 아마도 직립원인 단계부터 미메시스 능력이 발현되기 시작했다고 추정했다(Donald 1991). 직립원인은 아직 상징적 언어를 구사하지 못했지만, 그들의 도구 제작 기술은 개별적인 에피소드의 한계를 넘어서 정교한 작업 절차를 새롭게 창안하고 기억하고 또 전수할 수 있는 능력을 나타냈다. 또한 계절적 수렵에서 협동하거나 불을 만들고 조리를 하는 작업도 그들의 인지 능력이 개별적인 에피소드의 기억에만 제한되었다면 불가능했다. 그런 행위들은 감각의 범주화, 시각적 표상화 및 반성적 사고, 의도적인 동작의 제어, 그리고 자발적인 의사소통 능력을 필요로 했다. 그 결과 직립원인이나 네안데르탈인의 미메시스 문화에 집단의 례나 놀이, 관습, 도덕 행위가 포함될 수 있었다.

미메시스 능력은 개별 행위를 어느 정도 범주화하고 그 의미를 기억하게 했다. 그렇지만 언어 능력이 부재한 상태에서 의사소통은 제한될 수밖에 없었다. 그래서 직립원인이나 네안데르탈인의 문화적 발달은 매우 더디게 진행되었다. 그것을 변화시킨 것은 현생인류에서 비로소 나타난 발성기관을 포함한 상징적 언어 능력이다.

상징적 언어 능력은 무엇보다도 사물의 의미를 사물 자체로부터 독립시켰다. 미메시스에 의존한 의사소통에서 의미는 그것이 지시하는 대상을 시각적으로 모방한 제스처를 통해서 전달될 수밖에 없었다. 즉, 직립원인의 기억에는 사물을 감각적으로 표상화한 심리적 모델이 담겨 있었다. 반면에 언어 능력을 지닌 현생인류의 기억에는 사물의 개념적 모델이 담겨 있었다. 부연하면 미메시스는 은유의 능력에 의존했지만, 이것은 시각적 아이콘을 바탕으로 한 것이다. 이와 달리 현생인류는 상징 능력을 바탕으로 개념적 은유를 구사할 수 있었다. 결국 개념적 은유는 에피소드들을 상징적으로 비교하고 일반적 원리나 주제를 새롭게 추출함으로써 현생인류가 에피소드로부터 벗어나서 상징적 사고를 할 수 있게 했다는 것이다.

아마도 일반적 주제에는 다퀼리가 언급한 삶과 죽음의 모순을 포함한 실존적 문제들이 포함되었을 것이다. 도널드는 개념적 은유로 인해 파생된 일반적 주제에 대해 초기의 현생인류가 지대한 관심을 가졌다고 추정했다(Donald 1991). 그에 따르면 그 당시 현생인류는 정신적 능력의 변화에 따라 새로운 지평의 세계에 눈을 떴고, 이에 대한 인과론적 설명과 예측, 그리고 통제의 요구가 뒤따랐다. 그는 그러한 요구를 충족시키려는 시도가 바로 신화의 창조였다고 보았다. 즉, 신화는 인간에게 펼쳐진 새로운 세계의 모델을 구축하는 도구로서 다양한 사건들을 시간과 인과의 틀 속에서 통합하려는 시도였다는 것이다.

도널드에 따르면, 초기 인류사회에서 새로운 의사소통과 사고의 매개체가 된 언어는 기술문화 부문에 큰 영향을 주지 못했다. 기술의 향상은 여전히 미메시스에 의존했고, 기술의 전수도 도제식으로 이루어졌다. 이와 달리 언어는 사회적 맥락에서 큰 변화를 가져왔다. 이를테면 그것은 남들의 활동을 관찰하고, 대인관계를 기록하고, 상호 작용을 제어하고, 유용한 지식을 나누고, 집단적 결정을 하거나 계획을 수립하는 데 큰 기여를 했다.

그러나 도널드는 언어가 가져다준 변화 중 가장 현격했던 것은 신화의 창조에 있었음을 강조했다(Donald 1991). 인간이 다른 영장류와 다른 점은 단순히 상징을 만들어 내고 구사하는 데 있지 않고, 오히려 그것들을 가지고 만들어 낸 새로운 유형의 정신적 모델에 있기 때문이다. 이런 관점에서 후기 구석기시대에 의식주 부문의 기술적 발전을 간과할 수 없지만, 보다 중요한 변화는 예술과 종교 부문에서 돋보인다. 이를테면 후기 구석기시대의 인류는 자신을 치장하거나 장식물을 통해서 자신의 사회적 지위나 집단의 정체성을 나타냈다. 또한 그들은 벽화를 그리거나 종교적 의례를 수행했다. 도널드는 이런 행위들의 중심에 있던 것이 바로 신화라고 보았다.

실제로 기술문화 측면에서 최근까지 석기시대를 살아갔던 많은 수렵채집 부족들에서 신화의 중요성을 쉽게 찾아볼 수 있다. 이를테면 부시맨의 문화는 후기 구석기 양식의 기술에 머물렀다. 반면에 사회구조, 언어, 의례, 신화, 종교 부문에서는 상당한 수준을 나타냈고, 특히 신화와 종교는 모든 삶의 국면에 퍼져 있었다. 그들의 신화에서 영양의 일종인 일런드(eland)는 그들이 숭배하는 신이 최초로 창조한 피조물로 등장했고, 그들은 그것을 자신과 동일시했다. 이에 따라 그들은 일런드를 사냥할 때 매우 세세한 금기를 준수했고, 의례에서는 일런드의 뿔이 달린 가면을 쓰고 그것의 신비한 에너지를 얻으려고 노력했다. 또한 일런드는 달과 동일시되어 처녀의 첫 생리를 축하하는 의례에서도 중심적 역할을 담당했다.

나아가 도널드는 인간의 사고방식이 이야기와 패러다임 형식으로 구분된다는 점에 주목했다(Donald 1991). 패러다임 형식이란 논리를 추구하는 것인 데 반해, 이야기 형식은 사건의 묘사나 역사적 기술에 관련된 것이다. 그는 인류 초기에 이야기 형식의 사고방식이 먼저 발달했고, 그들의 삶 전반에 지대한 영향을 미쳤다고 보았다. 그리고 신화란 이야기 형식의 사고방식이 만든 필연적 산물로서 후기 구석기시대 인류의 삶을 조직하는 구심체가 되었다고 생각했다. 다만 의례나 춤, 노래, 놀이 등에서 미메시스의 역할이 여전히 중요하다는 점에 비추어 이야기 형식의 사고와 신화가 미메시스를 대체했다기보다는 완벽하게 보완했다고 평가했다.

그러나 발성 언어에 바탕을 둔 신화적 문화는 인류사회가 발전하면서 점차 쇠퇴하기 시작했다. 여기에는 인간의 인지적 변화가 수반되었다. 우선 인간은 시각적 기호들을 창조하면서 사고방식이 청각에서 시각 표상을 중시하는 방향으로 변화했다. 또한 시각적 상징, 특히 문자가 개발되면서 인간의 기억은 정신적 역량의 한계를 벗어나서 외적인 매체에 담겨질 수 있게 되었다. 이로써 인간의 인식은 읽기를 통해 지식을 습득하는 능력이 강화되었다.

이와 더불어 인간의 사고는 이야기 형식에서 벗어나 패러다임 형식으로 전환되기 시작했다. 패러다임 형식은 사건들을 유비적으로 연계시켜 의미를 부여하던 신화적 사고와 달리 논리에 근거한 분석적 사고를 의미한다. 그것은 사건들을 객체화하고 비교 · 분석함으로써 설명하고 또 예측하는 능력을 포함한다. 이런 능력의 결과 신화적 사건들은 탈신화화(demythologization) 과정을 거치면서 의미가 변화했고, 신화적 문화는 과학을 지향하는 이론적 문화로 대체되었다. 그렇지만 이런 변화는 도널드가 지적하듯이 다만 분석적 사고가 인간의 정신을 지배한 것에 불과하며, 근본적인 신경생리학적 변화를 수반한 것은 아니다(Donald 1991).

요컨대 도널드에 따르면, 현생인류는 상징적 언어 능력의 진화로 인해 다양한 에피소드와 사건들을 개념적 은유를 통해 비교하면서 새로운 존재론적 문제에 봉착한 듯하다. 그들은 이런 문제를 해결하고 삶에 의미를 부여하려고 노력했다. 그렇지만 그것은 이야기 형식의 사고방식을 벗어나지 못했다. 신화는 그런 노력이 산물이었다.

그러나 도널드의 주장과 상충되는 자료들이 없지 않다. 이미 언급했듯이 그는 유인원의 능력을 과소평가했다. 또한 후기 구석기의 인류가 신화와 종교 부문에서 비약적인 변화를 보였지만, 기술문화 부문에서 역시 큰 도약이 이루어졌다는 점을 간과할 수 없다.[1)]

상징적 언어 능력을 보유한 현생인류가 신화적 문화에서 이론적 문화

---

1) 이와 관련해서 Mitchen(1996)의 대안적 해석을 참조.

로 단계적으로 진화했다는 그의 주장도 입증하기 곤란하다. 실제로 호주 원주민의 경우 신화가 그들의 일상생활 전반에 미치는 영향력은 매우 크다. 그들은 신화적 세계관에 집착하고 몰두하는 모습을 나타낸다. 그렇지만 그들이 문자를 개발하지 않았어도 분석적 사고를 결여한 것 같지는 않다. 나아가 도널드는 고대 문명사회에서 문자가 발달했지만, 여전히 신화에 기반을 둔 종교가 그들의 삶에 지대한 영향을 미쳤다는 점을 간과했다. 이를테면 수메르와 이집트 문명을 비롯해서 거의 모든 고대 문명사회에서 문자의 구사 능력을 보유한 전문가들이 신화와 의례의 지식을 독점하고, 종교를 사회 전반에 파급시키고 공고히 하는 데 주도적인 역할을 수행했다(Boyer 2001).

4. 진화심리학

배릿은 심리학자이며, 보이어는 인지인류학자 겸 심리학자이다. 그들은 신화와 종교의 현상에 깊은 관심을 가졌다. 그들은 수천 종의 신화들을 수집하고 비교하면서 신화의 공통점을 찾아내려는 종전의 접근 방식에 회의를 가졌다. 그들이 보기에 그런 방식은 신화의 성격을 전혀 설명하지 못했다. 그들은 신화를 설명하기 위해서 진화심리학적으로 접근했다.

진화심리학이란 인간의 정신적 능력에 일반적 정보처리 기제뿐 아니라 다양한 전문적 정보처리 기제가 존재한다는 것을 상정한 데서 출발한다. 진화심리학자들은 그러한 전문적 정보처리 기제를 영역-특정적 인지 모듈(domain-specific cognitive module)이라고 규정하고, 그것들은 특정한 문제 상황에 대한 적응의 결과 진화한 것이라고 간주했다(김용환 1999).

진화심리학자들은 고도로 발달한 인간의 상상력이 신화가 생성될 수 있는 단초가 되었다고 보았다. 여기서 상상력이란 영역-특정적 인지 모듈이 각기 특정한 영역의 정보에만 특성화하지 않고, 그것들을 가로질러 서로 다른 영역의 정보들을 결합하는 능력을 의미한다. 그들은 이것을 인지적 유동성 혹은 메타-표상 능력이라고 불렀다(Boyer 1994; Sperber 1994). 아마도 인지적 유동성은 일반적 정보처리 기제의 발달과 밀접한 관계를 갖는 듯하다. 여하튼 그 결과 신화에서 신격이 인간이나 동물로 탈바꿈하거나 현실적으로 불가능한 초자연적 능력을 나타낼 수 있었다는 것이다.

그러나 진화심리학자들은 인간의 메타-표상 능력이 무한한 상상력을 가져다주지는 않는다는 점을 간과하지 않았다. 즉, 인간의 상상력은 다양한 전문적 정보처리 기제에 의해 제약을 받는다고 보았다. 이는 신화의 생성에서도 마찬가지로 적용되었다. 이런 관점에서 그들은 신격 혹은 초자연적 실체, 그리고 특히 그들의 능력, 성격, 모습, 행위 등에 초점을 맞추고 신화 생성의 심리적 기제를 설명하려고 시도했다.

우선 진화심리학자들은 신격의 표상이 생성된 심리적 요인을 밝혀내려고 했다. 그들은 인간이 영역-특정적 신격 모듈을 지니고 있지는 않고, 신격은 기존의 다른 영역-특정적 인지 모듈에서 부수적으로 파생된 것이라고 여겼다. 그러한 인지 모듈로서 배릿이 주목한 것은 포식자 인지 모듈이다(Barrett 2004).

포식자 인지 모듈이란 인류가 오랫동안 수렵채집 생활을 영위하면서 생존에 관건이 되는 포식자를 탐지하는 능력이 전문화된 결과다. 그것이 전문화됨으로써 인간은 포식자의 존재를 빠르게 자동적으로 감지할 수 있었다. 이것은 역으로 사냥감을 찾는 데 기여함으로써 생존을 제고할 수 있었다. 다만 포식자 인지 모듈은 그 대상을 특정적으로 구분할 수 없는 만큼 포식자나 사냥감이 일으킨 것과 유사한 자극에 민감하게 반응하지 않을 수 없었다. 그래서 포식자 인지 모듈은 실제로 보다 포괄적인 행위자-탐지 모듈(agency detection module)의 형태로 존재했을 듯하다.

행위자-탐지 모듈은 예민할수록 더 효과적이지만, 그럴수록 오인을 할 확률은 높아진다. 비록 특정한 자극이 오인된 것으로 판명될 수 있지만, 그것은 어둠과 같은 불확실한 상황에서 결국 발견하지 못한 특정 행위자를 상정하게 만들 수도 있다. 행위자-탐지 모듈은 거의 모든 고등동물에 존재하는 기제인 듯하지만, 인간의 경우 다른 인지 모듈과 결합해서 초자연적 실체나 신격을 상정하게 만들 수 있는 잠재력을 갖는다.

배릿에 따르면 아마도 초자연적 실체를 상정하는 데에는 인과론적 인지 모듈이 연루된 듯하다(Barrett 2004). 이와 더불어 마음의 이론 보듈(the theory of mind)은 특정 대상이 자신과 동일한 마음을 보유하고 있다고 상정하도록 만들었을 듯하다. 그래서 동물이든 신격이든 혹은 초자연적 힘이든 특정한, 이를테면 자신을 해치거나 도와주려는 의도와 목적을 지닌다고 간주되었다. 마음의 이론 모듈은 또한 행위자-탐지 모듈에서 비롯된 행위자가 생명을 갖는 실체라고 생각하도록 만들었다. 더욱이 의인화 모듈은 그러한 실체가 인간의 형상을 갖는다고 간주하도록 만들었다. 그 결과 신격은 종종 인간의 형체를 나타낸다. 나아가 포식자로 인한 공포의 경험은 사악한 행위자뿐 아니라 자애로운 보호자를 갈구하게 만들었다. 그 결과 인류사회에서 자애로운 신과 사악한 악마가 공존하거나, 심지어 특정한 신격이 자애롭고 사악한 성격을 동시에 갖는 경우를 흔히 접할 수 있다.

그러나 보이어는 배릿의 설명이 다분히 사변적이라고 논평했다.[2] 신

2) 그럼에도 불구하고 그는 그것이 어느 정도 신빙성을 지니며, 다만 그런 전제 아래서 추가적인 설명이 필요하다고 언급했다. 이와 관련해서는 Boyer(2001), pp.147-167을 참조.

격의 생성 요인이 무엇이었든, 그는 신화에 나타난 신격과 관련된 구체적 행위나 사건을 설명하는 것이 보다 중요하다고 보았다. 그는 신화가 구비 전승되기 위해서 청자의 흥미를 끌고 또 쉽게 기억할 수 있는 조건을 충족해야 한다고 생각했다. 즉, 신화의 내용은 최소한의 반직관적(minimally counter-intuitive) 명제들로 이루어져야 한다는 것이다(Boyer 1994, 2001).

직관적 명제란 인간의 보편적인 감각과 추론 장치를 통해 인지된 지식에 속한다. 이를테면 생물과 무생물의 구분, 움직이는 생물과 움직이지 않는 생물, 해가 뜨는 곳과 해가 지는 곳, 다양한 감정 상태 등의 개념들은 인류사회 어디서나 보편적으로 나타나는데, 그 까닭은 인간의 보편적인 심리 장치 때문이다. 직관적 개념들은 다양한 영역-특정적 인지 모듈에 의해 자동적으로 생성된다. 또한 직관적 개념들은 범주화에 있어서 다소 차이가 나타날 수 있지만 그것들의 문화적 변이는 매우 작다.

이와 달리 반직관적 혹은 반성적 명제는 직관적 개념들을 재조합한 것이다. 이를테면 "동물은 죽어서 해가 뜨는 곳으로 가고, 식물은 죽어서 해가 지는 곳으로 간다" 혹은 "마녀가 빗자루를 타고 하늘을 난다"라는 허구적인 명제가 생겨날 수 있다. 직관적 개념들의 재조합은 무한히 다양하게 이루어질 수 있고, 이것은 문화적 다양성의 근간이 된다(Sperber 1994; 김용환 2001).

그러나 보이어는 신격과 관련된 허구적 명제가 직관적 개념들로써 어떻게 재조합되더라도, 그것이 전승되기 위해서는 직관적 개념을 생성하는 영역-특정적인 인지 모듈을 지나치게 위배해서는 안 된다고 지적했다(Boyer 1994, 2001). 허구적 명제가 그것을 지나치게 위배하면 기억하기 어렵기 때문이다. 이와 달리 그는 허구적 명제가 영역-특정적 인지 모듈을 최소한 위배한다면, 오히려 청자의 흥미를 끌 수 있을 뿐 아니라 기억하기 편해서 문화적으로 전승될 가능성이 높다고 주장했다.

이처럼 진화심리학자들은 신화에 등장하는 신격이 어떤 정체성을 지녔고, 그러한 정체성이 인간의 어떤 심리적 배경에서 생성된 것인가를 구명하려고 시도했다. 이를 위해서 그들은 다양한 영역-특정적 인지 모듈을 찾아내었고, 그것들의 존재를 심리학적 실험을 통해 입증하려고 노력했다. 사실상 그러한 인지 모듈이 과연 특정한 신격의 생성에 직접적인 요인이 되었는지를 밝히는 것은 현실적으로 불가능하다. 진화심리학자들의 작업은 다분히 사후적으로 신화의 생성에 관련된 심리적 요인들을 연계시킨 것이다. 그럼에도 불구하고 진화심리학은 신화의 성격을 새롭게 조명했을 뿐 아니라, 실증적이며 체계적인 접근 방식을 추구했다는 점에서 긍정적으로 평가할 만하다. 그것은 특히 신화의 텍스트가 지닌 구조적 성격과 한계를 보여 줌으로써 레비-스트로스의 구조주의를 상당 부분 보완할 수 있는 잠재력을 지닌 듯하다.

5. 결론

신화는 인류사회에 보편적으로 존재한다. 신화의 허구적이면서 신비적인 내용은 이성적 관점에서 쉽게 납득하기 어렵다. 인류학자들은 신화를 이해하기 위해 다각적인 노력을 펼쳤다. 그중에서 최근 심리학적 성향의 학자들은 신화가 인류사회에 보편적으로 존재한다는 사실에 근거해서 신화의 생성 능력에 초점을 맞추고 정신구조를 구명하려고 시도했다. 이 논문에서는 생물구조주의, 문화진화론, 그리고 진화심리학의 접근 방식을 검토했다. 그 결과 각 방식에는 방법론적 문제점과 한계가 드러났다.

우선 생물구조주의는 뇌의 기능과 구조를 신화의 구조와 연계시킴으로써 인간의 모순적 현실과 신화의 기능의 상관성을 입증하려고 했다. 그렇지만 아직 뇌의 기능과 구조에 대한 미흡한 지식으로 인해 그것은 다분히 사변적인 추측에 치우쳤다. 문화진화론은 고고학 자료와 인간의 인지구조의 발달을 시대적으로 연계시키는 과정에서 신화에 반영된 정신적 모델을 제시했다. 그렇지만 그것은 정신적 모델과 상충하는 문화적 자료를 설명하는 데 한계를 드러냈다. 진화심리학은 최근 발달한 인지심리학을 바탕으로 신화의 생성에 작용하는 인지적 요인과 제약 조건을 밝혀냄으로써 신격의 정체성을 구명하는 데 상당한 성과를 나타냈다. 그렇지만 인지 모듈의 존재와 기능에 관해 논란의 여지가 없지 않고, 그것들이 과연 신격이나 신화의 생성에 실질적인 요인이 되었는지 밝히기 곤란하다. 사실상 인지적 요인이나 제약조건이 신화 생성에 필요조건일지언정 충분조건은 되지 않는다.

덧붙여 신화의 생성 능력을 밝히려는 연구는 신화에 나타나는 인류 보편적 모티프나 테마가 지닌 의미뿐 아니라 신화의 문화적 다양성을 설명할 필요가 있다. 이런 점에서 신화의 생성 능력과 그 산물인 신화적 현상 사이에는 아직 메워야 할 간극이 크다.

■ 참고문헌

김용환, 1999, "The Sociobiological Study of Human Nature: From the Perspective of Cultural Universals," 『한국문화인류학』 32(2).

김용환, 2001, 『머리사냥과 문화인류학』, 서울: 열린책들.

Atran, Scott, 2002, *In Gods We Trust*, Oxford: Oxford University Press.

Barrett, Justin, 2004, *Why Would Anyone Believe in God?*, New York: Altamira Press.

Boyer, Pascal, 1994, "Cognitive Constraints on Cultural Representations," In L. Hirschfeld and S. Gelman (eds.), *Mapping the Mind: Domain Specificity in Cognition and Culture*, Cambridge: Cambridge University Press.

Boyer, Pascal, 2001, *Religion Explained*, New York: Basic Books.

D'Aquili, Eugene, 1983, "The Myth-Ritual Complex: A Biogenetic Structural Analysis," *Zygon* 18 : 247-269.

D'Aquili, Eugene & Newberg, Andrew, 1999, *The Mystical Mind*, Minneapolis: Fortress Press.

Donald, Merlin, 1991, *Origins of the Modern Mind*, Cambridge: Harvard University.

Leach, Edmund, 1970, *Claude Lévi-Strauss*, New York: The Viking Press.

Lévi-Strauss, Claude, 1955, "The Structural Study of Myth," *Journal of American Folklore* LXVII: 428-444.

Lévi-Strauss, Claude, 1962, *The Savage Mind*, Chicago: Univesity of Chicago Press.

Mitchen, Steven, 1996, *The Prehistory of the Mind*, London: Thames and Hudson, Ltd.

Newberg, Andrew, D'Aquili, Eugene & Rause, Vince, 2001, *Why God Won't Go Away*, New York: Ballantine Books.

Sperber, Dan, 1994, "The Modularity of Thought and the Epidemiology of Representations," In L. Hirschfeld and S. Gelman (eds.), *Mapping the Mind: Domain Specificity in Cognition and Culture*, Cambridge: Cambridge University Press.

3장

탐라 신화의 고금학과 모성중심사회의 신화적 특성 : '설문대할망'과 '삼신인'을 중심으로

전경수

전경수

미국 미네소타대 인류학박사
현재 서울대학교 사회과학대학 인류학과 교수

1. 시작하기: 이야기에 대한 이야기

일본의 와세다(早稲田) 대학에서 장기간 건축학을 가르쳤던 곤 와지로(今和次郎)란 분이 있습니다. 민가(民家) 전문으로서 조선의 민가에 대한 논문도 있지요. 그분은 건축이 전공이었지만, 고고학(考古學)에 대한 대응 짝의 상황을 설정한 '고현학(考現學)'이란 용어를 창안하여 그런 제목의 저서도 발간하였습니다. 『고현학』의 내용은 간단히 말

* 이 글을 작성함에 저는 두 가지 형식의 파괴를 시도하고 있습니다. 하나는 논문이라는 것에 나타나는 각주의 삭제이고, 또 다른 하나는 존칭형을 글의 기본으로 한다는 것입니다. 이렇게 해서 좀 더 많은 독자를 확보할 수 있다면, 그것도 앞으로 고려해 볼 수 있는 글쓰기의 방안이 아닐까 하는 생각을 하고 있습니다.
첫째, 각주가 제시되는 것이 친절하기도 하지만, 사실 글을 읽어 나가는 눈의 흐름을 방해하는 수도 있습니다. 그래서 가급적 각주에 표시되어야 할 것들을 본문에 녹아 내리도록 글을 써보는 것입니다. 그렇게 해서 읽는 분들이 좀 더 거침없이 술술 읽어 내려가게 할 수 있게 하는 것이 어떨까 하는 실험정신이 발동한 것입니다.
둘째, 우리말과 글의 특수성이라고 한다면 존칭형일 것입니다. 언어학 전공자의 말씀을 빌리면, 이 세상에 이렇게 존칭형이 발달된 언어가 그렇게 많지 않다고 합니다. 언어라는 것이 의사소통을 위해서 존재하는 것인데, 존칭 구도가 발달된 의사소통의 구조가 그것의 달성을 위해서 요구하는 것이 언어 형태의 존칭형이라고 생각됩니다. 따라서 한글로 글을 써서 의사소통을 하고자 하는 경우, 저자는 독자를 의식해야 하는 것이고, 익명의 독자에 대해서 하대형보다는 존칭형을 사용하는 것이 하나의 방법일 수 있다고 봅니다. 의사소통의 일반적인 상황을 고려할 때, 익명의 다수에 대해서 하대형이나 평이한 표현법보다는 존칭형의 사용이 더 적절하다는 것이 우리말과 글의 특징이라고 생각되는 것입니다. 그런 의미에 저는 이번에 작성하는 글의 형식을 존칭형으로 바꾸어 보았습니다.

하면, 당신께서 활동하던 1920년대와 30년대 현재진행형의 삶에 대한 민속지(民俗誌)를 작성하는 틀을 제시한 것입니다. 1923년 간토대지진으로 인해서 도쿄의 과거 모습은 급격히 사라지게 되었고, 그러한 상황에서 그는 당대 삶의 모습을 담아 두려는 생각을 하였던 모양입니다. 그래서 와세다 대학의 주변에 있는 대학생의 하숙방에 대한 정밀한 관찰을 글로도 남기고, 대학 주변의 음식점과 술집에 대한 민속지적 기록도 남긴 분입니다. 그분의 스케치는 일품입니다.

그런데 나는 그분이 설정한 '考現學'이란 용어에 대해서 한 가지 얄팍한 의문점을 갖고 있습니다. '古'에 대한 대응 짝이 '現' 일 수 있는가 하는 문제입니다. 모두들 아시다시피, 동서고금(東西古今)이라는 숙어가 있지 않습니까? '古-現'의 세트보다는 '古-今'이 한 세트로 가는 것이 우리에게 더 익숙한 틀이 아닐까요? 그래서 '考現學'보다는 '考今學'이 우리 정서에 더 맞지 않을까요? 또한 '現'이란 글자의 원뜻은 '나타난다'는 의미로 강하게 사용되지요. 아마도 그분이 이러한 생각을 하지 않았던 것은 아닐 겁니다. 자신의 성(姓)이 '今'이기 때문에 아마도 그것을 기피하려고 시도한 것이 '今' 대신에 '現' 자를 선택하여 '考現學'이라고 지은 것이 아닌가 하는 생각을 해보고 있습니다. 그분의 겸손함이 배어 나는 것이라고 이해하는 것이 여러모로 더 낫다고 생각을 해봅니다.

그래서 나는 이번 기회에 '고금학(考今學)'이란 단어를 창안해 보는 만용을 부려 보는 것이지요. 좀 더 솔직하게 말씀드린다면, 창안이라고 할

논문이라는 글쓰기의 새로운 전략이라고나 할까요. "세상은 바뀌고 있는데"라는 생각이 스치면서, 구태의연함이 싫어졌나 봅니다. 그래서 새로운 시도를 적용함으로써 어떻게 의미가 전달되는지에 대해서 실험이 필요하다고 느꼈기 때문입니다. 그렇게 하는 이유는 평자를 겨냥해서가 아니라 최종적인 독자를 존중하기 때문입니다. 모르지요. 괜스런 일을 벌이는 것은 아닌지 하는 걱정이 없는 것도 아닙니다. 모든 분들의 양해 바랍니다.

것 까지는 없고, 곤(今) 선생의 창조물을 모방하여 살짝 비틀어서 생각해 보겠다는 얘기입니다. 이렇게 하는 것도 하나의 방법입니다. 조금 더 나은 방법을 찾아보는 것이지요. 갑자기 하늘에서 떨어지는 것은 없고, 계단을 한꺼번에 10개씩 건너뛰는 것은 없거든요. 다 절차와 단계를 거쳐서 진행되는 것이 매사의 인생살이고, 학문이라는 것도 인생살이의 틀을 벗어나지 말아야 하는 법이거든요.

이야기를 하려면 어떤 틀을 먼저 생각해야 하는데, 신화에 관한 이야기를 하면서 고금학이란 틀을 설정한 것은 신화가 현재 우리의 생활과 어떠한 관계를 갖고 있을 수 있는가 하는 방향의 논의를 하겠다는 것입니다. 신화 그 자체의 분석도 중요하고, 그에 못지않게 오늘을 살아가는 우리에게 신화란 어떤 의미를 지니는가 하는 문제의식을 설정하겠냐는 의지의 표현인 게지요. 역사학 쪽에서 비유한다면, 카(E. H. Carr)가 쓴 *What is History?*와 같은 문제의식인 셈입니다. 이 대목에서 한 가지 분명하게 확인해야 할 것은 신화라는 것이 이름을 붙여서 그런 것이지, 그것은 원래 이야기입니다. 그래서 저는 이 지면에서 '이야기에 대한 이야기'를 하려는 것이지요.

신화는 이야기입니다. 입에서 입으로 전해져 내려오는 이야기이며, 그것이 문자에 의해서 정착하는 경우도 있고, 이야기 자체로 남아 있는 경우도 있습니다. 문자로 기록되는 상황에 개입한 세력에 의해서 구전의 이야기가 윤색되는 경우도 흔히 있는 법입니다. 따라서 어떤 경우는 기록된 것보다도 구전되어 오는 것이 훨씬 더 원래 모습에 가까울 수도 있는 것입니다. 기억과 기록에 대한 편견이 작동하면 곤란하지요. 경우에 따라서 기억이 기록보다도 사실에 더 가까울 수 있는 가능성을 열어 두어야 한다는 주장에 수긍할 수도 있는 것입니다.

2. 탐라의 '선화(仙話)'들

일본 사람들이 영어의 mythology를 '신화(神話)'라고 번역한 것이 통용되는데, 신화라고 하는 것이 특별한 것은 아닙니다. 한 사회에서 유전해 내려오고 있는 이야기들 중에서 신이라는 존재와 관련된 이야기면, 그것을 신화라고 부를 수 있는 것입니다. 신에 관련된 이야기라는 것이지요. 그래서 우리가 현재 제주도(濟州島)라고 부르는 곳인 고대의 탐라(耽羅)라는 사회에 있었을 법한 이야기들에 관한 이야기를 해보자는 것이지요. 사실 '그리스 신화'나 '로마 신화'에 대해서는 이런 저런 논의들을 종종 하는 것을 보는데, '한국 신화'나 '제주도 신화'에 관해서는 별로 관심을 보이지 않는 사회적 현상도 좀 우습기도 하고 한심스러운 것이지요.

신화에 대한 '이야기'는 그 이야기라는 형식을 통해서 더욱더 살이 붙을 수도 있고, 변종이 생길 수도 있습니다. 그러나 한 이야기의 기본 정신은 그대로 유지되어야 하는 것이 중요하다고 생각합니다. 그렇지 않으면 본질적으로 다른 이야기가 되어 버리거든요. 한 이야기에서 파생된 여러 가지 '버전' 을 따져 보고, 그 연관관계에 대해서 검증해 보는 이유가 다 이런 데 있는 것이지요.

제가 '탐라'와 '제주'를 구분해서 사용하는 데는 역사적인 인식의 문제가 개입되어 있습니다. 사실 제주라는 단어는 서기 1105년, 즉 고려(高麗) 숙종(肅宗) 10년에 탐라국이 고려에 복속되어 '탐라군(耽羅郡)'이 된 후, 한때는 '탐라현(耽羅縣)'이 되었다가(1153년), 고려가 원(元)의 부마국으로 만들어진(1260년) 이후에 등장하는 단어입니다. 그 과정이 아주 복잡한 문제 속에서 고려에 의해서 만들어진 것이라는 증거가 분명하게 남아 있습니다. 고려의 충렬왕이 원 세조의 상례와 성종의 즉위 행사에 참여하였다가 원이 탐라를 고려에 돌려줄 것을 요구하는 과정이 있었습니다. 이에 대해서 1295년에 탐라현은 '제주목(濟州牧)'이 됩니다. 제주라는 글자가 이때 처음 등장하는 데는 그만한 이유가 있는 것이라고 생각됩니다. 즉, 고려는 탐라를 확실하게 자신의 땅이라고 선언하는 용어를 창안하여 '제주'라고 개명한 것입니다. 그러나 원에 의해서 탐라총관부가 설치되면서(1300년) 더욱 복잡한 정치상황이 전개된 것을 알 수 있습니다.

삼별초가 여몽연합군에 의해서 멸망하는 1273년 원은 탐라를 직접 관리하기 위하여 탐라초토사(耽羅招討司)를, 1275년에 달로화적총관부(達魯花赤總管府)를 설치하였습니다. 1300년에 다시 탐라총관부를 설치함으로써 탐라의 명칭을 복원한 원의 속셈은 무엇이겠습니까? 남송과 일본을 정복하기 위한 도로의 역할을 하게 된 탐라는 동아시아 국제정치 판도에서 태풍의 눈이 된 것이었습니다. 군사적인 요충지 역할을 하였던 것이며, 동시에 원이 멸망하는 1367년까지 100년 가까운 기간 동안 탐라는 원과 고려에 의하여 양속지배(兩屬支配)를 당한 것입니다. 요즈음 말로 이해하자면, 동아시아에서 오키나와와 같은 존재였던 것이지요. 양속지배란 한 놈이 뜯어 먹는 것이 아니라 두 놈이 달라붙어 뜯어 먹는다는 얘기입니다. 당시 동아시아에서 전개되었던 국제정치적 역학관계의 최대 피해자가 탐라였던 것입니다. 얼마나 아팠겠습니까? 그 고통의 과정에서 1295년에 자신의 이름까지 박탈당한 역사가 각인되어 있음을 지적하는 경우는 흔치 않았다고 봅니다. 설문대할망 이야기는 그러한 우여곡절의 과정을 다 거치면서 살아남은 탐라의 이야기라고 생각하고 싶은 것입니다.

대원관계(對元關係), 즉 국제적인 관계 속에서 고려 정부는 탐라를 희생양으로 삼아서 자신의 지위를 회복하기 위한 상징작전을 썼던 것입니다. 그 과정에서 과거의 탐라라는 지명(地名)을 박탈한 것입니다. 사실 지명이라는 것은 그곳에 살고 있는 사람들의 정체성(正體性)과 깊은 관계를 갖고 있는 것인데, 이것을 박탈했다는 것은 그곳에 살고 있는 사람들을 깡그리 무시하는 전략을 구사한 정복자의 의도를 읽을 수 있는 부분입니다. 일본 사람들이 유구국(琉球國)을 복속하여 하나의 현(縣)으로 만들 때와 비교해 보면, 그러한 현상은 더더욱 심각하게 느껴집니다. 유구국은 1879년에 일본의 오키나와현(沖繩縣)이 되었는데, 오키나와라는 단어는 유구국의 중심이 되는 섬의 명칭이었거든요. 하여튼 주민들이 고래로 사용해 오던 지명을 그대로 유지시켜 준 것이지요. 그런데 고려는 탐라라는 지명을 아예 지워 버리는 만행을 저지른 것입니다. 고래로 사용해 오던 탐라라는 국호를 현의 명칭으로 사용할 수도 있었을 텐데, 제주라는 새로운 용어를 만들어서 사용하도록 강요한 것입니다. 아마도 그 과정이 쉽게 넘어 가지 않았을 것입니다. 그러한 과정에 이런 저런 정체성과 관련된 일들이 일어나게 마련이고, 정체성에 관련된 일들 중에서 신화에 관한 것이 등장하였을 것이라고 저는 짐작해 봅니다. 이 세상살이에서 흔히 있는 구도이기 때문에 이러한 추론을 할 수도 있다는 것이지요.

제주라는 단어의 원뜻을 잘 살펴보면, 기가 막힌 말입니다. 당시 그 땅에 살던 사람들이 도저히 받아들일 수 없는 단어이지요. '濟州', 풀어쓰면 '물 건너 있는 땅'이 됩니다. 육지에 앉아 있는 땅 임자가 '저기, 물 건너 있는 내 땅' 이라고 손가락으로 가리킬 땅이 되어 버린 것이지요. 제주라는 명칭이 고래의 탐라라는 명칭의 자리를 찬탈할 때, 탐라의 사람들은 가만히 있었겠습니까? 물 건너 있는 땅을 손가락으로 가리키는 사람의 입장에서 지어진 명칭을 순순히 받아들이고만 있었겠느냐 하는 말입니다. '제주'란 타자화된 땅이며, 육지 사람들에 의해서 손가락질할 대상으로서 만들어진 땅이 되어 버린 것입니다. 이러한 작명은 가히 한자(漢字)를 공유하는 동아시아 사회에서 제주를 복속하는 고려의 정치적 선언이 내포되어 있는 것입니다. 제주란 고려가 정복한 땅, 즉 식민지(植民地)라는 뜻과 동의어인 셈입니다. 식민지라는 정체성을 심어 주기 위해서 작명한 그 단어가 900년이 넘도록 지켜지고 있다는 문제에 대해서도 한 번은 생각해 볼 점이 있지 않겠습니까? 그렇지 않고 '제주'를 고집하게 되면, 그것이야말로 '식민지(colonial knowledge: '식민지의 지식'이라는 준말)'이지요.

소제목에 제가 신화라는 단어 대신에 '선화(仙話)'라고 적었습니다. 조선조(朝鮮朝) 영조(英祖) 연간인 1770년 12월 말경에 한양으로 상경하여 과거시험을 보기 위해서 제주항을 떠났던 장한철(張漢喆, 1744~?)이란 애월 사람은 동행들과 함께 풍랑을 만나서 표류하였습니다. 이분들이 유구국까지 내려갔다가 이듬해 초에 귀국하게 되는 과정을 기록으로 남긴 것을 우리는 『표해록(漂海錄)』이라고 합니다. 이 문서는 아마도 1771년에 작성된 것이라고 보면 됩니다. 장한철이 남긴 글에 "白鹿仙子 活我活我! 詵麻仙婆 活我活我! 盖耽羅之人諺傳 仙翁騎白鹿 遊于漢拏之上 又傳邃古之初 有詵麻姑 步涉西海而來 遊漢拏云 故今者所以祈活於詵麻白鹿者 無所控訴而然也"(백록선자님, 살려 주소. 살려 주소. 선마선파님, 살려 주소. 살려 주소. 대저 탐라 사람에게는 세간에서 전하기를 선옹이 흰 사슴을 타고 한라산 위에서 놀았다 하고, 또한 아득한 옛날에 선마고가 걸어서 서해를 건너와서 한라산에서 놀았다는 전설이 있다. 그러므로 이제 선마선파와 백록선자에게 살려 달라 빌어도 아무 소용이 없을 것은 당연하다—鄭炳昱 번역)라고 적었습니다.

여기에 등장한 백록선자(白鹿仙子)와 선마선파(詵麻仙婆)의 이야기는 실로 우리가 요즈음 언급하는 신화에 관한 이야기임에 틀림없습니다. 17세기 말엽에 제주도 사람들 사이에 구전되고 있었던 신화의 두 주인공은 '仙子'와 '仙婆'로 한자화(漢字化)되었다는 사실을 알 수 있지요. 중국 사람들의 한자로 풀면, '仙子'는 신선이라는 의미이니, 장한철이 제주도에 구전되고 있던 이야기를 한자화하면서 두 주인공에 대해서 '仙' 자를 적용한 것을 근거로 그 이야기를 '仙話'라고 부르는 것이 17, 8세기 제주도 사람들의 인식에 조금이라도 더 근접하는 것이라고 생각합니다. 어쩐지 일본 사람들이 mythology의 번역어로 만든 '神話'보다는 '仙話'가 더 근사하다는 생각도 드는 것 같습니다. 하도 '神'이라는 글자가 많이 난무하는 세상이고 보니, 그 글자에 좀 신물이 난 것도 사실입니다.

육지에서 부임하였던 목사들이 남긴 여러 가지 문집들에는 전혀 등장하지 않는 백록선자와 선마선파의 이야기가 제주도 토착민인 장한철에 의해서 문자로 기록되었다는 점도 흥미로운 대비입니다. 그 이야기는 토착민들 사이에서는 광범위하게 구전되고 있었던 점을 지적할 수 있고, 토착민들 사이에서는 한라산을 근거로 한 신선사상이 대물림으로 이어지고 있었던 점을 알 수 있습니다. 난파선에 실린 생사의 갈림길에서 그들이 떠올린 '구세주'가 백록선자이고 선마선파였던 것을 알 수 있습니다. 그만큼 제주도 사람들 사이에서는 강력한 신앙의 대상으로 존재했던 선자와 선파였던 것으로 이해됩니다.

그런데 선자와 선파에 대한 설명을 자세히 비교해 보면 재미있는 대조가 발생합니다. 백록선자에 대해서는 한라산상에서 놀았다는 정보를 제공하고 있고, 선마선파에 대해서는 그 존재의 태고성(太古性)을 강조하고 있습니다. 즉, 태초에 존재하였던 선마선파에 대한 인식이 제주도 사람들 사이에 구전되어 왔다는 이야기에 놀라지 않을 수 없습니다. 선마선파에 대한 제주도 사람들의 역사적 인식은 백록선자보다도 오래된 창세신화의 계열에 속한다는 점을 지적할 수 있지요.

다음은 명칭에 대한 것인데, 백록선자와 선마선파의 핵심적인 명칭을 살펴보고자 합니다. 백록이라는 선자, 즉 신선을 말하는 것에 대해서는 큰 문제가 없다고 봅니다. 그런데 선마선파에 대해서는 이론이 있는 모양입니다. 이에 대해서 저의 입장을 정리해 보겠습니다. 짧게 인용된 글에 선마의 명칭이 세 번 등장합니다. 처음 등장할 때는 '詵麻仙婆', 두 번째에는 '詵麻姑', 마지막에는 '詵麻'라고 적었습니다. 첫 번째의 '仙婆'와 두 번째의 '姑'는 동의어라고 생각됩니다. 세 번째의 '詵麻'는 '白鹿'과 대비하여 적은 것으로서 가장 짧게 표현하면 '詵麻'로 썼던 모양이지요. 아마도 '설문대(또는 그와 비슷한 발음이 나는 대상, 1932년에 金斗奉은 '설만두'라고 적었음)'가 장한철의 기록과정에서 詵麻로 한자화된 것 같습니다. 거기에 '仙婆'도 붙여서 사용하다가 어떤 경우에는 '姑' 자를 붙여서 사용하는 용례들이 있었던 모양입니다. 즉 기본은 '詵麻'라는 얘기지요. 장한철보다 150년 뒤에 이 이야기에 착안한 김두봉이 '娑麻'라고 적은 것과 일맥상통하는 모습이 보입니다. 따라서 '詵麻姑'에 초점을 맞추어서 앞의 '詵' 자와 뒤의 '麻姑'를 분리하여 詵麻를 마고할미 전설 계열로 풀어 보려는 시도에 대해서는 좀 더 생각을 해볼 여지가 있다고 봅니다. 이렇게 하기 위해서는 다른 마고할미 계열의 전설들과 총체적인 비교분석이 필요하다고 생각됩니다.

탐라가 제주로 개명되었던 사실을 두 신화에 적용하면, 설문대할망은 탐라, 그것도 아주 오래된 탐라의 주인공에 관한 이야기이고, 을라는 근년의 탐라 이야기입니다. 둘 다 제주가 등장하기 이전의 애기라는 말입니다. 우선 저는 탐라라는 이미지에 가장 상상력을 풍성하게 하고 삶에 힘을 주게 되는 에너지가 되는 것으로서 설문대할망을 설정하고 있습니다. 옛날이야기나 설화 같은 것이 어떤 의미가 그리 깊을까 하는 주장도 있지만, 저는 설문대할망 이야기를 설화나 전설의 수준이라고 생각하지 않고, 이 세상에서도 상당히 유래가 드문 일종의 창세신화라고 생각하고 있습니다. 예를 들어서 대한민국이라는 이 나라에도 창세신화는 없습니다. 단군신화라는 것 이상으로 올라가는 신화의 종류가 없지 않습니까? 그런데 탐라에 구전되어 온 설문대할망신화가 단군신화보다도 더 고졸

(古拙)한 모습을 담고 있는 신화라는 말입니다. 단군신화도 창세신화는 아니거든요.

그런데 왜 이 설문대할망신화가 제대로 평가를 받지 못했을까요? 시쳇말로 그렇게 빛을 보지 못해 온 것이 사실입니다. 왜 그럴까요? 이유가 있게 마련입니다. 다른 것들에 가려서 그렇지요. 설문대할망 이야기가 빛을 보는 것을 방해한 요소들이 다분히 있었던 것이지요. 인간의 의도가 개입된 결과라는 것이지요. 설문대할망신화가 빛을 보고 안 보고는 다분히 역사성의 문제라고 생각합니다. 그 이야기가 시작된 이후, 그곳에서 살았던 사람들의 생활에 적지 않은 변화가 있었음을 증언하는 것이고, 그 결과로 설문대할망 이야기가 그늘에 가리게 되었다는 이야기이지요. 인간관계의 표현이 그렇게 나타난 것으로 이해해야 하는 것입니다. 그 신화의 내용에 대한 시대적 인식의 반영, 즉 역사인식의 문제가 개입되어 있음을 반영하는 것입니다. 설문대할망, 즉 여성 영웅에 대한 역사적 인식의 반영이 퇴화되어서 구전 정도로만 남아 있다는 사실에 주목하지 않을 수 없습니다. 영웅의 등장을 더군다나 여성 영웅의 출현을 부각시키지 않으려는 역사인식의 반영이 존재했던 탐라 사회를 포함한 더 큰 사회의 소산이라고 이해해야 할 것 같습니다.

그것과 사뭇 대조가 되는 수준의 제주도에 관련된 이야기에는 소위 '삼성신화(三姓神話)'라고 불리는 것이 있지 않습니까? 이 신화의 내용이 역사적 기록으로 남을 당시, 제주는 제주였습니다. 1960년대에 등장한 것으로 생각되는 '삼성신화'라는 작명은 잘못되었다고 저는 확신하고 있습니다. 그것은 제주도에 현재 진행되고 있는 또 다른 형태의 식민지(植民知)입니다. 그래서 저는 '을라신화(乙羅神話)'라고 이름을 붙인 바 있습니다. 양을라(良乙那), 고을라(高乙那), 부을라(夫乙那)의 '삼신인(三神人)'에서 따온 이름입니다. 을라(乙那)라는 말은 백제어(百濟語)의 왕(王)이라는 뜻으로서 이능화(李能和)의 『조선무속고(朝鮮巫俗考)』에 나오는 얘기입니다. 그렇게 보면 '신인(神人)'이란 것의 인식이 '왕'에 해당된다고 말할 수도 있습니다.

1) 을라신화

세간에서 부르는 '삼성신화'라는 명칭을 거부하고, 제가 그것을 '을라신화'라고 부르게 된 이유를 잠깐 설명 드리면 다음과 같습니다. 그것에 얼마나 깊은 의미가 들었는고 하니, 또한 그것을 왜 '삼성신화'라고 부르면 안 되는고 하니, 그 신화의 내용과 그 이야기의 배경을 구성하고 있는 시점(時點)은 성(姓)이라는 것이 있었던 배경과는 상관이 없는 시기라고 생각되기 때문입니다. 만약에 그것을 '삼성신화'라고 규정을 하게 되면 동일한 맥락에서 단군신화도 환웅을 중심으로 하여 '환성신화'나 '환씨신화' 또는 '일성신화(一姓神話)' 등으로 바꾸어서 불러야 할 것이라고 생각합니다. 이런 주장에 동의할 사람이 얼마나 있겠습니까? 황당한 얘기지요.

시간을 거꾸로 거슬러서 생각을 해보면, 현재까지 우리 삶의 양식을 지배해 왔고, 지배의 헤게모니 차원에서 영향을 가장 많이 미쳐 온 것이 성리학적인 신유교(新儒敎)의 틀이라고 생각합니다. 즉, 을라신화에 배어 내려온 상당 부분은 고려 말에 수입된 유식화(儒式化)의 영향을 배제할 수 없는 부분이 작동하고 있다는 것입니다. 유교의 영향에 대해서 이야기를 하는 것입니다. 조선조 초에 기록으로 정착할 당시까지 구전되어 오던 이야기가 유식화라고나 할까, 유교화라고나 할까 하는 과정을 밟은 것이지요. 이렇게 언급할 수 있는 부분은 조선(朝鮮)이라는 나라 전체를 통틀어서 가장 정도가 강하게 유식화가 진행되었던 곳이 바로 제주도였다고 생각합니다. 결과를 언급하는 것이 아니라 과정을 말씀드리는 것입니다. 그러한 유식화의 과정 속에서 이형상(李衡祥) 목사 시대의 '당오백 절오백'이라는 얘기가 있는 것입니다. 무속신앙을 배격하려는 유교 측의 사상폭력(思想暴力)이었지요. 훼철의 과정이 얼마나 극심했으면, '당오백 절오백' 이란 표현을 하겠습니까? 중앙집권 체제의 권력관계 속에서 지방관이 중앙에 잘 보이려고 과도한 행동을 보여 준 점도 있다는 생각이 듭니다.

그런 유식화의 한 과정으로서 '삼성신화'라는 용어가 등장하는 배경이 17, 18세기에 조성되었다고 생각합니다. 왜냐하면 그때 삼성단(三姓壇)이 만들어지고 거기에 관련된 삼성사(三姓祠)도 건립하였기 때문입니다. 이런 것들은 제주목사가 토착세력을 유화하기 위한 통치전략으로 만들어진 것이지요. 마치 수도에 사직단과 종묘를 조성함으로써 권력의 중심을 정돈하고 휘하의 백성들이 그러한 체제에 순응하도록 하기 위한 이데올로기의 정치였던 것이지요. 말하자면, 고양부라는 삼성(三姓) 세력은 사실상 『세종실록지리지(世宗實錄地理志)』가 편찬되던 14세기 말경에서부터 17, 8세기경 사이의 제주 토착세력이었다고 보는 것이 이치에 맞을 것으로 생각합니다. 삼신인의 시대와 삼성의 시대는 엄청난 시간차가 있는 것이지요. 이 둘을 뒤섞어서 이야기를 만든다는 것은 그야말로 혼돈의 결과이자 신화라는 것의 기본적인 속성도 모르는 사람들의 그릇된 주장이라고 말할 수 있습니다. 따라서 신화의 내용을 구성하는 시대가 분명히 유식화의 이전의 것을 포함하고 있다는 점을 생각해 보면, 당연히 '삼성신화'라는 말을 사용하기를 저는 거부하고, 『고려사(高麗史)』에 나오는 순서대로 양을라, 고을라, 부을라의 그 을라라는 단어에 의미를 부여하고 싶습니다.

나는 '神人'이라는 단어에 대해서 특별한 생각을 하고 있습니다. '神'

과 '人'이 결합하여 하나의 의미를 나타낸다는 현상에 대해서 호기심을 가지게 됩니다. 과문한 탓에 그러한 현상을 만날 수 있는 경우를 세 가지밖에 제시하지 못합니다. 하나는 샤머니즘의 맥락에서 만나는 귀신들입니다. 즉, 죽은 사람들을 신으로 모시는 한국의 샤머니즘을 말합니다. 사실 시베리아의 샤머니즘이라는 아이디어의 본체는 수령(獸靈)인데, 한국의 경우는 사령(死靈)이라는 특징이 있지요. 최영 장군도 신으로 모셔지고, 심지어 최근에는 맥아더 장군이나 박정희 대통령도 신으로 모셔지는 신당이 있습니다. 그 이외에는 한국 문화에서는 '神'과 '人'이 결합하여 하나의 의미를 나타내는 경우는 없다고 생각됩니다. 두 번째로 들 수 있는 경우는 일본 문화 속에서 많이 나타나는 것들입니다. 대동아전쟁 당시에 영웅으로 추대되었던 '구군신(九軍神)'이나 천황의 존재가 여기에 딱 들어맞는 사례들입니다. 특히 천황의 경우에는 아직 생존한 상태인데도 '神'이라는 의미가 부여되는 존재라는 점에서 상당히 특이한 것이라고 생각됩니다. 세 번째의 사례는 오키나와의 토속종교에서 등장하는 '神人(kaminchu)'이라는 말입니다. 이것은 신과 의사소통을 하는 종교적인 주제자로서 주로 '유타'를 이르는 말로 사용되는 경우가 있습니다. 지금도 오키나와의 일부에서는 통용되고 있는 단어이기도 합니다.

그런데 『세종실록지리지』에 등장하는 양성지(梁誠志)가 지은 탐라의 신화 내용에 '三神人'이라는 단어가 등장합니다. '神'이면 '神'이고, '人'이면 '人'이지, 왜 '神人'이라고 적었을까요? 그것도 유학으로 똘똘 영글어진 최고위의 성리학자가. 세 명의 '신인'을 거론하였는데, 그러면 이 '신인'은 샤머니즘적인 요소를 담고 있는 것으로 표현되었을까요? 그럴 수 있다고 생각합니다. 왜냐하면 고대 사회의 일반적인 현상으로서 정치적인 리더들이 제정일치적(祭政一致的)인 리더들이라고 이해되고 있다는 점을 만족시키는 사례가 되기 때문입니다. 즉, 탐라 사회의 '삼신인' 즉

양을라, 고을라, 부을라는 당대의 샤머니즘적인 리더들이었다고 이해하는 것이 가능할 수 있습니다. 저는 오키나와 '카민추'의 사례가 제주도에 원용될 수 있는 경우라고 생각하고 있습니다. 오키나와에서 '유타'는 예외 없이 여자들이지만, 탐라에서는 남자들이 종교적 주제자로서 등장하였던 모양입니다. 오늘날에도 제주의 심방(무당)들 특히 수심방들은 모두 다 남성들입니다. 아마도 제주에 유전되는 심방이 남성 계통이었다는 전통이 아닐까요?

이제 을라신화의 내용을 보면, 삼신인만으로 제주라는 사회가 만들어진 것이 아닌 점을 분명하게 지적할 수 있습니다. 거기에 등장하는 삼처자(三處子)의 배경을 일본국이라고 하기도 하고, 또 어떤 문헌에서는 벽랑국이라고도 합니다만, 뭐라고 해도 좋습니다. 신화상의 삼처자 집단에 대해서 제가 주목하고 있는 점은 그 집단이 곧 탐라가 형성되고 국가 체제로 도약하는 데 필요했던 에너지원이라고 생각되기 때문입니다. 이런 부분에 대해서는 이미 제가 다른 지면에 논문으로 발표한 적이 있습니다.

삼신인이 한라산을 배경으로 거주하고 있었을 때, 그들이 쫓아다니면서 수렵하며 살던 모습에 관한 내용이 약간 소개됩니다. 삼처자를 태운 배가 삼처자와 함께 오곡과 우마도 싣고 들어왔답니다. 그러니까 삶의 기초로서 생산력의 기반인 곡식과 식량과 또 가축 등이 삼처자와 함께 제주로 혼입(婚入)해서 들어온 것으로 생각됩니다. 그래서 저는 삼신인보다는 삼처자 집단의 등장에 더 큰 의미를 두고 있습니다. 특히 탐라국 형성이라는 구도에서 본다면,·그러한 설명이 더더욱 가능하다고 생각하지요. 남녀 대립의 구도라든지, 페미니스트의 입장을 내세우려는 것이 아니라, 탐라의 신화에서 삼신인으로 대표되는 토착집단과 삼처자로 대표되는 이주집단이 잘 결합하여 현재 우리들이 살고 있는 터전으로서의 탐라 사회를 형성하였다는 것이 을라신화의 기본 바탕에 깔린 내용입니다.

삼처자가 생산력의 증대를 가져오는 농경과 목축의 요소를 지참하고 있습니다. 에너지원이 삼처자인 여성에 의해서 장악되고 이동된다는 얘기입니다. 여성중심의 에너지, 여성중심의 생산구조를 기본으로 만드는 이미지가 이 신화의 가장 밑바닥에 깔려 있다는 점을 인식할 수 있지요. 삼신인에 관한 이야기가 주도적인 것 같지만 사실상 사회를 움직이는 에너지원은 삼처자가 가지고 들어오는 방식의 사회구조를 보여 준다는 점에 착안해야 할 것입니다. 즉, 탐라 사회를 구성하는 구성원들의 역할과 기능이라는 점에서 토착민과 도래인의 역할 분담에 대한 설명이 그 이야기의 내용에 들어 있는 것입니다.

삼처자가 혼입하는 과정의 이야기는 을라신화의 시대적 하한선을 논증해 줄 수 있다고 봅니다. '장가가는' 시스템에서 '시집가는' 시스템으로 변하였던 혼인제도의 진화 과정을 생각하면, '시집가는' 시스템을 보여 주는 을라신화의 내용은 성리학적 아이디어가 향촌에 정착하기 시작하는 조선 후기의 이야기인 셈인데, 그 이야기는 대난히 유식으로 각색되었다는 증거를 보이는 것이지요. 물론 『세종실록지리지』나 『고려사』에 기록된 내용으로 볼 때, 을라신화의 시대적 하한선은 명백해지지만, 그 아이디어는 지극히 후대적인 모습을 보이고 있는 것입니다. 즉, 조선 후기의 아이디어가 배어 있다는 점을 지적하지 않으면 안 됩니다. 물론 이 이야기가 조선 후기에 조작된 것이라고 주장하는 것은 아니고요. 신유교의 이데올로기 냄새가 많이 나는 화소가 첨가되어 있다는 이야기입니다.

2) 설문대할망신화

오늘 우리가 함께 생각해 보고 있는 설문대할망에 관한 이야기가 기록으로 남은 것은 장한철의 『표해록』 이외에는 지극히 최근의 일입니다. 신화 또는 전설이라는 장르를 하나의 학문 분야로 생각하는 사람들이 그 내용이 재미있다고 해서 기록으로 남긴 것입니다. 그러한 장르를 설정해서 최초로 최근에 기록으로 남긴 경우는 오사카에서 출판된 김두봉의 『제주도실기(濟州島實記)』(1932)에 소개된 것이라고 생각되는데, 그 내용을 인용해 보면 다음과 같습니다.

> 雪漫頭姑傳說: 넷적에 한 神女 잇스니 俗稱 설만두할망(本島方言)이라 하고 일홈은 娑麻姑婆라 하니, 그 身長이 거의 하날에 다을 듯하다 한대, 손으로 漢拏山을 집고 발로 滄海의 물결을 히롱하며, 土壤을 옴겨 峰을 만드니, 그 爲人이 長大함은 可想이라. 恒常 말하여 曰 이 섬사람이 나를 爲하야 一着衣를 지여 주면, 그 報酬로, 내가 반다시 이 섬에서 大陸까지 連橋하야 徒步로 往來케 하고 航海하는 困難을 免케 하리라 하며, 勇氣를 뽐내니 하마하드면 다리를 노흘번 하엿스나, 애처러울 것은 그 時島人이 力拙하야 要求한 一着衣를 酬應키 不能하였슴으로, 다리 問題는 마침내 進捗가 못되고 말엇다. 그러나 朝天串이 其時作橋하랴든 痕迹이라 한다. 邑東新村岩石上에 巨人의 발자취가 잇스니 俗에 설만두할망 捉跡이라 稱하고 그外에도 傳會의 說이 만타.

이에 비해서 양고부에 관련된 이야기는 조선시대에 일찍이 문자로 기록이 되어서 남아 있습니다. 제주도에 전해져 내려오는 이 두 가지의 신화(설화라고 해도 좋고, 전설이라고 해도 좋습니다)는 그 내용과 배경이 사뭇 다릅니다.

고양부(양고부라고 해도 좋고요)에 관련된 이야기는 집안의 내력에 관한 내용들을 주로 하면서, 앞 부분에 탐라국의 개국과 관련된 내용이 첨가되어 있습니다. 말하자면 이 신화는 남성중심 사회의 이야기로서 정치집단의 형성 과정에 관한 내용을 전하고 있는 것입니다. 이에 비해서 설문대할망에 관련된 이야기는 구전으로만 전해져 오는 것이고, 주인공은 설문대할망이라는 여성이며, 창세와 관련된 내용을 담고 있습니다. 설문대할망이 바닷속의 흙을 건져 올려서 제주도와 부속도서들을 만들었다는 내용이고, 그녀의 아들들이 오백장군이라는 것입니다. 자식을 500명이나 생산한 여자이니 그 힘이 얼마나 큰 것입니까? 창세의 능력을 보여 주는 힘을 가진 할망이지요. 한라산 영실의 바위들로 현신된 500명의 장군들이 설문대할망의 아들이니, 설문대할망의 권세는 대단한 것입니다. 시쳇말로 고양부의 정치집단이 누렸던 권세와는 비교도 되지 않는 것입니다. 설문대할망에 관한 이야기들을 좀 더 풀어서 설명을 해보겠습니다.

인간이 등장하기 이전에 지구의 생명체는 바다에서 나왔다는 것이 정설입니다. 물이 생명의 근원이라는 과학적인 증거가 제시되어 있는 것이지요. 이 세상에는 창세신화를 갖고 있는 곳이 그리 많지 않습니다. 설문대할망 이야기가 제주도에 구전된다는 것은 그만큼 제주도의 신화가 상대적으로 오래된 것이라는 얘기입니다. 그리고 그것이 소중히 구전이라는 형식을 빌려서 남아 내려온 것이지요. 사람들은 그것이 아주 소중한 것이라는 것을 잘 알고 있었던 것입니다. 아무리 소중한 것이라고 하더라도 사람들이 그렇게 생각하지 않으면, 그 소중한 것은 어느 틈엔가 사라지는 운명을 맞게 되는 수도 있는 것입니다.

할망이 주인공이니, 할으방은 있으나 마나지요. 인간 사회의 시작이 사실상 모계사회에서 비롯되었다는 점을 확인한다면, 설문대할망 이야기는 모계사회를 배경으로 하는 이야기임에 틀림없는 것이며, 왕성한 출산력을 상징하는 500명의 아들을 생산한 풍요의 여신이기도 합니다. 아버지의 이미지는 별로이고, 어머니의 이미지가 강한 사회의 모습을 이야기 하는 것입니다. 지구상에 광범위하게 분포하고 있는 모신(母神, Mother-God) 신앙의 대표적인 모습이 설문대할망의 이야기인 것입니다.

환언하면, 설문대할망 이야기는 창세와 모신 신앙의 내용을 겸비한 신화 중의 신화인 셈입니다. 오키나와에 구전되는 '움마누간(움마=母, 누=의, 간=神)'이 있지만, 움마누간은 그렇게 크고 위대하게 묘사되어 있지 않습니다. 탐라의 설문대할망이 오키나와의 움마누간보다도 훨씬 수가 높은 것이지요. 또한 신화라는 면에서 그 가치의 깊이는 세성받이의 시조를 알리는 을라신화와는 비교도 안 되는 출중한 내용을 담고 있는 것이 설문대할망에 관한 이야기입니다.

그러면, 왜? 을라신화는 일찍이 문서로 기록되었고, 설문대할망 이야기는 구전으로만 남아 내려왔을까요? 언제인가부터 탐라 사회는 모계사회(母系社會)에서 부계사회(父系社會)로 전환되었음을 직감할 수 있으며, 부계사회의 시조로서 삼신인이 등장한 것으로 해석할 수 있습니다. 그러니 시간상으로 본다면, 설문대할망의 이야기 내용이 삼신인으로 대표되는 을라신화의 내용보다도 훨씬 더 오래된 이야기의 내용이라는 점을 수긍할 수 있습니다. 인간 사회는 보편적으로 이야기 한다면, 모계사회에서 부계사회로 진화한 것이 정설로 되어 있습니다. 사실상 그것을 구성하고 있는 또는 운영해 나가는 과정을 본다면, 모계사회가 훨씬 더 자연스럽습니다. 부계사회는 의도적으로 정치적으로 힘으로 만들지 않으면 안 되는 측면이 있는 것입니다. 어머니는 자연스럽게 확인이 되지만, 아버지는 "내가 너의 아버지다"라고 해서 시작하는 것 아닙니까?

기록이라는 것이 정치적 배경을 강하게 반영하는 것입니다. 기록이라는 것 자체가 일종의 권력의 표현이기도 하지요. 조선조 초기에 기록으로 정착하게 되는 삼신인의 이야기에 양고부의 집안이 접목된 것으로 볼 수 있습니다. 유교의 교육을 받은 사대부에 의해서 옛날이야기가 기록으로 정착하는 과정에서 상당 부분 윤색되었을 것은 자명한 일입니다. 남성중심 사회의 상징인 사대부 계급은 설문대할망에 관한 이야기를 황당한 것으로 취급했을 것임에 분명하고, 삼신인에 관한 이야기만을 그들의 선조와 연결시킨 것으로 이해됩니다.

이 세상에는 여러 가지 형태의 지모신(地母神, Earth-Mother)신화가 유전하고 있지만, 그 내용들은 하나같이 지모신의 품격을 기능적인 모습으로 보여 줍니다. 사실 지모신이라는 것은 천부신(天父神)에 대한 대응 짝으로 설정된 구도임을 알 수 있습니다. 지모신은 천부신의 등장과 함께 나타난 것으로서 모신 존재보다도 후대의 일이라고 생각됩니다. 제임스 프레이저(James Frazer) 선생이 수집해 놓은 『금지(金枝, *The Golden Bough*)』의 조각들을 풀어서 지모신 사설을 들어보면, 설문대할망을 지모신류와는 비교도 할 수 없는 위대한 모심이라고 생각하게 됩니다.

인도네시아 티모르의 지모신은 비를 내리는 능력을 갖고 있어서, 사람들이 제공하는 흑돈(黑豚)의 사탕발림에 비를 내려 줌으로써 강우신의 역할을 한답니다. 로마 시대의 지모신에게는 임신한 암소가 제공됨으로써 사월 보름에 목동들의 축제가 시작되었다니, 로마 시대 민간의 지모신은 목축신인 셈입니다. 북미 인디언과 잉카의 지모신은 옥수수를 관장하는 모양이고, 벵골의 산악민족인 오라온족의 지모신(다르티-마이)은 태양신(바가완)과의 혼인을 통해서 작물의 풍년을 담당하고, 중앙아프리카 니제르의 맛체족은 고구마의 수확철인 9월에 숲속에서 지모신을 섬기는 제를 모신다니, 신대륙과 구대륙에서 두루두루 지모신은 농업신으로 현현하고 있음을 알 수 있습니다. 사이프러스와 시리아를 비롯한 서아시아의 지모신은 1년에 한 번 소도(蘇塗)에서 창녀로 둔갑하여 성행위를 함으로써 인간의 죄를 사하는 신전 지킴이 노릇을 한답니다. 서아프리카 토고의 지모신은 천부신에 의한 잉태를 경험함으로써 그 역할을 다한답니다. 토고 사람들은 천부신보다도 지모신을 더욱더 숭상하지만, 세상의 경영이란 측면에서 본다면 반토막의 역할이 지모신에게 부여된 셈이지요. 드라비다의 일파인 콘드족이 섬기는 지모신은 제물로 인육을 원하고, 지모신은 그 대가로 역병으로부터 사람을 지켜 주는 역신이라고 말할 수 있습니다.

설문대할망의 품격에서 나타나는 유일무이한 위대한 모습은 결코 찾아볼 수가 없으니, 지모신 신화라는 틀에서 본다면, 설문대할망이 이 세상의 으뜸으로 돋보입니다. 어떤 지모신도 감히 설문대할망의 품격을 넘볼 수가 없습니다. 설문대할망이 보여 주었던 창세라는 전지전능과 비교하면, 세상의 여러 지모신들에게는 한 가지 역할만이 부여되었음을 알 수 있습니다. 환언하면, 설문대할망을 제외한 대부분의 지모신들은 기능신인 셈이지요. 그것은 탐라의 설문대할망이 어떤 존재였는가 하는 점을 분명히 말해 주고 있다고 생각합니다. 그렇게 만들어 보고 싶은 것이 저의 심정이지요. 프레이저 선생이 설문대할망 이야기를 놓치지 않았더라면, 그의 '金枝'는 '金柱'로 제목을 바꾸어야 했을지도 모를 일이거든요. 그렇게 되면 신화학의 새로운 지평이 전개되었을지 누가 알겠습니까?

설문대할망의 이야기는 전반부와 후반부로 나뉘어서 독해되어야 한다고 생각합니다. 전반부는 설문대할망의 위대함과 성스러움을 신봉하던 '탐라'인('주호'라고 불렸던 사람들일 수도 있다)들의 이야기이고, 할망이 사망하는 후반부는 할망의 죽음을 바라고 할망의 죽음으로 이권을 챙긴 사람들, 즉 '탐라국'의 주인공이 된 남성들이 붙인 것이라고 나는 해석합니다. 시간상으로 보면, 엄청나게 긴 시간이 이 신화의 내용에 삽입되어 있는 것이지요. 환언하면, 상당히 많은 내용들이 탈락되고 축약되어서 지금의 이야기만을 보여 주고 있는 것입니다. 어떤 이야기든 간에 클라이맥스가 있게 마련이고, 이야기를 듣는 사람에 따라서 클라이맥스를 서로 다르게 이해할 수도 있는 법이지요. 그런데 설문대할망 이야기의 백미는 할망의 익사사건이라고 나는 생각합니다. 그 부분이 없었다면 이 이야기는 신화로서의 가치를 상실하였을 것이고, 지금 우리에게 전해져 오지 않았을지도 모를 일입니다.

탐라에서부터 탐라국에 이르기까지 회자되었던 설문대할망, 그 할망의 이야기가 21세기에 다시 부활하는 의미에 대해서 생각해 볼 필요가 있습니다. 신화라는 것의 본질이 그런 것 아니겠습니까? 항상 재해석의 묘미에 신화 논의의 본질이 있는 것이지요. 할망은 죽었습니다. 그냥 사망한 것이 아니고 사라져 버렸습니다. 물장오리에서 익사하였다는 버전이 있지만, 저는 그 버전을 좋아하지 않습니다. 탐라의 섬을 만들어 내신 거인 할망이 탐라의 어느 구석에 있는 호수에 빠져서 죽었다는 것은 그 신화 자체가 포함하고 있는 논리에 맞지 않을 뿐만 아니라, 어딘지 모르게 설문대할망 이야기의 전체 구도와 좀 맞지 않는 화소가 배어 있거든요. 그래서 저는 할망의 사망이 죽솥에서 녹아 버렸다는 쪽으로 전개되는 이야기를 선호합니다.

할망은 사라져 버렸습니다. 어디로 사라졌는가? 이런 질문이 있을 수 있는 것 아닙니까? 그 거대한, 그래서 제주도의 생성, 즉 창세의 주인공이었던 할망은 이야기 속에서 사망하였습니다. 이야기는 사람들이 만들어서 전승되어 오는 것일진대, 할망이 사망하는 내용이 극적으로 표현되는 이유는 무엇이겠습니까? 할망의 위대함을 믿었던 탐라 땅의 사람들이 받아들이지 않으면 안 되는 필연적인 사건의 내용이 할망을 죽음으로 몰고 가는 이야기를 만들어 놓은 것입니다. 할망의 죽음은 양면성을 내포하지요.

설문대할망의 사망 이야기는 희대의 시해사건의 일종으로 이해하고 싶습니다. 그래서 설문대할망이라는 영웅의 시대를 종언하는 할망의 사망은 시대를 뒤엎은 후발주자에 의해서 계승된 것으로 보고요. 남성에 의한 여성 시대의 전복을 알리는 세기적인 쿠데타였음을 설문대할망의 죽음으로 선언하는 내용의 이야기를 만들어 놓은 것이라고 하면, 전 세계사적인 신화 해석의 추세와도 맞아 들어가는 것 같습니다. 그렇게 본다면 제주도에 유전하고 있는 설문대할망의 이야기는 그 존재 가치가 뛰어나게 부각되지요.

할망의 존재나 할망에 대한 믿음은 남성중심의 국가 형성 과정에 최대의 걸림돌이었던 것으로 생각할 수 있습니다. 남성중심의 새로운 이데올로기의 지원 없이 국가 형성이 어려웠음을 설문대할망 이야기의 이면사가 논증하는 것입니다. 물장오리에서든 죽솥에서든 익사한 설문대할망에 관한 얘기가 이치에 맞든 안 맞든 간에 그 줄거리의 대강은 여신 시대의 종언을 알리는 화소라고 이해할 수 있지요. 할망의 사망에 얽힌 또 다른 시나리오를 위하여 나는 설문대할망이 죽솥에서 익사한 줄거리를 선호합니다. 왜냐하면 물장오리에서의 익사는 익사사건 그 자체로 이야기가 막을 내리지만, 죽솥에서의 익사는 염낭주(厭囊蛛)의 이야기로 비유되면서 자손을 위해서 최후까지 혼신의 힘을 다하는 할망의 모습을 전하고 있습니다. 모신은 생명의 원천이라는 신화의 명제를 만족시키기에 충분하지요. 할망의 익사사건은 그 자체가 생명 창조의 밑거름이 되고 있음을 깨우친다면, 할망의 소임은 모신으로서의 역할을 다한 셈입니다. 할망의 존재는 지구상에 존재하였던 모신들의 보편성과 조우되고도 남음이 있다는 점이 할망에 관한 이야기를 하는 우리들을 신나게 하는 점도 있습니다.

설문대할망을 기리는 제를 모시는 사람들의 원초적 심정은 염낭주를 대하는 스릴과 감사의 감격일 것입니다. 순환의 방식으로 이어 가는 생명의 존엄성을 교육하는 거미의 세계관이 설문대할망의 이야기를 극적으로 만들어 가는 요체일 것으로 느껴집니다. 거미가 지은 집, 그것은 거미의 세계지요. 거미가 집을 짓는 모습은 제 살점을 풀어서 그물을 조성

합니다. 8개의 다리를 걸 수 있는 그물의 기둥을 형성하고 8개의 기둥 사이를 동일한 간격으로 연결함으로써 완벽한 그물을 만듭니다. 삶의 바탕을 만드는 것이지요. 거미가 집을 만드는 과정을 창세의 과정으로 볼 수 있지 않을까요? 후일 자라날 아기들을 위한 삶의 바탕이지요. 그리고 '신을 불러내는 무당도 도취해 버린 주사(蛛絲)의 하늘거림'(巫覡醉蛛絲)을 노래한 두보(杜甫)의 눈초리가 머문 자리, 그 보금자리에서 암거미는 먹이를 기다리지요. 먹이가 날아들 때를 기다리지요.

바람에 흔들리는 그물의 움직임과 날파리가 걸린 그물의 움직임을 구분하는 전파와 초음파의 교신 능력을 갖고 있는 거미는 한가운데의 자리를 비우지 않습니다. 그리고 수놈이 오기를 기다립니다. 교미가 끝난 수놈은 암거미의 먹이가 됩니다. 자신의 몸속에 씨앗을 심어 준 수거미를 모조리 갉아먹는 암거미와 먹히는 수거미의 교감은 생명의 존엄성이라는 명제에 대한 완벽한 동의일 겝니다. 터질 듯이 불러온 배를 가르고 나온 새끼들은 어미의 몸을 감쌉니다. 사랑으로 감싸는 것이 아니라 배를 불리기 위한 전단계의 입질하는 본능으로 감싸는 것이지요. 순식간에 사라진 어미 거미의 몸은 새끼들 속으로 이전되고, 염낭주의 이야기는 생명의 순환논리를 보여 주는 지고선의 극으로 승화됩니다.

빌렌도르프에서 출토된 구석기시대의 비너스상이 보여 주는 풍만을 넘어선 터질 듯한 육체미로부터 우리는 할망의 모습을 연상해 낼 수 있기에, 좀 욕심이지만 나는 설문대할망 이야기의 시대적 배경을 구석기시대까지 끌어올릴 수 있는 가능성을 생각합니다. 가히 구석기시대는 여신의 시대였지요. 여신이 지배하던 구석기시대가 끝나는 시점의 상황을 설문대할망 이야기는 전하고 있음을 감지하게 됩니다. 500명의 아들을 생산한 할망의 다산성은 빌렌도르프의 비너스에게서 충분하게 현현되고 있습니다. 빌렌도르프의 비너스를 통하여 다산을 희망하였던 구석기시대 사람들의 소원을 설문대할망은 500명의 아들로써 실천하였음을 증언하고 있는 것이지요.

이 이야기의 신화성은 500명의 아들이라는 존재로부터 동태성을 발현한다고 생각됩니다. 한 명의 딸도 생산하지 않은 할망이 500명의 아들에게 세상을 물려주는 장면이 마련된다는 것은 여신 시대의 종지부가 곧 남신 시대로 계승됨을 의미하는 것으로 해석할 수 있습니다. 그러나 그 남신들은 설문대할망이 보였던 위력과 카리스마를 상실한 모습입니다. 거대한 지모신으로서의 설문대할망이 남긴 분신은 500명의 조무래기 남신들과 그들의 후손들이 경쟁하는 모습일 것입니다.

한 걸음 더 나아가서 설문대할망의 이야기와 고양부의 을라신화에 등장하는 삼신인을 대조하면, 우리는 탐라에서 발생하였던 쿠데타의 역사를 읽을 수 있다고 생각합니다. 역사의 주도권이 여신으로부터 남신으로 전환된 이후의 얘기가 을라신화의 이야기라고 저는 생각하지요. 즉, 신화나 전설로 쿠데타의 정당성을 확보하려는 전략이 을라신화의 내용에는 숨어 있음을 읽어야 탐라와 제주의 역사는 본래의 모습을 찾아가는 길을 확보하게 될 것으로 생각합니다. 을라신화는 삼신인 이전의 역사를 부정하고 있으며, 남성중심 세계의 역사만들기로 시작하는 것이 을라신화라고 봅니다. 오백장군을 생산하였던 탐라의 여성적 존재를 부정한 을라들이 생산을 위한 배필로서 일본국 또는 벽랑국이라는 외부로부터 수입된 여성들을 맞이하는 것은 어떻게 이해될 수 있을까요? 이 과정은 삼신인, 즉 을라라는 존재 이전의 탐라 여성을 부정할 뿐만 아니라 탐라 여성의 자리를 외부 여성에게 내어 주는 과정을 정당화하고 있는 것이라고도 보입니다.

3. 모성중심(母性中心)의 인식틀

저는 외갓집이 제주도입니다. 제주도 사람들 표현을 빌리면 저는 육짓놈이지요. 육짓놈이라도 친가가 함경도이기 때문에 가까운 '성펜괜당'이 하나도 없습니다. 그래서 자연스럽게 외갓집으로 다닐 수밖에 없었습니다. 저의 외조부께서는(주변에서는 그분을 '문찬이 할으방'이라고 불렀다고 기억됩니다) 제주 시내의 용담 쪽에 거주하셨는데, 목장일로 해서 남문통과 '과양'과 도남을 거쳐서 인다라 앞으로 말을 타고 다녔습니다. 우리 외가댁이 어디였냐 하면 서문통 향교 후문 '비롱못' 있는 곳이었거든요. 지금은 비롱못을 다 막아 버렸죠. 거기서 말을 타고 외조부 앞에 앉아서 인다라 앞으로 해서 죽성으로 산천단까지 말을 타고 올라갔던 기억도 나고. 저에게 제주도라는 주제 자체가 굉장히 많은 생각을 하게 하며, 제가 인류학을 전공합니다만 이런 전공을 하게 된 밑바닥에는 외갓집에서 영향을 받은 그런 배경이 어느 정도 작용하였나고도 생각합니다. 제 인생은 아주 꼬마였을 때부터 외갓집의 영향으로, 그리고 우리 어머님께서 살아온 삶의 스타일로부터 적지 않은 영향을 받은 것이 사실이라고 생각됩니다.

제가 오늘 말씀드리고자 하는 주제는 궁극적으로 여자입니다. 제주도 여자라 해도 좋고 제주 여자라 해도 좋고, 하여튼 우리 어머니, 그리고 어머니의 어머니, 어머니의 어머니의 어머니에 관한 주제라 해도 좋고. 물론 제가 감상적인 말씀을 드리려고 하는 것은 아닙니다. 역사적으로나 사실적으로 그리고 그동안 제주도의 곳곳에 있는 마을들을 방문해서 자료를 수집한 연구자료들을 근거로 해서 말씀을 드릴 것입니다.

한 10년쯤 전이라고 생각되는 여름의 일이었습니다. 국제적인 연구팀을 구성해서 동료 교수들과 함께 우도(牛島)에 갔다가 혼자 먼저 나오면서 성산포 뱃머리에서 택시를 타고 시내로 들어오던 길이었습니다. 저는 뒷자리에 앉아 있었습니다. 조금 들어오다 보면 길이 좁아지고 복잡한 곳이 있지 않습니까? 멀리서 봐서 40대 후반 정도 되어 보이는 아주머니 한 분이 아주 큰 이불 보퉁이로 보이는 것을 비롯해서 짐을 세 개를 들고 택시를 잡으려고 몸짓하는 광경이 목격되었습니다. 한복을 잘 차려 입었으니 멀리서도 얼른 눈에 띄더라고요. 택시들이 아주머니를 안 태워 주고 그냥 지나가는 거예요. 짐을 많이 갖고 있는 손님을 태우면, 택시기사들은 영업에 지장이 있다고 생각했겠지요. 그래서 '저 아주머니를 내가 모시고 가야겠구나' 하고 생각하고 택시기사에게 차를 세우라고 부탁하였습니다. 내려서 짐을 뒤에 싣고 아주머니는 뒷자리에 타고, 나는 앞자리로 옮겼습니다. 그 아주머니는 종달리에 거주하는 분인데, 친정은 우도라고 하였습니다.

아주머니에게 물었습니다. "물질하십니까?" 종달리 아주머니는 서울에 있는 아들에게 간다고 합니다. 이불 한 채를 만들어서 간다고 합니다. 아들이 서울에서 무엇을 하느냐고 물으니, 대학에 떨어져서 재수한다고 합니다. 아들을 보고 싶어서 간답니다. 이 세상 어머니가 다 그렇지요. 종달리 아주머니에게 물으니, 스스로 '상군'이라고, 즉 '상좀수'라는 것이지요. "물질하실 때 무엇이 가장 어렵습니까?" 하고 여쭈니까, 아주머니 말씀이 "할으방(필자를 지칭하는 말)께서 태워 줘서 고마워서 진심으로 말씀을 드린다"고 하시면서, 이어지는 말씀이 "저승 돈 벌어서 이승 자식 뒷바라지한다"는 겁니다. 사실 저는 그 말의 의미를 잘 몰랐습니다. 물론 물질 작업이 힘들다는 것은 이해를 하지요. 그러나 물질이 얼마나 힘들기에. 나는 그 작업이 추상적으로 힘들다고만 알지 구체적으로 어떤 과정을 밟길래 그렇게 힘든가 하는 것을 잘 알지 못하지요. 제가 물질을 해본 적이 없으니까 더더욱 그렇지요. 기껏해야 어릴 때, 외사촌들을 따라서 용머리 쪽에 있는 '겡이통'에서 물장구치던 기억밖에 없으니까요.

좀녀들이 헤엄질을 하면서 작업을 하다가 물 위로 올라올 때는 이미 숨이 다 됐을 때입니다. 사실 물밑에서 2분 정도씩 있게 되면, 체온도 떨어지거든요. 몸의 체온이 33도 이하로 내려가게 되면 정신을 잃게 되고, 30도가 되면 가사상태로 갑니다. 그 이하로 가면 물론 사망이지요. 물속에서 오랫동안 작업을 하게 되면 체온이 33도까지 떨어진다고 합니다. 그러니 물 위로 올라오자마자 '테왁'에 몸을 기대어서 숨을 몰아쉬게 됩니다. 좀수들이 몰아쉬는 숨을 우리는 '숨비'라고 하지요. 강력한 휘파람 소립니다. 테왁에 몸을 의지하고 햇볕을 쬐다가 다시 물속으로 잠수합니다. 물가에서 몸을 따뜻하게 덥혀 주는 불턱이 좀녀들에게는 중요한 장소가 되는 것입니다.

물 위로 솟아오르는 시간은 그만큼 몸이 위험수위에 접근하고 있다는 증거이지요. 그것을 피하기 위해서 물 위로 올라오는 것이지요. 그런데 물 위로 올라오는 도중에 저 멀리 밑바닥에 손바닥만한 전복이 보이는 때가 있습니다. 이때 숨이 차서 물 위로 올라왔다가 디시 내러가면 그 전복은 보이지 않는답니다. 그러니 최초에 그 전복을 보는 대로 전복에 눈길을 꽂고 따라 내려가야 됩니다. 숨은 이미 다했고, 전복을 향해서 내려가는 그 길이 저승길인 셈입니다. 그런 전복 한 개는 10만원 하는데, 다시 올라왔다가 내려가면 그게 안 보이니까 반듯이 그걸 보고 따라 내려가야 되지요. 그래서 저승 돈 벌어 와서 이승 자식 뒷바라지한다고 합니다. 감동적이지요. 이승과 저승을 넘나드는 좀녀의 이야기 그 자체가 신화인 셈입니다. 멀쩡하게 산 사람이 이승과 저승을 넘나들 수는 없는 것 아닙니까? 좀녀가 '神人'인 셈이지요.

그런데 어머니 번 '저승 돈'으로 재수를 한다? 그 소리를 들으니 내가 슬그머니 화가 나더라고요. 그래서 내가 그랬지요. "그놈의 아들 '저승 돈'으로 담배나 사서 피고 당구나 치고 할 텐데, 이렇게 힘들게 왜 갑니까?" 라고 응수를 하였습니다. 그러고는 이내 미안한 생각이 들었지요.

4. 신화의 고금학

오늘 설문대할망에 관한 이야기를 새삼 드러내는 것은 시대적 요청의 일환이라고 생각합니다. 설문대할망을 신봉하던 탐라 사람들이 객체가 되어 버리는 탐라 땅에 설문대할망을 대체할 신체제를 고안하고 역사만들기를 시도하였던 것이 을라신화의 내용 속에 고스란히 담겨 있음을, 그리고 그 내용은 식민통치의 의도에 의해서 기록으로 정착되었음을 읽어야 하는 것이지요. 앞에 전개한 이야기의 줄거리를 한 문장으로 줄이면 이렇게 된다는 이야기입니다. 그래서 제주도라는 지역의 특성을 보여주는 내용의 이야기, 즉 제주도의 정체성을 보여 주는 최고의 이야기가 설문대할망 이야기라고 저는 확신하고 있습니다. 설문대할망에 관한 이야기의 내용은 전국체전의 기념 풍선의 장식용으로만 우리에게 다가와서는 곤란합니다. 할망의 현신이 오늘날 우리에게 어떤 의미를 가져다줄 수 있는가 하는 문제는 다각도로 고려되어야 한다고 믿습니다. 삼신인이 탈바꿈한 '양·고·부'로부터 제주도의 정체성을 확립하고자 하는 움직임과 설문대할망으로부터 제주도의 정체성을 확립하고자 하는 움직임을 비교해 볼 필요가 있습니다.

전자는 궁극적으로 한반도에 정착한 정치세력에 복속되는 과정을 보여 준 역사적 기록을 남기고 있습니다. 후자는 제주도의 창조자이며 대지의 어머니임을 상징하는 이야기입니다. 전자는 종속성을 내포하는 내용으로 이어지지만, 후자는 생명의 탄생이라는 독립성을 외치는 내용으로 가득한 이야기입니다. 전자는 의례적인 남성들의 이야기를 담고 있지만, 후자는 생산적인 여성들의 힘을 보여 주는 이야기의 내용입니다.

지금 우리가 설문대할망에 대한 이야기를 되새기는 이유가 여기에 있습니다. '특별자치도'라는 용어의 상징성에 걸맞은 제주도의 독립성을 담아내는 정체성이 어디에서 찾아질 수 있는가 하는 심각한 문제이기도 합니다. 말만 '특별자치'가 아니라, 그에 걸맞은 정체성을 찾지 않으면, '특별자치도' 라는 것은 말장난에 그치게 되고 맙니다. 그 말장난은 제주에 살고 있는 사람들에 의해서, 제주도에 살고 있는 사람들을 위해서, 그리고 제주도에 있는 사람들의 말이 아니게 됩니다. 말로 한몫을 해보려는 소수의 정치하는 건달들의 수작에 불과하게 되는 것입니다. 사실상 '특별자치도'라는 것은 돈만으로 되는 것이 아닙니다. 그것을 구성하는 구성원들의 인식이 기본인 것입니다. 특별한 자치를 실천할 수 있는 인식과 의지 및 능력이 있는가 하는 정체성의 문제가 걸린 것입니다. 그것이 없는 상태에서 돈이 들어오면, 돈을 준 곳에 종속되는 모습으로 자치도가 만들어질 수밖에 없습니다.

할망으로부터 제주의 정체성을, 그것도 자치의 정체성을 찾을 수 있는 문화적 전통을 재발견하자는 것이 오늘 우리가 설문대할망을 거론하는 근본적인 의미로 새겨져야 합니다. 그렇지 않으면 그토록 기다렸던 설문대할망論은 정치적 레토릭의 장신구로 전락하고 말 것이며, 그렇게 되면 제주도 정체성의 가장 심연에 자리 잡은 보고를 헌신짝 취급하게 되는 결과가 되고 말 것입니다. 설문대할망을 거론하지 않으면 안 되는 이유는 제주도 사람들의 삶의 핵을 재발견하는 작업에 기인하고 있습니다.

그 삶은 설문대할망으로 대표된 제주의 여성에서 재발견될 수 있다고 저는 해석하고 있습니다. 이렇게 해석하는 것은 현재 설문대할망을 논하고 있는 우리 자신의 몫입니다. 환언하면 설문대할망論은 곧바로 제주여성론(濟州女性論)이기도 합니다. 제주도 특별자치의 중심에 설문대할망으로 상징되는 제주 여성이 굳건히 자리하고 있다는 얘기입니다. 설문대할망의 재생운동(再生運動, revitalization movement) 없는 제주자치(濟州自治)는 공염불로 주저앉을 가능성이 높다는 것입니다. 설문대할망의 힘으로 독립을 해야지 돈으로 독립을 할 생각은 말아야 할 것입니다. 돈은 부수적으로 필요한 것이라고 볼 수 있습니다. 설문대할망의 문제는 원론적이고 구조적인 문제이고, 돈은 부차적이고 기능적인 문제인 것입니다. 제주 여성 모두가 설문대할망의 현신이라고 생각을 해야 한다는 것입니다. 제주 여성에 대한 정체성(identity)의 기본이 설문대할망에 있다는 점을 확인하는 것이 아주 중요하고, 이러한 인식이 전승되는 것이 제주 문화를 재창조해 나가는 과정이 되는 것입니다.

제주가 만들어진 과정의 힘은 역사의 관성이 되어 오늘에도 진행 과정으로 있습니다. 정체성으로 영글어져야 할 '자치'도를 운운하던 사람들의 정신이 '물 건너 땅'이란 이름의 제주를 버리지 못한 것이 그 증거라고 생각되지요. 900년이 그렇게도 길었던가요? 탐라는 영원히 회복될 수 없는 이름일까요? 요즈음은 교래리의 돌문화공원에서 설문대할망제를 모시고 있는데, 그러한 제사모심의 진정한 의미는 탐라의 이름이 회복될 날을 고대하는 심정일 겝니다. 제주의 설문대할망이 아니라 탐라의 설문대할망이라고. 제주에는 설문대할망이 존재하지 않았습니다. 할망은 탐라에 계셨던 분이지요. 제주란 말을 들어 보지 못했던 할망은 제주를 찾아오지 못할 겝니다. 할망이 찾아올 곳은 탐라가 아니겠습니까? 그래서 할망이 찾아올 수 있는 주소를 바르게 적어 두어야 할 일이라고 믿습니다. 그 주소는 탐라이어야 한다는 것이지요.

5. 끝내면서: 설문대할망은 탐라의 '혼불'

최명희의 『혼불』은 감동적이었습니다. 인류학도로서는 박경리의 『토지』보다도 최명희의 『혼불』이 압권이라고 감히 생각하는 바입니다. 사실성에 있어서 후자의 이야기 전개방식이 더 치밀하다는 얘기지요. 당대 살아가던 사람들의 혼들이 어우러져서 일어난 불길로 다가온 것으로 작가는 이해했던 것 같습니다. 아마도 그 장편소설의 작가는 소설의 제목을 맨 나중에 지었던 것이 아닌가 합니다. 그렇게 해야 이야기가 맞아 들어간다는 생각을 하게 됩니다. 제주라는 용어를 폐기하고 탐라를 회복하는 중심의 정체성은 설문대할망의 신화에서 비롯된다고 생각하고 이 글을 적었습니다. 그리고 설문대할망의 이야기는 탐라 사람들의 '혼불'이 되어 우리가 가야 할 길을 비추어 주는 등대 역할을 하고 있다고 생각합니다. '신화의 고금학'은 이렇게 이어질 수 있는 것입니다.

이제 설문대할망을 생각하면서 제주여성론을 전개하여 보겠습니다. 이 내용은 저의 개인적인 경험세계와 인류학적 상상력을 동원하여 엮은 것이기 때문에 사생활이라든지 학술이라는 이름으로 포장할 필요도 없는 것입니다. 들어 보시고 공감이 가시면, 다시 한 번 더 설문대할망을 기억하시기 바랍니다. 기억은 현재입니다. 설문대할망에 대한 기억은 현재가 되고, 그것이 우리의 삶을 살지우는 재산의 종자가 될 것으로 믿어 의심치 않습니다.

이제 제 말씀은 다시 반복합니다만 설문대할망에서부터 시작해서 종달리 상좀수 아주머니까지 쭉 내려오는 그런 이야기들을 우리들은 주변에서 더 많이 모아야 합니다. 예를 들면, 세경본풀이의 자청비나 삼공본풀이의 가문장아기 등의 애기를 깊이 있게 곱씹어 보아야 하고요. 마라도의 할망당에도 관심을 가져야 합니다. 그 할망당과 관련된 옛날의 애기업게에 관한 얘기도 있지 않습니까? 그런 여자들과 관련된 이야기들을 더 많이 모아야 합니다. 어떻게 해서 자연과 마지막으로 승부를 거는 여자들의 삶에 관한 이야기들을 더 깊게 읽어야 하는 것입니다. 1975년 애월읍 고성리에 가서 통역하느라고(제주어를 한국어로) 한 보름 있었습니다만. 그때 거기서 들은 김통정에 관련된 이야기 중에서도 애기업게가 등장합니다.

제가 왜 이런 말씀을 드리는가 하면, 그러한 과거의 이야기들을 모아 보면, 지금 우리 주변이 어떻게 움직이고 있나 하는 것을 읽어 낼 수 있거든요. 뭐든지 간에 서울식을 따라하고 무슨 단체를 만들어도 서울을 의식해서 만들고. 방송국도 학교도 체육관도 학원도 모두 마찬가지지요. 서울의 '쫄짜'가 된 것입니다. 그런 점에 대해서는 제가 좀 비판적으로 이야기해야겠다는 것입니다. 서울이라는 모델의 기본은 무엇입니까. 유교식의 모델로 만들어졌기 때문에 지금 경복궁도 재건하는 겁니다. 그런데 지금 관덕정 옆에 목관아지를 복원했지요. 사실상 그것은 탐라를 정복한 사람들이 탐라를 제주로 만들기 위해서 작당을 하던 곳이었습니다. 그것은 그렇다 치더라도 복원이란 작업을 함에 있어서도 순서가 있는 법입니다. 복원하는 기본 아이디어가 경복궁 복원에서 따온 아이디어라면, 이러한 방식은 폐기처분해야 한다는 것입니다. 제주는 제주의 방식이 있다는 것입니다. 목관아지보다도 오히려 할망당 이야기를 더 먼저 하는 것이 순서라는 이야기입니다.

'당오백절오백'의 이야기가 나올 때, 18세기 초의 이형상 목사가 날려 버린 그 당오백절오백을 찾아나서는 것이 먼저여야 한다는 이야기입니다. 왜 이런 말씀을 드리는가 하면, 우리가 위기를 맞았을 때는 내가 누군가를 확실히 알아야 합니다. 『고려사』에 등장했던 을라신화, 그것도 제주도에 어떤 종류의 위기가 왔을 때의 이야기입니다. 단군신화를 이야기하는 것도 위기가 왔기 때문에 등장하는 것이고, 필요할 때면 항상 그것을 다시 되풀이해서 등장하게 되는 것입니다. 정체성, 즉 내가 누구라는 것을 확실히 알고 있다는 것이 아주 중요한 대목입니다. 범에게 물려가도 내 정신만 똑바로 차리면 산다는 것이지요. 바로 위기가 왔을 때 내 정체성을 확실하게 지켜 왔다는 이야기들입니다. 1990년에 제가 우즈베키스탄의 부하라를 방문한 적이 있었습니다. 그곳에 거주하고 있던 고려인 유지들을 한 자리에서 만났지요. 중학교의 교장선생님을 하시던 50대의 여성 한 분이 제기한 최초의 질문은 "우린 뉘김둥?"이었습니다. 지금도 그 처절한 소리가 귓가에 쟁쟁울립니다. "우리는 누구인가?" 하는 문제의식이었지요. 1990년은 소련이 무너지려고 우렛소리가 들리던 시점이었습니다. 어려운 시기가 다가오면, 사람들은 항상 가상 넌서 자신의 정체성을 찾는 법이지요.

지금의 제주는 살기가 참 어려운 모양입니다. 그래서 오죽하면 대안으로 국제자유도시다, 특별사치도다 이런 것들을 한다고 하겠습니까? 그런 식의 인프라를 구성하려면 그 내용을 서울식으로 해서야 되겠는가 하는 반문을 하고 싶습니다. 지금 제주도 인구가 55만 정도인데, 1975년 이전에는 약 30만 명이 안 됐어요. 지난 30년 동안에 인구가 배 정도로 불었습니다. 상당한 숫자가 육지에서 들어왔어요. 저는 이런 현상이 상당히 좋다고 생각합니다. 1970년 초에 밀감농장을 확장하는 데 인력이 없으니까 전남의 완도군과 진도군 및 해남 쪽에서 인력들이 대거 들어온 거예요. 이러한 현상을 어떻게 볼 것인가? 을라신화에서 나타났던 그런 구도로 봐야 해요. 이곳 제주에는 토착세력으로만 살아가는 게 아니에요. 외부로부터 삼처자 집단이 큰 에너지를 가지고 들어와서, 그리고 싫든 좋든 '몽고놈'이 어쩌고저쩌고 하지만, 그것이 여기에 들어와서 제주를 만들어 가는 일부의 원동력으로 작동한 것입니다. 부정할 수 없이 내 속에 남이 들어 있는 것입니다. 그게 남이에요, 타자(他者)를 내 속에 가지고 있다는 것을 대단한 재산으로 생각해야 합니다.

을라신화에서 삼신인 집단이 타자를 내 속으로 끌어들여서 탐라국을 만들었던 것처럼 육지에서 사람들이 들어왔어요. 이런 내력을 쭉 훑어보면 제주도가 그렇게 배타적인 곳이 아닙니다. 바다를 바탕으로 하는 여기는 열린 곳입니다. 외부에서 그렇게 사람들이 들어와서 같이 시집, 장가가고 혼인하고 그렇게 해서 나라를 만든 것이 탐라국 건국에 관한 얘기이고, 그것이 을라신화인데. 그런데 왜 지금 와서 외부로부터 보기에 뿐만 아니라 내부에서 보기에도 제주도가 배타적이라고 얘기하는가? 그 원인에 대해서는 제가 여기에서 분석을 하지 않겠습니다. 결과적으로만 보자면 다음과 같습니다. 여러 가지 역사적 사건들이 있기 때문에 그걸 더 오랫동안 짊어지고 가면 제주도가 배타적이라고 육지 쪽에서 그런 얘기를 굉장히 많이 합니다. 그렇다면 그 배타적이라는 것은 결론적으로 무슨 얘기가 되는가 하면, 제주도 자체에 들어와 있는 그리고 원래 제주도의 내용이 아니었던 타자 그것을 제주도가 배타적으로 해야 하는 자기모순에 빠집니다. 타자가 나의 내부에 있는 것이 아주 중요합니다. 사람이란 것은 생물학적으로 볼 때 스스로를 볼 수가 없는 존재입니다. 내가 나를 볼 수 있습니까? 스스로 자신을 볼 수 있는 사람 있으면 나와 보십시오. 저에게 재산은 얼마 없지만 다 드릴게요. 난 내 눈을 보고 싶은데 내 눈을 볼 수가 없어요. 사람은 스스로를 보기 위해서는 거울이 필요해요. 거울이라는 그것이 나의 상징적 타자라고 생각합니다.

엄밀하게 따져서 거울 속의 내가 나냐? 엄밀하게 아주 엄밀하게 인식론적으로 따지면, 그것은 본래의 내가 아닙니다. 좌우가 바뀐 납니다. 거울에 있는 나는 나의 좌와 우가 바뀐 내가 아닙니까. 나는 이렇게 있는데 거울에 있는 나는 좌우가 바뀐 나지. 원래 사람이 생겨 먹기를 반드시 타자를 안고 있어야 합니다. 그렇지 않으면 날 볼 수 없어. 날 볼 수가 없으면 내가 누군지 몰라. 만약 거울이 없으면 남이 너의 코가 어떻다 볼이 어떻다 이렇게 말을 해주어야 합니다. 그 남이라는 존재가 이렇게도 중요한 것이고, 특히 자신의 정체성을 파악함에 있어서는 필수적인 존재입니다.

제주도는 역사적으로 신화적으로 계속 그 타자를 크게 안고 들어오는 것입니다. 그런 면에서는 엄청난 재산을 갖고 있습니다. 그게 바로 우리가 이 시대에 어떻게 우리를 재발견하느냐 아이덴티티를 어떻게 찾아가느냐 하는 문제와 직결되어 있습니다. 이렇게 되면 제주도에서 배타성이란 얘기를 함부로 못합니다. 배타적으로 누구를 저해하는 일도 함부로 못하게 됩니다. 말이 좀 꼬입니다만, 타자를 타자화하지 말아야 한다는 문제가 있습니다.

제가 오늘 이 자리에서 지금까지 말씀드린 여자라는, 즉 여성중심의 사회를 어떻게 재발견하느냐 하는 문제였습니다. 이 이야기는 여자가 이 세상을 지배하도록 해줘라 또는 여자를 더 존경하고 예뻐해 줘라 하는 등의 이야기가 아니라고 생각합니다. 우리가 살아가는 방식에서 여자를 배제하지 말고 생각해 보자는 얘기지요. 요새 여성특위라는 것을 만들어 놓고, 여자들에게 비스킷 하나 선사하는 식으로 하면 안 되는 거예요. 그걸 더 적극적으로 진행시켜야 하지요. 조직뿐만 아니라 관념상으로 거기에 무게를 더 실어야 하지요. 설문대할망에 대해서 그 의미를 새기고, 설문대할망을 모시듯이 여자에 대해서 생각을 해보아야 한다는 얘기입니다. 그런 면에서 제주는 복 받은 곳입니다. 설문대할망이라는 신화적인 제주 여성의 모델이 존재하니까요.

이런 식으로 가야 제주의 문화, 제주의 삶을 구성하는 생각의 기본이 선다고 생각합니다. 그리고 외부로부터 들어오는 기술이나 조직 그리고 여기서 만들어지는 자생적인 조직들이 살아난다고 생각합니다. 삶은 궁극적으로 사람이 만들어 가고, 그것은 살아가는 사람들의 생각으로부터 출발하는 것 아니겠습니까. 제주에서는 일단은 여자를 생각하자는 뜻에서, 신화의 고금학이라는 틀을 설정해 놓고, 설문대할망을 빌려서 감히 여자라는 주제를 걸었던 것입니다.

4장

한국 화교의 민간신앙과 전설:
인천 차이나타운을 중심으로

이창호

이창호

한국학중앙연구원 인류학박사

현재 한양대학교 다문화연구소 연구교수

1. 서론

1990년대 이후 세계화(globalization)에 대한 급격한 관심과 함께 국경을 가로질러 이동하는 이주민에 대한 논의가 활발하게 진행되고 있다. 특히 고향과 거주국이라는 두 공간을 공유하고 있는 이들 이주민들의 정체성(identity)에 대한 이해는 분쟁 없고 조화로운 다문화사회로 이행하는 데 있어서 필수적인 요소로 부각되고 있다.

이주민들의 정체성은 가족과 친족구조, 경제 활동, 의식주 문화, 교육, 종교 등을 통해 발현된다. 특히 종교는 이주자 집단이 형성을 위한 강력한 기반이 되어 왔으며, 이주자들의 문화적 관념 체계와 주류 사회와의 제 관계 및 갈등 요인에 대한 근본적 이해를 도모한다는 점에서 중요한 역할을 한다.[1)]

그러나 이주자 사회의 종교에 대한 연구는 그 필요성에 반해 연구성과가 희박한 편이다. 필자가 주목하고 있는 한국 화교의 경우 경제 활동이나 교육, 결사체 등에 대한 연구는 어느 정도 성과가 나타나고 있지만 종교에 관련된 연구는 드문 실정이다. 한국 화교의 결사체를 다룬 담건평(1985)의 논문에서도 화교 사회의 종교단체인 거선당 공소와 달마불교회

1) 호주 내 휘지계 인도인의 종교에 대해 연구한 김경학(2004)과 프랑스의 북아프리카계 이민자의 이슬람 종교문제를 다룬 박단(2005)의 논문은 종교가 이주자 사회에서 얼마나 큰 영향력을 행사하는지 잘 보여 준다.

에 대해 언급을 하고 있으나 특이한 조직이라는 언급만 있을 뿐 자세한 논의는 하고 있지 않으며 한국 화교의 경제 활동 및 사회적 지위에 대해 연구한 박현옥 · 박정동(2003)의 논문에서도 화교 사회의 대표적인 종교 단체로 중화기독교회와 달마불교회가 조금 소개되었을 뿐이다. 장수현(2001) 역시 인천 차이나타운에 대한 현지조사를 통해 차이나타운 내에 위치한 종교 건축물인 의선당(義善堂)을 일부 다루고 있지만 공동체적 전통의 쇠퇴라는 맥락에서 짧게 언급하는 데 그쳤다(장수현 2001: 16).

그런데 종교와 관련된 이러한 연구결과물의 부족은 연구자들의 관심과 역량의 부재라기보다도 이주자인 화교 자신들이 종교 활동에 관한 한 개별적이고 비밀스러운 태도를 취하기 때문인 것으로 생각해 볼 수 있다. 필자 역시 인천의 선린동, 북성동 일대의 차이나타운에서 18개월간 현지조사를 수행하면서 종교결사체인 일관도(一貫道)에 대해 주목한 바 있다. 그러나 조사 과정에서 입회시의 까다로운 자격요건은 극복이 되었으나 과거 비밀결사체의 전통이 그대로 남아 있어서 본격적인 연구로 연결되지 못한 아쉬움이 남아 있다.[2)]

본 논문은 한국 화교에 대한 연구범위를 심화시켜 차이나타운 내의 전설과 민간신앙에 대해 주목했으며, 특히 종교적 건축물인 의선당 공소를 중심으로 화교들의 종교적 관념과 의식이 어떻게 형성되어 왔는지 현지조사를 통해 밝히고자 했다.

본문의 자료는 2004년 3월~2005년 8월까지의 현지조사와 2008년 5월~6월간의 보충조사를 통해 수집했으며, 주로 화교들과의 면담 자료를 활용했다. 특히 3장에서의 면담 사례는 2005년~2006년 초까지 의선당 공소의 관리자였던 필중화 씨(67)의 구술을 통해 완성되었다.

2) 인천 차이나타운 내의 종교단체에 대해서는 이창호(2007: 121-123)를 참고.

2. 이주민의 역사와 신앙

1) 중국인들의 이주와 의선당

조공무역같이 한국과 중국과의 일시적인 접촉이 아니라, 중국인이 한국 사회에 본격적으로 머물며 살게 된 것은 19세기 말에 이르러서이다. 임오군란(1882) 이후 대원군과 명성황후 사이의 정치적 갈등이 심화되면서 원병 요청으로 한국에 온 청나라 군사 4,000여 명과 40여 명의 교역 상인이 한국 화교 사회의 시작인 셈이다(박은경 2002: 275).

화교의 대한 이민은 1883년 개항 후 본격화된다. 그들의 이민은 조선과 중국 간의 '조중상민수륙무역장정(朝中商民水陸貿易章程)'의 체결(1882)에 따라 본격화하였으나 당시의 사회 여건으로 보아 법적 신변보장은 기대하기 어려웠다(최영준 1974: 47). 일본이 조선과 1883년 조약을 맺고 인천에 일본전관거류지(日本專管居留地)를 설치하자 심한 경쟁관계에 있었던 청국(淸國)도 서둘러 조선과 조약을 맺고 1884년 지금의 인천 선린동 일대에 약 5,000평 규모의 청국전관조계(淸國專管租界)를 설정했다(손정목 1982: 135-149).[3)]

이로부터 속칭 '청관'(淸館)이라 부르는 중국인 거리가 발생하였다. 조계는 원래 원주민과 외국인을 분거(分居)시킬 목적으로 설정된 것이므로 조계 내에는 소속국인(원주민)의 거주 및 토지·가옥의 매매·대차 등이 허용되지 않는 것이 원칙이었고, 단일전관조계의 경우는 소속국인은 물론이고 타 외국인의 혼거도 금지하는 것이 원칙이었다(손정목 1982: 441-

3) 거류지(居留地)는 조계(租界)의 대역어로 일본에서 일관되게 사용했고, 중국 및 영·미 등 서구 각국은 조계(租界)라는 용어로 사용했다(손정목 1982: 70-71).

444). 청국의 상인들은 국가적 차원에서 엄격하게 이루어졌던 관무역(官貿易)에서 벗어나 조계지에서 자유롭게 거주하며 상업 활동을 할 수 있게 되었다.

인천 화교들의 종교적 거점지인 '의선당(義善堂)'도 화교들의 이주와 정착이 활발해지기 시작한 1890년대에 황합경(黃合卿) 씨를 포함한 당시 선주(船主) 3명에 의해 화평동에 처음 건축되었으며, 후에 현재 위치인 차이나타운 내로 옮겨졌다. 화교들은 이 의선당을 공소(公所)라고 부르고 있으나 신전(神殿)이 모셔져 있는 형태로 보아서는 사묘(祠廟)에 가깝다. 그럼에도 불구하고 화교들이 공소라고 부르는 이유는 과거 선주였던 동업인들이 종교적 신전에서 시작하여 여타 시설물을 건립하는 과정에서 비롯되었기 때문이다.

엄밀히 얘기하자면 '회관(會館)'이나 '공소(公所)'는 중국 명(明) 중기 이후부터 시작된 상업경제의 활성화에 따라 명말(明末) 이후 특히 청대(清代)에 강남(江南)에 많이 출현했던 상공인들이 객지에 세운 단체를 지칭했던 용어에서 비롯되었다. 이때 '회관'은 객지에서 같은 고향 출신 사람들, 즉 동향인(同鄕人)이 건립한 것이고, '공소'는 주로 같은 업종에 종사하는 사람, 즉 동업인(同業人)들이 건립한 것이다. 그러나 동업동향인(同業同鄕人)이 단체를 건립한 경우도 있었고 이 양자가 혼용되어 쓰일 때도 있었기 때문에 이 구분은 엄격하지 않았다. 이러한 공소는 주로 사묘의 형태에서 출발하여 각 업종의 독점적인 모임으로 발전하는 경우가 많았다(이윤석 2004: 89-115). 인천 화교 사회 역시 동업인들이 주축이 되어 사묘와 공소가 혼재된 형태로 세웠기 때문에 일반 화교들 역시 사묘와 공소를 굳이 구분하지 않고 써왔던 것으로 볼 수 있다.

화교들이 공소라 부르는 이 의선당은 관세음보살(觀世音菩薩), 관운장(關雲長), 용왕(龍王), 해신낭(海神娘), 호삼태야(胡三太爺)와 같이 고향에서 일상적으로 모시던 신들이 그대로 모셔져 있어 이주자 집단인 화교 사회의 커다란 정신적 지주 역할을 해왔다. 오늘날 의선당은 한국 사회의 차별과 배제로 인한 재이주 등으로 화교 인구 자체가 감소하면서 찾는 사람이 드물어지고 차이나타운의 관광자원화로 인해 시설 자체가 관광 상품처럼 되어 가고 있기는 하지만, 한국 사회의 초기 이주자인 한국 화교들이 어떤 의식과 관념으로 세상을 바라보고 기원했는지 잘 알 수 있게 해주는 주요한 조사대상이 아닐 수 없다.

2) 화교 사회의 역사적 변천과 마을의 전설

의선당이 위치하고 있는 인천 선린동, 북성동 일대의 차이나타운은 화교들의 초기 이주공동체의 형태를 넘어 한국 사회에서 숱한 차별과 배척을 받아 온 한국 화교들의 역사가 전설과 신앙이 고스란히 남아 있는 곳이기도 하다.

[사진 4-1] 용(혹은 봉황)머리의 과거와 현재[4]
* 출처: (좌) 인천향토사연구회(1998), (우) 필자가 촬영(2006. 8. 2)

4) 왼쪽 사진은 일제강점기의 사진엽서 중 만국공원(萬國公園, 오늘날의 자유공원)에서 내려다본 인천 정거장(停車場) 일대와 월미도(月尾島) 풍경이다. 바다 너머에 있는 섬이 월미도이며, 사진의 왼편에 얕은 산처럼 보이는 곳이 화교들이 얘기하는

1884년 청국조계지가 생기면서 화교들의 이주는 활발하게 이루어지기 시작했다. 그러나 한일합방 이후인 1913년 11월 22일 일제에 의해 청국조계지가 정식으로 폐지되었으며, 화교 인구는 다시 줄기 시작했다. 화교 수가 다시 증가하기 시작한 것은 1920년대 들어서면서부터였는데 중국 대륙의 혼란으로 해외이주 화교 수가 증가하였기 때문이다. 당시 입항한 중국인 대부분은 봄에 입항하여 가을에 귀국하는 '쿠리(苦力)'[5]였다.

해방 이전 일제에 의한 상권의 압박은 차이나타운 내에 위치한 작은 구릉지인 '용머리' 혹은 '봉황머리'의 전설로 곧잘 표현이 되곤 한다.

현재 차이나타운 언덕길에 서서 인천 바다를 바라볼 때면 파라다이스 호텔(구 올림포스 호텔)이 시야를 가로막고 있다. 그러나 1965년 호텔이 들어서기 전까지만 해도 차이나타운 언덕에서 이 구릉지인 이 용머리 쪽을 내려다보면 월미도까지 시원스럽게 보였다고 한다. 호텔이 있는 지점에서부터 자유공원과 홍예문으로 이어진 모양이 마치 한 마리 용(龍) 혹은 봉황새[6]처럼 보여 화교들 사이에 '용머리'나 '봉황머리'로 불린 이곳은 경치가 좋고 바다와 바로 접해 있어서 화교들의 어린 시절 놀이터이기도 했고, 중국과 인천을 오가는 선주(船主)들이 해신낭(海神娘)에게 무사히 항해를 마치기를 기원하거나 항해가 끝나면 감사의 예를 올리는 사당이

용(혹은 봉황)머리이다. 오른쪽 사진은 자유공원에서 바라본 2006년 현재의 모습이다. 예전 용(혹은 봉황)머리 쪽에 지금은 파라다이스 호텔(구 올림포스 호텔)이 들어서 있다.

5) 쿠리(苦力) 혹은 꾸리, 쿨리(Coolie)란 한 마디로 고용(雇用)이란 뜻인데, 아시아 미숙련 노동자들에 대한 유럽인들의 총칭이다. 중국인들은 일반적으로 스스로 쿠리란 용어를 사용하지 않는다. 대체적으로 화공(華工), 교공(僑工), 노공(勞工)이란 용어로 표시한다(李玉蓮 2005: 121-122; 이덕훈 2002: 54).

6) 봉황새처럼 보인다고 주장하는 화교들은 이 구릉지가 봉황머리이고 자유공원은 봉황의 몸에 해당하며, 자유공원 왼편의 기상대 쪽이 봉황의 날개이고 반대쪽 날개는 답동의 낮은 산이라고 말한다.

모셔진 곳이기도 했다. 이 용머리에는 일제강점기 때부터 내려오는 전설이 있는데 그 내용은 다음과 같다.

일제강점기로 들어서면서 일본인들이 차이나타운에 거주하던 중국 사람들의 기(氣)를 죽이기 위해 차이나타운과 바로 연결되는 구릉지를 깎아 마치 용머리 혹은 봉황머리를 자른 형국으로 도로를 만들었는데 땅을 파헤치자 3일간 마치 용의 피와 같은 붉은 물이 흘렀다고 한다. 그 뒤로 중국 사람들이 점차 중국 동네를 떠나게 되었고 중국 동네는 예전과 같은 부(富)를 가질 수 없게 되었다고 한다.

해방 이후에는 화교 경제가 어느 정도 살아나는 듯했는데, 1948년 남한 정부 수립 이후 정부가 외국인 출입을 점차 규제하기 시작했고, 1949년 공산화된 중국 대륙과의 단교를 선언하면서 상황이 급변하기 시작했다. 단교로 인해 그동안 왕래하던 중국 배와 중국인들이 더 이상 항구로 들어오지 못하게 되면서 화교 경제는 다시 쇠락을 거듭하기 시작한 것이다. 이때부터 화교 사회는 순전히 인구의 자연 증가에 의존하여 커갈 수밖에 없었다(장수현 2002: 247). 특히 한국전쟁 때는 이 구릉지에 모신 해신낭의 사당이 폭격에 의해 파괴되는 아픔을 겪었다. 사당이 폭격을 당하는 것을 직접 목격했다는 화교들은 사당에서 해신낭이 뱀을 몸에다 감고 사당에서 나와 어디론가 가 버렸다고 전한다.[7)]

그런데 이 용머리의 시련은 한국전쟁 이후에도 계속되었다. 1965년 이 용머리 자리에 올림포스 호텔이 들어선 것이다. 화교들은 이 호텔을 '박통시대'(박정희 대통령 시절)에 높은 권력을 가지고 있던 김○○이 지은 것이라고 알고 있다. 이러한 루머는 1961년 외국인토지법의 시행으로 화교들이 한국 사회에서 본격적인 차별과 배제를 경험하기 시작한 때와 공교

7) 해신낭의 몸을 휘감은 것이 뱀이 아니고 무지개였다는 이야기도 있다.

롭게도 일치한다. 화교들은 1961년부터 외국인의 토지 소유를 제한한 '외국인토지법' 및 음식점에 대한 중과세 부과 등으로 인해 경제가 급속도로 침체되기 시작했으며, 이러한 압박으로 상당수의 화교들이 대만이나 미국으로 재이주를 해야 했던 아픔을 겪었기 때문이다(박은경 1986; 이창호 2007, 2008a, 2008b).

3. 의선당의 신들

1) 신단의 구성과 설화

인천 차이나타운 내에 위치한 종교적 건축물인 의선당에는 신단과 여러 신들이 모셔져 있다. 의선당 내부의 구조는 다음과 같다.

의선당 공소 혹은 사묘 내부의 신단은 기본적으로 5단으로 구성되어 있다. 중앙에 주불인 관세음보살이 모셔져 있고, 양쪽으로 각각 2단씩 신단이 설치되어 있다.[8] 각 신이 책임지는 분야는 다른데, 예를 들어 배를 타는 사람들이 순항(順航)을 기원하려면 해신낭(海神娘)에게, 재산의 증식을 기원하기 위해서는 관운장(關雲長)에게 참배한다. 또한 각 신단은 위계가 정해져 있어 화교들이 의선당을 방문하면 먼저 관세음보살(觀世音菩薩)에게, 그다음은 관운장, 용왕(龍王), 해신낭, 호삼태야(胡三太爺) 순으로 참배하는 것이 일반적이다(〈표 4-1〉 참조). 그러나 편의상 자신이 원하는 부분만 빌기 위해 한 신에게만 가는 경우도 있다. 이 경우 화교들

8) 신단의 구성과 신격은 마을마다 모두 다르다. 각 마을의 사묘가 명칭이 다르고, 모시는 신격이 다른 것은 마을별 입도의 역사나 경로, 사회문화적 환경이 같지 않다는 것을 말해 준다(이경엽 2008: 335).

사이에서 '무식하다'는 평가를 받기도 한다.

중국 문화의 맥락에서 신전은 대개 왕조의 관료기구를 거울에 비춰 놓은 것과 같아 지방을 관할하는 관료 신에서 북경의 황제에 상당하는 최고의 신까지 피라미드식 위계를 이루는 것이 일반적이다. 그러나 대부분의 신들, 즉 관음(觀音), 마조(媽祖), 관제(關帝)와 같은 신은 관료로 간주되지 않는다[Eastman 1988(이승휘 역 1999: 71-73)]. 의선당의 신들 역시 위계는 정해져 있으나 이 위계는 중국에서처럼 현실 정치조직의 반영이라기보다는 교리가 얼마나 심오하고 깊은지의 차이에서 나오는 것으로 화교들은 인식하고 있다. 이를테면 현실의 교육 체계를 신들의 위계에 반영하는 경우가 그것이다. 즉, 화교들은 위계가 가장 낮은 신을 초등학교 학생으로, 가장 높은 신을 대학원 교수 정도로 인식하기도 한다. 이것은 신과 신선들의 질서가 화교들의 사회적 삶에서의 위계와 실제적 조건들을 비추는 거울처럼 작동되고 있음을 뜻한다(Pan 1999: 80).

〈표 4-1〉 각 신단의 구성과 위계

서열	5			3			1			2			4				
신의 이름	동자	호삼태야	동자	재신	용왕	약신	보현보살	관세음	문수보살	주창	관운장	관평	귀	천화	해신낭	자손	눈

각 신의 명칭과 신들을 둘러싼 설화들은 다음과 같다.

첫 번째는 주불(主佛)인 관세음보살(觀世音菩薩)[9]의 신상이 정중앙에

9) 관자재보살(觀自在菩薩), 광세음보살(光世音菩薩), 관세자재보살(觀世自在菩薩), 관세음자재보살(觀世音自在菩薩)이라고도 하며, 줄여서 관음, 관세음, 관음보살이라고도 한다. '모든 곳을 살피는 분', '세상의 주인'이라는 뜻이다. 흔히 '대

[사진 4-2] 관세음보살(좌)과 관운장(우)

놓여 있고 양 옆으로 문수보살(文殊菩薩)과 보현보살(普賢菩薩)이 위치한다. 관세음은 불교신앙이지만 중국에서의 관음신앙은 일찌감치 불교신앙 범위를 초월하였으며 민간신앙의 특징을 구비하였다(程俊 2006: 98). 인천 화교들 역시 관음을 불교의 교리에 입각해 숭배한다기보다는 해상의 안전과 일상의 모든 부분에서 보호와 안녕을 구하기 위해 찾는 측면이 강하다.[10)]

두 번째는 관운장(關雲長)이다. 위패에는 관운장의 또 다른 명칭인 '협천대제(協天大帝)'로 쓰여 있다. 삼국지연의(三國志演義)에 등장하는 관우(關羽, ?~219)는 현재 재신(財神)으로 사람들에게 깊은 신앙의 대상이 되

자대비'의 보살이라고도 불린다. 세상의 모든 중생이 해탈할 때까지 성불(成佛)하지 않겠다는 보살의 서원(誓願)을 가장 잘 보여 주며, 불교의 여러 보살들 가운데 일반인들에게 제일 친숙하다(마노 다카야 2001: 63).

10) 중국의 관음신앙은 이중성을 띠는데, 연해지역에서는 주로 해신신앙이고 해상 보호 신이며, 내륙지역에서는 관음을 신통력이 광대한 보살로 모든 위험과 고난으로부터 구해 주고, 병을 치료할 수 있으며, 재난을 없애고, 심지어는 자식(특히 아들)까지도 얻게 해줄 수 있다고 믿는다(程俊 2006: 117).

[사진 4-3] 용왕

고 있다.[11] 화교들이 운영하는 상점이나 식당에 가보면 흔히 관운장의 조각이나 그림을 모셔 놓고 매일 복을 비는 것을 볼 수 있는데, 그만큼 화교 사회에서도 관운장은 재산을 가져다주는 재신으로 일반화되어 있다. 관운장의 왼쪽(제단에서 볼 때는 오른쪽)에는 관우의 양아들로 알려져 있는 관평(關平)이, 오른쪽에는 관우의 부하로 알려진 주창(周倉)의 신상이 있다.

세 번째는 위패에 '사해독룡(四海督龍)'으로 새겨져 있는데, 가운데에는 용왕(龍王)이 위치하며, 그 오른쪽에는 (제단에서 볼 때는 왼쪽) 재신(財神)이, 왼쪽(제단에서 볼 때는 오른쪽)에는 약신(藥神)의 신상이 있다. 이 약

11) 관우가 재신으로 사람들에게 깊은 신앙이 된 이유는 다음과 같은 이야기가 있다. 관우는 원수인 조조에게 사로잡힌 적이 있었다. 조조는 관우에게 많은 금과 은을 주면서 몹시 환대했지만, 기회를 엿보고 있다가 같이 붙잡힌 유비 부인과 함께 탈출했다. 그런데 그때 조조로부터 받은 금과 은에는 하나도 손대지 않고 그대로 남겨 두고 떠났다. 즉, 금전 문제에 대해서는 누구보다도 청렴한 인물이었기 때문에 그에게 기원을 하면 반드시 원하는 것을 이루어 준다는 믿음이 생겨났던 것이다(마노 다카야 2001: 95-96).

신은 손사막(孫思邈, 541 혹은 581~682)이라는 중국 당대(唐代)의 유명한 의사로 조정에서 약신으로 봉해지면서 일반인들에게 신격화되었다. 화교들 사이에는 '뱀'과 관련된 손사막의 어린 시절의 일화가 구전되어 전해진다.

> 순스묘(孫思邈) 고사에 보면 당시 사람이 대가리 둘 달린 뱀을 보면 그 사람 죽게 된대. 이 사람 어렸을 때 쌍두뱀을 봤는데 때려 죽여서 묻어 버렸거든. 집에 들어와서 막 울더라구. 지 엄마가 "너 왜 우느냐?" 하자 "어머니 제가 못삽니다. 저 곧 죽을 겁니다." "멀쩡한데 왜 죽느냐?" "제가 뱀, 대가리 둘 달린 뱀을 봤습니다." "그래서 어떻게 했느냐?" "딴 사람도 그거 보면 죽을까 봐 내가 뱀 때려죽이고 묻어 버렸습니다" 하자 어머니가 "그럼 네가 착한 일 했기 때문에 너 죽지 않을 것이다" 하고 (말했다)…

[사진 4-3] 해신낭

네 번째는 해신낭(海神娘)이 위치하며 바로 왼쪽에는 자손(子孫)을 담당하는 신이, 그 옆에는 눈을 담당하는 신이 있어서 각각 자식이 없는 사람과 눈병이 난 사람을 구제한다. 해신낭의 오른쪽은 '천화(天花)'로 불리는데 '우두병(천연두)'에 걸린 사람들을 구제하고, 그 옆에는 귀를 담당하는 신이 있어서 귓병이 난 사람들을 치유하는 역할을 한다. 특히 인천 화교들의 경우 과거 의료기술이 발달하지 못했을 때 아이가 천연두에 걸렸을 경우 꼼짝없이 '곰보 딱지'가 되거나 소경이 되는 경우가 많아 천화(天花) 신을 많이 찾았다고 한다. 해신낭은 흔히 복건성(福建省)과 대만(臺灣)에서 마조(媽祖)라고 불리는 신이지만, 인천 화교들은 '해신낭'이나 '해신(海神)' 혹은 '낭낭(娘娘)'이라 부른다.[12] 해신낭에 대해 화교들이 언급하는 설화는 다음과 같다.[13]

> 아버지하고 올아버니하고 고기잡이 나갔어요. 고기잡이 나갔는데 풍랑 만났어. 이 여자 처녀인데 시집가기 전인데… 동네 언덕에 올라가 가지고 등(燈) 하나 높이 들고 있는데, 그때 아버지하고 올아버니하고 배가 깨졌어. 아버지가 배 한 조가리 나무 붙들고 등불 보고 찾아왔어. 뭍에 와서 살았거든. 아마 그 오빠는 죽었는 모양이라. 근데 계속해서 오빠 찾겠다고 계속해서 (등을) 들고 있었는데 나중에 이 여자 시집 안 갔어요. 어디 갔는지도 모르고 사람 없어졌어.

---

12) 인천 화교들이 해신낭(海神娘) 혹은 해신(海神)이라고 부르는 마조(媽祖)는 시대와 지역에 따라 서로 다른 이름으로 불려 왔다. 원래 어원은 조모(祖母)라는 뜻으로 민남어(閩南語, hokkien) 마조파(媽祖婆, 손윗 여성을 부를 때 쓰는 존칭)에서 유래하는데, 마조의 명칭은 그녀의 선행에 대한 포상의 형식으로 당시의 황제로부터 하사받은 경우가 대부분이다. 원(元, 1279~1368)의 세조(世祖) 지원(至元) 18년(1281)에 하사한 마조의 명칭인 천비(天妃)는 청대(淸代)의 강희(康熙) 19년(1680)까지 통용되었으며, 그 이후인 강희 23년(1684)부터 천후(天后)라는 명칭이 사용되었고, 현재까지 위의 천비, 마조와 함께 널리 통용되고 있다. 청대인 광서(光緖) 27년(1901)까지 마조는 끊임없이 해신(海神)으로 역사에 기록되었고, 민간신앙에서 널리 통용된 마조 명칭을 살펴보면 천비낭낭(天妃娘娘), 해신천비(海神天妃), 남해여신(南海女神), 복건해신천비(福建海神天妃), 천후낭낭(天后娘娘), 성비(聖妃), 성후(聖后), 천상성모(天上聖母) 등이다(고혜련 2005: 165; 서승화 2006: 8).

13) 해신낭 혹은 마조에 대한 설화는 인천 화교들뿐 아니라 수많은 문헌과 구전을 통해 전승되어 왔다. 오늘날 전해지는 여러 판본의 마조설화들이나 구전설화들은 그 내용이 대부분 명대에 편집된 신화소설인 『천비현성록(天妃顯聖錄)』에 근거하고 있는 것으로 알려져 있다(서승화 2006: 12).

아마 깊은 산속에 수도하러 들어간 모양이라. 과학적으로 분석해야지. 어떤 옛날 사람은 신이 되어서 하늘로 날아갔다고 (하는데) 그거 불가능한 일이거든….

1948년 이전까지 배를 통한 무역업이 성했던 인천 화교 사회에서 특히 해신낭은 자신들의 생명과 직결되어 있는 중요한 존재였다. 그래서 이곳 의선당 외에도 과거 영국 영사관 자리였고 현재 파라다이스 호텔(구 올림포스 호텔)이 위치한, 항구가 전면에 바라다 보이는 낮은 산등성이에 따로 사당이 모셔져 있었다. 그러나 이 사당은 6 · 25 한국전쟁 당시 폭격에 맞아 파괴되고 말았다.

옛날 풍선(風船), 돛배 달고 항구로 갔으면 뭍에 닿기만 하면 여기 해신(에게) 왔어요. 재를 올렸어요. 여기(의선당) 해신보다 파라다이스 호텔(구 올림포스 호텔) 거기 해신 절이 하나 있었어요. 거기 아주 성했어. 뭍에 닿기만 하면 제일 먼저 가는 게 거기야. 쉽게 얘기하자면 어른한테 "무사히 다녀왔습니다" 하고 인사하러 오는 거지. 풍선(風船) 거 얼마나 위험했겠어. 나중에 그쪽 없으니까 이쪽(의선당) 와서 하는데. 거기 올림포스(호텔 자리의) 해신이 6 · 25 폭격당해서 없어졌기 때문에….

마지막으로 호삼태야(胡三太爺)가 위치한다. 호삼태야의 양 옆으로 시중하는 동자 두 명이 있다. 화교들에게 있어 호삼태야는 신이라기보다는 신선(神仙)으로 알려져 있는데, 신선이 된 것에는 두 가지 설이 있다.[14] 첫 번째는 여우가 사람으로 둔갑했다는 설이다.

14) 원래 신선이 되기 위해서는 '태어날 때부터' 일정 자격을 가진 인간이 신선이 살고 있다는 산으로 들어가 제사를 드려야 했으나 3~4세기경부터는 인간도 배우기만 하면 신선이 될 수 있다는 사상이 나타나기 시작했다(마노 다카야 2001: 340).

[사진 4-5] 호삼태야

> 청나라 때 재앙이 닥쳐왔대…. 이 사람은 원래 여우인데 사람으로 둔갑해 가지고 그 지방 사람들 다 구제했대…. 하도 공이 커가지고 임금님 접견을 했거든. (임금님이) "너는 신이다." 그래서 후산타이예(胡三太爺)라는 칭호 얻었거든. 이게 원래 여우야….

호(胡)는 여우 호(狐)에서 유래되었으며[15] 삼(三)은 형제 중에서 세 번째라서 붙인 것이라고 한다. 또한 태야(太爺)는 아주 높으신 어르신, 예를 들어 고조, 증조할아버지나 인덕과 덕망이 높거나 똑똑한 아들을 둔 사람들을 호칭할 때 쓰는 말이다.[16]

그 대표적인 사상이 갈홍(葛洪)의 신선도교이다. 갈홍은 당시 사람들이 믿지 않던 신선의 존재와 신선이 학(學)을 통하여 도달할 수 있다는 관념을 입증하고자 하였다. 이 관념이 곧 전통적 도가 및 도교사상의 핵심을 이루는 도(道) 관념이다(윤찬원 2004: 179). 이 도교적 관념에 의하면, 여우 역시 신선이 되기 위해 오늘날의 방중술(房中術)이라 익히 불리는 도교의 수련법인 채보술(採補術)을 통해 신선이 될 수 있었다(김지선 2005: 509-510).

15) 중국의 민간신앙에 따르면, 여우라 하여도 선술(仙術)을 깨달아 신통력을 부리면 그를 '호선'이라 칭한다. 다만 여우 '호(狐)'를 피하여 호선(胡仙), 또는 호신(胡神)이라 쓴다(포송령 2003: 132-141).

16) 화교들 사이에서도 덕망이 높거나 대성한 아들을 둔 사람을 '라오타이예(老太爺)'라고 종종 부른다.

또 한 가지 설은 호삼태야가 중국 청대(清代) 산동성 제성현(諸城縣)에 실존했던 인물이라는 것이다. 청대 당시 돌림병이 창궐하여 사람들이 무수히 죽어 나가자 호씨는 비록 의사가 아니었지만 약방문을 만들고 직접 약을 먹여 돌림병을 없앴다고 한다. 이 이야기가 널리 퍼지면서 황제가 그를 직접 접견해 "자네는 신선이네"라고 칭하고 큰 벼슬과 함께 삼태야(三太爺)로 책봉했다고 한다. 이 호씨의 후손이 흔히 '호랑이 연고' 혹은 '만금유(萬金油)'라 불리는 약을 개발한 호문호(胡文虎)와 그 동생인 호문표(胡文豹) 형제로 호삼태야의 후손들이 복을 받은 사례로 널리 알려져 있다.[17)]

인천 차이나타운의 화교들은 거의 대다수가 여우가 사람으로 변했다는 첫 번째 설화를 믿고 있으며, 호삼태야가 아주 영험하다고 알고 있다. 그래서 호삼태야는 신단의 서열상 제일 밑이지만 화교들 사이에서 가장 인기가 높다.

이상과 같이 의선당은 민간의 잡신과 불교의 보살, 도교의 신선들을 한 곳에 모시고 향을 올리며 제사를 지내는 중국 민간신앙의 특징 중 하

17) 호문호(胡文虎)의 부친 호자흠(胡子欽)은 중의(中醫, 중국 전통의사)였는데, 중국에서 살아가기가 너무 힘들어 1862년 단신으로 바다를 건너 미얀마의 양곤에 와서 병원을 개업하였다. 당시 호자흠의 의술은 매우 뛰어나 이름이 높았다. 그때부터 그곳 화교 사회에서 존경을 받았는데, 이를 바탕으로 '영안당'이라는 작은 중약방을 개업한다. 그는 그곳 화교의 딸과 결혼해 슬하에 문룡(文龍), 문호(文虎), 문표(文豹) 세 아들을 두었는데, 부모 곁에서 의술을 배운 문호가 후에 아버지가 만든 옥수신산이라는 약을 현대적 방법으로 고쳐 내복할 수도 있고 바를 수도 있는 만금유(萬金油)를 개발한다. 이 약들은 서양의 신약인 아스피린 가루를 함유함으로써 중약과 양약의 합작물이 되었고, 값도 싸고 갖고 다니기도 편하며 그곳 풍토병에 잘 들어 중국과 동남아시아, 인도 등 인구는 조밀한 반면 빈곤하여 열악한 환경에 처한 열대지방 거주 노동자들에게 커다란 인기를 끌게 되었다. 특히 모기로 인한 피해에 시달리던 그들에게는 기적의 명약으로 알려지게 되었고 1930년대에 이 약은 지구의 절반을 휩쓸 만큼 큰 인기를 끌었다(향양 2004: 75-77).

나인 복합신앙(synceretism)의 특징을 가지고 있으며, 각 신들은 질서를 가지고 있다. 이 신과 신선들의 질서는 고향과 현실의 사회적 삶에서의 위계와 실제적 상황들을 비추는 거울처럼 작동된다. 또한 각 신들이 이주자들에게 있어 가장 기본적으로 추구하는 생명과 재산에 관련되어 모셔지고 있다는 점에서 기복신앙(祈福信仰)의 특징을 지니고 있다.[18] 물론 생명과 재산은 모든 사람들이 원하고 추구하는 것이지만, 화교들의 표현대로 '의지할 곳 없는' 이주자인 화교들에게 있어서는 더욱 간절하게 인식되었다. 이들의 외로움과 간절함은 대개 그들 자신의 독특한 의례나 의식을 통해 재현되기도 한다.

2) 화교들의 믿음 체계와 의례 방식

불교, 도교, 유교뿐만 아니라 민속적인 요소들과 조상숭배의 이질적인 혼합이 바탕이 된 중국 종교는 전 세계에 퍼져 있는 화교 사회에서 신봉되었으며, 나름대로의 특징적인 형태로 나타나기도 했다. 중국 종교가 각 지역의 화교 사회에서 활용되거나 변형되어 나타나는 형태들을 4가지로 정리해 보면 다음과 같다.

첫째, 화교들의 믿음 체계는 신과 혼들이 당연히 존재할 뿐만 아니라 인간사에 영향을 미치는 힘을 가지고 있다는 가정에 기초해 있다.

둘째, 전통적인 중국의 사회적 삶의 위계와 실제적 상황들이 비인간 영역의 지형도에 투영되어 있다.

셋째, 운명(命)과 행운(運)이 삶의 중요한 결정적 요소이며, 행운도 운

18) 김상근(1996)은 중국 민간신앙의 기본적인 특성으로 '① 생활신앙(일상신앙), ② 중첩신앙(重疊信仰), ③ 기복신앙(祈福信仰), ④ 수경신앙(隨境信仰), ⑤ 신의 탄생 과정'을 들고 있다(김상근 1996: 99-104).

명을 바꿀 수 있는 신들과 혼령들의 도움으로 조정될 수 있다는 개념을 받아들인다.

넷째, 인간의 영혼이 죽음의 순간에 갱생하고 인격화되는 2가지 요소로 분리된다고 생각한다(Pan 1999: 80).

그런데 화교 사회에서 이러한 종교의 형태보다 더 특징적으로 나타나는 것은 바로 중국 종교의 실천 과정, 즉 의식과 의례의 형태에서이다. 거주국, 특히 유럽 사회의 경우 아시아 사회보다 더욱 심각하게 나타났던 인종적 적대감이나 주류 집단으로부터의 소외 등으로 인해 화교들의 종교는 더욱더 사적이며 개별화되어 나타났다(Pan 1999: 80).[19]

한국 화교들의 민간신앙 역시 개별적인 것이 특징이다. 특히 한국 화교들의 종교적 실천 과정은 유럽 사회의 화교들과 마찬가지로 거주국에서의 적대감과 주류 집단으로부터의 차별과 소외로 인해 더욱더 개별적인 특성을 나타내며, 생계 활동이 바빠 논리적인 것보다는 직관적인 체계를 선호했다.

이들의 개별성은 의례(儀禮)나 의식(儀式)을 통해 재현된다. 보통 의선당 문이 열리고 제사를 드릴 수 있는 날짜는 매달 초하루와 보름이다. 음력 정월 초하루의 춘절(春節)과 같이 중국의 가장 큰 명절 때는 화교협회 임원들과 화교 주민들이 방문해 크게 재를 올리기도 하지만, 보통 때는 초하루와 보름에 개별적으로 소원을 빌기 위해 의선당에 온다. 그런데 의선당에 오지 못하는 날짜도 있다. 섣달 그믐날과 청명(淸明), 7월 보름날과 10월 초하루에는 조상의 산소에 가기 때문이다. 화교들의 집중적인 신앙의 대상은 중국인 대부분의 경우와 마찬가지로 조상과 만령(萬靈)이

19) 동남아시아의 경우 유럽의 화교공동체들과 다르게 화교들의 신앙이 중국식 절이나 장례식, 기타 종교적 행사들을 통해 가시화되었다.

며 매달 초하루와 그믐의 주기를 통해 정기적으로 조상과 신들에 대한 의식을 번갈아 행하게 된다.

화교들이 의선당에 방문하면 대개는 자신들이 현재 고민하고 있는 부분을 해소해 줄 수 있는 신에게 가서 원(願)을 세운다. 예를 들어 귓병이 났으면 귓병을 낫게 해주는 신에게, 눈병이 나면 눈병을 낫게 해주는 신에게 가서 소원을 빌었다. 소원을 빌 때는 간단한 답례가 있어야 하므로 음식을 가져오기도 하고 돈을 신전 위에 두기도 한다.

앞에서 언급한 대로 의선당의 신들 중 호삼태야는 위계상으로는 제일 아래쪽에 위치하고 있지만, 화교들에게는 가장 인기가 높고 영험한 대상으로 알려져 있다. 다른 신들에게는 안전한 항해나 자손의 생산 등 특별한 기능이 부여되었다면, 호삼태야는 인간생활의 거의 전 부분을 담당했다고 해도 과언이 아닐 정도였다.

> 후산타이예(胡三太爺)는 모든 것이 다… "장사 잘되게 해주십시오."(라고 빌고) 잘됐을 경우 다시 가서 재 올리고… "우리 아들 대학 붙게 해주십시오." (하고) 붙었으면 또 재 올리고… 하여튼 잡동사니야. 다 해… 이유 없어….

의선당에 가 보면 다른 신들과 다르게 호삼태야의 신상을 작게 만들어 따로 모셔 놓았는데 해마다 가을이 되면 이 미니 신상을 가마에 태워 마을을 돌았다고 한다. 이 행사는 1년에 한 번 열렸는데 가마가 오면 마을 화교들이 기도하고 가마에 돈을 집어넣기도 했다.[20] 또한 화교들이 의선

20) 정확한 날짜를 기억하는 화교가 없는데, 중국의 동북 지방에서 10월 1일을 호선(胡仙)의 신탄일(神誕日)로 여겨 행사를 했던(포송령 2003: 132-141) 것으로 미루어 대략 10월 1일경이었을 것으로 추측하고 있다.

당에 참배하러 올 때면 호삼태야 신상 앞에서 개인적으로 간단한 의식(儀式)을 행하기도 했는데, 계란을 이용한 방식과 젓가락을 이용한 방식 두 가지가 있다.

원(願)을 세우면 거울 위에다 계란을 세워. 생계란을 거울 위에다 세운다구. 내가 지금 다쳤는데, 혹은 애가 병 걸렸는데 의사에게 찾아가도 병 차도가 없고(없으면) 후산타이예(胡三太爺)에게 (가서) "(저희를) 보호해 주시고 저희가 가서 재물 갖다가 올리겠습니다. 만약에 진짜 해주실 수 있으면 이 계란 세워주십시오" 하면 계란 딱 세우거든(세워지거든). 그러면 몇 월 며칠 날 거기 가서 상 차려 가지고 재(齋) 올리지. 일종의 토속신앙인데… 아니면 젓가락 세 개를 갖다가 물을 갖다가 끼얹어. 젓가락 세 개 같이 세워 가지고 위에다 물 끼얹어 젓가락 세우면 가고(재를 올리고)….

이러한 의식은 성공하기가 대단히 어려워 보이지만, 당시 일반 화교, 특히 나이든 여성들은 거의 다 할 줄 알았으며 대개 성공했다고 한다. 심지어 호삼태야를 받드는 사람들은 신단 앞의 향로에서 향이 타고 남은 재를 집에 가져다가 물에 담가 타서 먹기도 했다. 병이 났을 경우 호삼태야의 향재를 물에 타서 먹으면 낫는다는 속설 때문이다. 호삼태야의 영험함에 대한 확신은 이러한 다양한 의식과 종교적 행위 등을 통해 확인되었으며 계속해서 재생산되었다.

이상과 같이 화교들의 민간신앙은 개별적인 가족들과 공동체 내에서 실천되었으며 직관적 체계를 선호했고, 그 결과의 하나로 주로 여성들을 통해 주술적인 여러 의식이 재현되기도 했다.

4. 결론

중국에서 한국 사회로 이주해 온 화교들에 있어서 자신의 주거지를 중심으로 한 경관에 대한 인식은 현재와 미래의 삶에 대한 희망과 가능성을 제공해 주는 중요한 요소였다. 특히 인천 차이나타운 화교들에게 바나가 바라다 보이고 해신낭의 사당이 모셔져 있던 용머리(혹은 봉황머리)는 거주국에서의 삶에 대한 막연한 두려움을 떨쳐 주는 기능을 했다. 그러나 일제강점기 때 용(혹은 봉황)의 목 부분을 자른 것과 같이 만들어 버린 도로와 한국전쟁 때의 폭격으로 인한 해신낭 사당의 소멸, 1960년대 자신들을 차별과 억압으로 내몬 정권의 핵심인물이 용(혹은 봉황)머리 자리에 만든 호텔 등은 역사와 화교들의 거주국에서의 고단한 삶이 교차되어 화교 사회를 더욱 암울하게 만들었다.

외롭고 의지할 곳 없는 이주자인 화교들에게 그나마 위안이 되었던 공간은 차이나타운 내에 위치한 의선당 공소였다. 여기에 모셔진 신들은 화교들의 생명 및 운명과 직결되어 있었으며, 이 신들은 고향과 현실세계의 위계가 반영되어 표상화되었다. 인천 화교들은 의선당을 중심으로 거주국의 인종적 적대감이나 차별 속에서 더욱 개별적으로 신앙 행위를 해나갔으며 바쁜 생계 활동으로 인해 직관적인 믿음 체계를 유지해 나갔다.

오늘날 한국 화교의 사회적 지위는 과거보다는 많이 나아지고 있는 것이 사실이다. 1992년 한중수교와 1997년 외환위기 이후의 외국인 정책 변화로 인해 한국 화교는 중국 대륙과 한국을 연결해 주는 문화적 중개자로 부상되고 있으며 화교들이 거주해 온 차이나타운은 핵심적 관광자원으로 개발되고 있다.

이제 한국 화교들이 지속해 왔던 민간종교는 차이나타운의 개발과 함께 앞으로 한국 사회의 문화적 가치를 높이는 문화자본의 기반이 될 가능성이 높다. 그러나 그러한 기대보다도 더 절실한 것은 그동안 한국의 단일 민족주의와 순혈주의 속에서 차별받고 억압당해 왔던 '타자'인 화교와 그들의 신앙과 관념에 대한 진정한 재발견일 것이다.

■ 참고문헌

고혜련, 2005, "東中國海의 媽祖信仰: 天妃顯聖錄을 통해 본 마조 일화와 그 성격," 『도서문화』 25, pp.161-199.

김경학, 2004, "이주와 종교적 공동체: 호주의 휘지계 인도인의 라마얀 만들리를 중심으로," 『국제지역연구』 8, pp.1-31.

김상근, 1996, "중국민간신앙의 특징과 인물신앙," 『중국연구』 18, pp.97-123.

김지선, 2005, "한 · 중 · 일 여우 이야기에 대한 비교학적 고찰," 『중국어문논총』 29, pp.501-525.

담건평, 1985, "在韓華僑의 社團組織에 관한 研究: 서울 地域을 中心으로," 서울대학교 인류학과 석사학위논문.

마노 다카야(眞野隆也), 이만옥 역, 2001, 『도교의 신들(道教の神)』, 서울: 들녘.

박단, 2005, "프랑스 공화국과 무슬림 여학생의 교내 히잡(헤드스카프) 착용 금지," 『역사학보』 185, pp.245-275.

박은경, 1986, 『한국 화교의 種族性』, 한국연구원.

______, 2002, "한국인과 비한국인: 단일 혈통의 신화가 남긴 차별의 논리," 『당대비평』 19, pp.272-287.

박현옥 · 박정동, 2003,『한국 화교(인천화교)의 경제활동 및 사회적 지위에 대한 연구』, 인천 발전연구원.

서승화, 2006, "중국의 마조신앙(媽祖信仰) 연구: 마조신앙의 사상적, 지역적 발전 과정을 중심으로," 서강대학교 종교학과 석사학위논문.

손정목, 1982, 『韓國 開港期 都市變化過程研究: 開港場 · 開市場 · 租界 · 居留地』, 서울: 일지사.

윤찬원, 2004, "갈홍(葛洪) 신선사상의 형성과 철학사상에 관한 연구," 『도교문화연구』 20, pp.179-220.

이경엽, 2008, "한국과 중국의 도서지역 민속신앙 비교연구: 한국 서남해지역과 중국 주산군도를 중심으로," 『비교민속학』 35, pp.327-360.

이덕훈, 2002, 『화교경제의 생성과 발전』(개정증보판), 한남대학교출판부.

李玉蓮, 2005, "近代 韓國華僑社會의 形成과 展開," 인하대학교 사학과 박사학위 논문.

이윤석, 2004, "會館 · 公所의 출현과 祠廟: 江南지역의 사례를 중심으로," 『명청사연구』, pp.89-125.

이창호, 2007, "한국 화교(華僑)의 사회적 공간과 장소: 인천 차이나타운을 중심으로," 한국학중앙연구원 인류학 전공 박사학위논문.

______, 2008a, "차이나타운의 재개발과 의미의 경합: 인천지역의 사례를 중심으로," 『한국문화인류학』 41(1), pp.209-248.

______, 2008b, "한국 화교(華僑)의 사회적 지위와 관계의 공간: 인천화교의 관시(關係)와 후이(會)를 중심으로," 『비교문화연구』 14(1), pp.75-122.

장수현, 2001, "한국 화교의 사회적 위상과 문화적 정체성," 『국제인권법』 제4호, 국제인권법학회, pp.1-30.

______, 2002, "한화(韓華), 그 배제의 역사," 『당대비평』 19호, pp.245-258.

程俊, 2006, "중국의 마조(媽祖)신앙과 관음신앙," 『도서문화』 27, pp.97-142.

최영준, 1974, "開港 前後의 仁川의 自然 및 人文景觀," 『지리학』 10, pp.43-59.

포송령(蒲松齡)(여설화 역), 2003, 『판타지 요재지이(聊齋志異)』, 서울: 큰방.

향양(장수철 역), 2004, 『화상(華商): 맨손으로 시작해 중국을 지배한 30인에게 배운다』, 서울: 서해문집.

Eastman, Lloyd E., 1988, *Family, Fields, and Ancestors: Constancy and Change in China's Social and Economic History*, 1550~1949(이승휘 역, 1999, 『중국사회의 지속과 변화: 중국사회경제사 1550~1949』, 서울: 돌베게).

Pan, Lynn(ed.), 1999, *The Encyclopedia of the Chinese Overseas*, Cambridge: Harvard University Press.

〈자료〉

인천향토사연구회, 1998, 『개화기 사진엽서를 통해 본 인천의 옛 모습과 교육기관』 제4회 전시자료집.

5장

필리핀 창조신화의 주요 모티프

김민정

김민정

서울대 문학박사(인류학)

현재 강원대학교 사회과학대학 문화인류학과 조교수

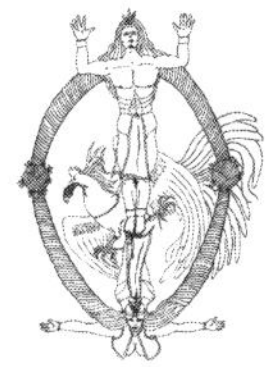

1. 들어가는 말

과학의 시대에도 우리는 신화에 대해 뭔가 특별한 관심을 가지고 있다. 신화를 대하는 우리의 태도는 분명 역사나 예술을 대할 때와 다르다. 그 내용이 '사실'이 아닌 '이야기'에 불과하다고 여기면서도 현재 우리의 존재를 정당화하는 어떤 '성스러운 힘'을 가진다고 생각한다. 신화는 사실을 전달하는 이야기가 아니라 사실을 압도하는 특별한 이야기로 부족이나 국가와 같은 집단적 소속감과 밀접하게 관련된다.

필리핀에서 스페인의 지배는 주민들을 가톨릭으로 개종시키는 방식을 통해 진행되었고, 300년 이상 지속되었다. 아시아에서는 유일하게 가톨릭 국가가 된 필리핀에서 '신화'는 '종교적 믿음'에 배치되는 영역으로 간주되기도 한다. 한때 우리나라에서 초등학교 교정의 단군상이 기독교도에 의해 훼손되었듯이 말이다. 그러나 오늘날의 모든 제도종교 역시 신화를 통해 형성된 것이다. 사실 신화와 종교의 관계에서 좀 더 '현실적합'한 것은 신화라고 할 수 있다. 나카자와 신이치가 지적하듯이(Nakazawa, 김옥희 역, 2003: 225), 종교는 현실로부터 분리되어 순수한 환상이나 사고로 진전할 수 있지만 신화는 그렇지 않으며, 신화가 종교 안으로 흡수되면 현실과의 변증법적 관계를 상실하고 그 성격이 변화하는 것이다.

오늘날 필리핀에서 신화적 소재를 만나는 것은 그리 어려운 일이 아니다. 기독교의 신과 성인 외에도 여러 전통 혼령들의 이름과 이미지들은 개인의 불운이나 질병, 일상적 관계의 해석에서부터 텔레비전 드라마나 영화의 소재로 쉽게 만날 수 있다. 나아가 필리핀에서 여러 부족 신화는 취약한 국민 정체성을 보강하기 위해 스페인 지배 이전의 시간으로 거슬러 올라갈 수 있는 자원이기도 하다. 그래서 필리핀 주요 민속무용단의 레퍼토리는 흔히 인간창조 신화의 내용을 다룬 '말라까스(malakas)와 마간다(maganda)'로 시작한다.

이 글은 필리핀의 창조신화의 내용을 소개하고 여기서 나타나는 특징을 몇 가지 소개하고자 한다. 필리핀의 창조신화 역시 엘리야데가 언급하는 성스러운 상징의 보편적 특성과 레비-스트로스가 설명하는 신화적 사고구조를 드러낸다(Demetrio 1978). 여기서는 본격적인 신화 분석을 하기보다는 상징과 구조상의 특징을 소개하고, 이러한 점들이 필리핀의 사회문화를 이해하는 데 어떤 의미를 가질 수 있을지 생각해 보고자 한다.

2. 필리핀 창조신화의 내용

7,000여 개의 섬으로 이루어진 필리핀에는 모두 110여 개의 선주민(先住民, indegenous peoples) 집단이 있으며, 여기 속한 사람 수는 120만 명이라고 한다.[1] 여기서 선주민이란 과거 부족민(tribe peoples)으로 불리던 사람들이다. 필리핀에서 선주민은 스페인 지배 시기 가톨릭으로 개종하

1) National Commission of Indigenous People(NCIP) 웹사이트(www.ncip.gov.ph), 2009년 1월 3일 검색.

지 않고 산악지대나 더 내륙으로 옮겨가 살면서 자신들의 전통을 지키게 된 사람들을 말한다. 현재 전해져 내려오는 필리핀의 창조신화는 필리핀에 머물게 된 19세기 이전의 스페인인이나 20세기 초 미국인에 의해 수집되고 기록으로 남겨진 자료가 대부분이다. 물론 독립 이후에도 꾸준히 토착부족별로 신화와 구전전승의 내용이 수집되고 있다. 결과적으로 필리핀의 창조신화에는 다양한 내용이 있으며, 수집된 내용들은 하나의 플롯에 대한 다양한 버전들이 존재한다. 우선 아래에서는 세상이 창조되고, 최초의 인간이 생기게 된 이야기, 신화를 몇 가지를 소개하고자 한다.

1) 세상의 창소

(1) 빌라안(Bilaan)의 창조[2] Ⓐ

태초에 그 누구와도 견줄 수 없이 아주 큰 존재(being)가 살았다. 그의 이름은 멀루(Melu)로 구름 위에서 살았는데 위의 공간을 다 차지하고 있었다. 치아는 순금이었고 깨끗한 것을 좋아했기 때문에 언제나 손으로 온몸을 문질러서 순백의 피부를 유지했다. 손으로 문질러 낸 피부 각질은 한쪽에 커다란 산처럼 쌓였고, 그 무더기가 점차 커지자 그는 신경이 거슬려 하며 이것으로 무얼 할 수 있을지 생각하게 되었다.

멀루는 자신의 피부 각질로 땅(earth)을 만들기로 하고, 열심히 모양을 잡아 나갔다. 이 일을 다 끝냈을 때 다시 자신을 닮은 존재를 좀 더 작게

2) 빌라안은 필리핀 남부 민다나오 섬의 남부 다바오와 남부 코타바또 근처에 사는 부족민. 신화의 내용은 Mabel Cook Cole(1916)에 실린 것으로 Demetrio et al.(1991) pp.15-16에 소개된 것을 옮김.

만들어 이 땅 위에서 살게 해야겠다고 생각했다. 이렇게 해서 두 남자를 만들었는데 코만 빼고 다 완성한 상태였다. 이때 땅 아래 사는 따우 따나(Tau Tana)가 와서 돕기를 청했다. 멀루가 싫다고 하자 서로 다투게 되었고 결국 따우 따나가 이겨 코를 만들게 되었는데 거꾸로 붙여 놓았다. 일이 끝나자 멀루와 따우 따나는 새로 만든 형체를 채찍질하여 움직이게 해놓고, 멀루는 다시 구름 위로 따우 따나는 땅 아래로 돌아갔다.

별일 없이 시간이 흐르던 중 어느 날 하루는 큰 비가 왔는데, 빗물은 땅 위 사람의 머리 위에서부터 콧속으로 흘러들어 사람이 거의 익사할 지경에 이르렀다. 구름 위에서 이를 본 멀루는 재빨리 내려와 코의 위치를 바꾸어 생명을 구하였다. 두 인간은 매우 고마워하고 보답으로 뭐든 해주겠다고 약속하면서 멀루에게 이 넓은 땅 위에 자기들만 있으니 매우 불행하다고 이야기했다. 그러자 멀루는 그들에게 머리카락과 각질을 모아 놓으면 나중에 와서 그것으로 동반자를 만들어 주겠다고 말하였다. 이렇게 해서 땅 위에는 많은 사람들이 생기게 되었다.

(2) 비사야(Visaya) 지방의 창조신화[3] Ⓑ

깝딴(Captan)은 땅 위의 바람을 관장하는 남신이고, 마구아옌(Maguayen)은 바다의 바람을 관장하는 여신이었다고 한다. 깝딴은 왕 같은 외모에 날래고 강했다. 그가 행복할 때 숨결은 온화한 미풍이 되어 삼빠기따(sampagita)나 일랑일랑(ilangilang), 야생백합의 향기를 널리 퍼뜨렸다.[4] 그

3) 비사야는 루손 섬과 민다나오 섬 사이에 있는 지역에 대한 총칭. 신화의 내용은 *Jose Maria Pavon*(1838)에 실린 것으로 Demetrio et al.(1991) p.34에 소개된 것을 옮김.

4) 삼빠기따와 일랑일랑은 필리핀에서 나는 향기가 좋은 꽃 이름이다.

러나 기분이 안 좋을 때 그의 거친 호흡은 폭풍과 태풍을 만들어 냈다.

하루는 바닷 바람의 신인 마구아옌이 외롭게 물위를 걷고 있었다. 그녀가 지나간 자리를 따라 그녀의 수많은 조력자인, 크고 작은 물고기, 가재와 해마, 푸른 바다에 사는 여러 생명체들이 헤엄쳐 갔다. 마구아옌은 아름다워서 시선을 끌었다. 머리카락과 몸 전체는 셀 수 없이 많은 빛나는 진주와 진주조개로 덮여 있었다. 모래사장을 걸을 때면 꽃 향이 퍼져나갔다. 그런데 갑자기 그녀 앞에 우아한 새 깃털로 장식한 화려한 색의 옷으로 차려입은 위엄 있는 존재가 나타났다. "인사드립니다. 바다의 어여쁜 거품이여." 다소 뻔뻔스럽게 깝딴이 말하였다.

마구아옌은 그를 쳐다보고 비웃으며 재빨리 외면하였다. 바로 그 순간 깝딴은 저항할 수 없게 되어 마구아옌 앞에 우뚝 서서 "당신을 괴롭히려는 의도는 아니었습니다"라고 겸손하게 말하였다. 이어 "그러나 이 광활한 곳에 당신과 나 둘뿐인데, 우리가 만나지 않는다면 안타까운 일 아닐까요. 뭐든 당신을 도와드리고 싶네요"라고 하였다.

이렇게 부드러운 말을 듣게 되자 마구아옌도 인사를 받지 않을 수 없었다. 차가운 손을 뻗으면서 천둥 같은 목소리로 말하길, "대체 뉘시길래 저와 이야길 하려고 하시나요? 나의 가장 부드러운 숨결만으로도 이 광활한 바다에 파도가 일어 섬들을 삼켜 버릴 수 있다는 사실을 아시는지요? 내가 화가 나면 땅 위의 거대한 산보다도 더 높게 거품으로 가득 찬 파도를 만들어 낼 수 있답니다."

순간 정적이 흘렀다. 갑자기 번개 섬광이 하늘을 가르고 곧 귀먹을 듯한 천둥소리가 뒤를 이었다. "저 번개를 보셨는지요?" 깝딴이 물었다. "저것은 명령만 내리면 바로 내게 복종하는 여러 신하들 중 하나입니다. 소음에 격노한 마구아옌은 "바다가 당신을 집어삼키기 전에 즉시 떠나시죠"라고 말했다. 깝딴이 몇 발짝 물러나기도 전에 거대한 파도가 해변가를 덮쳤다. 재빠르지 않았더라면 바다 밑바닥으로 끌려 들어갈 뻔했다. 큰 파도가 빠져나가자마자 깝딴은 빛나는 마구아옌의 옆으로 돌아와 이 이상한 구혼을 다시 시작하였다. 깝딴은 정말 미안하다고 사죄하며 자기 신하들을 선보이면서 여신을 짜증나게 할 의도는 아니었다고 해명했다.

깝딴의 민첩함에 놀란 마구아옌은, "내게 버금가는 권력을 가진 존재가 있는지 알고 싶었어요. 나는 내 의지만으로도 표면 위의 모든 것을 집어삼키는 바다를 움직일 수 있죠. 그리고 내가 보낸 바람이 육지에 닿으면, 바람의 진로 안에 든 것은 큰 나무를 포함해 모두 파괴해 버리죠. 나를 따르는 것들은 너무 많아 셀 수도 없구요."

깝딴이 말하길, "내가 누구냐고 물으셨죠? 당신도 의심할 수 없듯이 나는 이 광활한 바다에 오게 된 가장 힘있는 조상이오. 바로 내가, 산들바람을 내보내 비가 되어 땅 위에 떨어질 수분을 머금은 하늘의 구름을 채우고 식히도록 한다오. 내가 내보낸 첫 섬광이 번뜩이게 되면, 번개는 지그재그로 갈라지고, 상상할 수 없이 광포하게 공기를 터뜨리며, 바위를 갈라 놓고, 짐승들을 죽이고, 나무를 태우고, 모두 귀먹을 지경이 되오. 내가 없다면 세상에 생명을 주는 나무나 덤불, 약초는 존재할 수 없을 겁니다. 그리고 내가 몸을 보호하고 있는 깃털을 흔들면 재난을 가져오는 회오리바람이 불어 바다 표면까지 포함하여 바람의 진로에 포함된 것은 뭐든 다 황폐해진다오. 내가 아니라면, 공기를 가로질러 나는 찬란한 깃털을 가진 저 새들도 기쁨을 가질 수 없을 것이오. 나의 이 모든 힘뿐 아니라 내 심장과 모든 존재들을 당신에게 바치겠소."

이 말을 마치고 깝딴과 마구아옌은 손을 맞잡고 바다 밑으로 잠수해 들어갔다. 이때 이후로 하늘과 땅, 바다의 정령들이 영원히 서로 하나가 되었다고 한다(이 이야기는 바다 가운데서 밀려온 대나무에서 최초의 남성과 여성이 출현하는 이야기[D]로 이어진다).

(3) 부낏논(Bukidnon)의 창조신화[5] ©

태초에 반띵(banting)이라고 부르는 작은 원형의 강한 빛만이 존재하고 있었다. 이는 무지개로 둘러싸여 있었고, 세 존재가 있었다. 둘은 반띵의 좁은 경계 안에서 서로 마주 보고 있었는데, 하나는 좋은 신이고 다른 하나는 나쁜 신이었다. 좋은 신은 인간처럼 생긴 최고의 계획하는 존재였다. 이름은 디와따 나 막바바야(Diwata na Magbabaya)로 '뭐든 맘대로 할 수 있는 순수한 신'이란 뜻이다. 나쁜 신도 인간의 몸을 가졌지만 끊임없이 침을 흘리는 머리 10개를 가지고 있었다. 이름은 다단하얀 나 수가이(Dadanhayan na Sugay)로 '허락을 구해야 하는 신'이란 뜻이다.

두 신을 지탱하고 있는 것은 독수리 머리 모양에 힘 있는 날개와 인간의 몸을 가진 세 번째 신이었다. 이 독수리 같이 생긴 존재는 끊임없이 날개를 펄럭이며 반띵의 균형을 맞추었다. 왜냐하면 안의 두 존재가 계속해서 다투고 있었기 때문이다. 날갯짓으로 바람을 일으킬 수 있었고, 날개가 있어야만 머리를 식혀 줄 수 있었기 때문에 세 번째 신은 두 신의 보호자 격이었다. 이름은 악따야분(Agtayabun)으로 '조언자' 또는 '중재자'란 뜻이다. 어느 날 인간처럼 생긴 계획하는 존재 디와따 막바바야가 반띵을 넓혀야겠다고 생각했다. 그리고 하늘에 있는 반띵을 고정시키기 위해 땅을 창조하여 날개 가진 존재를 쉬게 해주어야겠다고 생각했다. 디와따 막바바야는 훌륭한 계획자였다. 그러나 그는 머리 열 달린 존재가 앉아 있는 땅이 필요하다는 것을 알게 되었다. 그러나 머리 열 달린 존재는 언제나 설득하기 힘들었다. 독수리 날개를 가진 존재는 즉시 이

---

5) 부낏논은 민다나오 북부 지역이자 부족민에 대한 총칭. 신화의 내용은 *Carmen Ching Unabia*(1986)에 실린 것으로 Demeterio et al.(1991) pp.39-42에 소개된 것을 옮김.

문제 상황을 알게 되었다. 그는 재빨리 급강하하여 머리 열 달린 존재 아래에서 흙을 조금 떠 왔다.

머리 열 달린 존재는 놀라 화를 냈다. "왜 내 허락도 없이 내게 속한 것을 가져가는 거야?"라고 따지자 디와따 막바바야는 "화내지 마"라고 하면서, "내게 계획이 있는데, 모두를 위해 좋은 것이란다. 내가 너의 흙을 조금 쓸 수 있게 해주면 내가 반띵을 더 넓고 안정되게 만들 수 있단다. 그렇게 되면 우리가 다리를 뻗고 돌아다닐 수 있는 공간이 충분히 생기니까 온종일 싸우지 않아도 될 거야."

이렇게 해서 땅이 생겨났다. 독수리같이 생긴 존재는 마침내 날갯짓을 멈출 수 있게 되었다. 그러나 땅을 만든 흙은 곧 건조해졌다. 디와따 막바바야는 머리가 열 달린 존재의 머리에서 끈적한 침이 떨어지길 간절히 바라게 되었다. "내가 너의 침을 조금 쓸 수 있게 해준다면, 땅을 더 아름답게 할 수 있단다"라고 제안했다. 머리 열 달린 존재는 우쭐해져서 미화 작업이라면 뭐든 참가해야겠다고 마음을 먹었다. 그래서 그는 동의하였고 디와따 막바바야는 침을 조금 가져다가 흙과 섞었다. 큰 비가 끊임없이 오자 물은 땅을 넘쳐흐르게 되었다. 비가 그치자 세 존재는 다양한 형태가 만들어진 걸 볼 수 있었다. 산과 언덕, 계곡, 평야, 협곡이 생겨났다. 물이 충분히 남아 시내와 강을 이루었고, 바다라는 큰 구멍으로 흘러 들어갔다. 풍성한 목초와 나무 꽃들이 땅 위에서 피어나고 땅 위를 덮었다. 땅은 참으로 아름답게 변했고, 세 존재는 이를 '할단 따 파라이소(Haldan ta Paraiso)'라고 불렀는데, 이는 천국의 정원이란 뜻이다.

최고의 계획자에게는 또 새로운 아이디어가 떠올랐다. "우리가 항상 여기 있을 수 없으니, 우리처럼 생긴 존재가 이 땅을 지키도록 하는 것이 어떤가?" 날개 달린 존재는 좋은 생각이라고 여겼고, 머리 열 달린 존재도 마지못해 받아들였다.

셋은 아름다운 정원을 산책하였다. 그리고 살이 될 흙을 조금 모으고, 또 피가 될 물을 모았다. 동맥과 정맥을 만들기 위해 등나무(rattan) 줄기를 조금, 뼈를 만들기 위해 부드러운 하얀 안달루궁(andalugung) 나무를 모았다. 셋은 형체를 만들려고 흙을 물로 적셨으나 그냥 부서져 버렸다.

디와따 막바바야는 머리 열 달린 존재와 그의 여러 입에서 떨어지는 끈끈한 침을 보았다. 그리고는 "모양을 잡게 침 좀 줄 수 없을까?"라고 물었다. 이 흥미로운 작업에서 소외될까 봐 머리 열 달린 존재는 흙에 자기 침을 조금 섞는 것을 허락했다.

이제 디와따 막바바야는 손을 엉덩이에 얹고 서서 머리 열 달린 존재에게 "너도 모양을 만들 수 있어. 그렇지만 내가 하는 것을 그대로 따라 해야 한다"라고 말했다. 머리 열 달린 존재는 썩 내키지 않았지만 시비 걸지 않았고, 화가 난 상태에서 시키는 대로 하였다.

머리 열 달린 존재는 한 개의 머리에 침을 흘리지 않는 형체를 7개나 만들었다. 세 신은 이걸 보고 기뻐했다. 디와따 막바바야는 형체들을 나란히 늘어 놓고, "잠시 가만히 나 둬"라고 다른 두 신에게 이야기했다. "내가 하늘로 올라가 이 형체들을 완벽하게 만들기 위해 필요한 것이 뭔지 생각할 테니."

하지만 최상의 계획자가 잠시 자리를 비우자 머리 열 달린 존재는 자기 식으로 형체를 완성하기로 맘먹었다. 그에게 몇 가지 생각이 떠올랐다. 디와따 막바바야가 반띵에서 내려다보니 7개 중 6개가 이미 움직이는 것을 보고 놀라 서둘러 내려왔다. "내가 어떻게 완성시킬지 생각하는 동안 만지지 말라고 말하지 않았어?"라고 말하며 머리 열 달린 존재를 꾸짖었다. "너 혼자 완벽하게 만들 수 있을지 어떻게 확신하지? 왜 너만이 창조할 수 있다고 생각하는 거야?"라고 머리 열 달린 존재가 대답했다. "나 혼자 못할지도 모르지. 그렇지만 여지껏 내 생각과 계획대로 하니까 땅을 만들 수 있지 않았냔 말야. 그리고 이 형체는 내 모양을 본떠 만들었잖아"라고 디와따 막바바야가 말했다. "그렇긴 해. 하지만 재료는 다 내 것이잖아. 너에게서 나온 것은 아무것도 없어. 그러니 나도 너처럼 내가 원하는 대로 할 권리가 있다구"라고 머리 열 달린 존재가 말했다.

모두 맞는 말이었기 때문에 두 신 모두 자기 주장을 굽히지 않았다. 날개를 가진 독수리를 닮은 존재는 언제나처럼 판단을 내리고 사태를 수습하는 역할을 해야 했다. 하지만 아무도 자기 생각을 접으려 하지 않았기 때문에 결투를 시킬 수밖에 없었다. 승자를 '가장 훌륭한 자'로 간주하고 그가 새 창조물을 어떻게 할지 결정하기로 했다.

둘은 칼을 꺼내 들고 결투를 시작했다. 양쪽 모두 최후의 일격을 가하듯 칼을 휘둘렀다. 칼날이 서로 부딪쳐 번개가 생겼다. 둘은 싸우면서 세상을 한 바퀴 돌고 나타났다. 날개 달린 존재는 휴전을 하고 상처를 치료할 것을 선포했다. 그러나 둘 다 긁힌 상처 하나 없었다. 그래서 결투는 계속되었다. 전투는 더 살벌하고 과격해졌다. 신들의 발이 땅에 닿을 때마다 커다란 천둥소리가 울렸다. 둘은 세상을 7바퀴 돌 정도로 빠르고 과격하게 싸웠다.

7번째 돌고 난 후에 세 신은 자신들의 몸이 성한지 보려고 할단 따 파라이소로 돌아왔다. 여전히 둘 다 긁힌 자국 하나 없었다. 그러나 이번에는 그들의 칼과 벨트에 달아 놓은 금속 칼집이 다 녹아 있었다. 두 신은 금속을 찾으러 몸을 낮춰 땅속으로 가라앉았다. 좋은 신이나 나쁜 신 그 누구도 이기지도 지지도 않았기 때문에 두 신은 평화적으로 사태를 매듭짓기로 했다. 디와따 막바바야는 "네가 이미 6개의 형체에 손을 댔으니 그것만 그냥 끝내도록 해라. 남은 한 형체는 내게 맡기고"라고 말했다. 그리하여 머리 열 달린 존재가 만든 6개의 형체는 인깐뚜스(incantus)라는 수호정령(guardian spirits)이 되었다. 이중 딸라북따(talabugta)에게는 농사

지을 흙을 돌보는 일이 부여되었다. 이바박숙(ibabagsuk)에게는 식물의 성장을 돌보는 일이, 불랄락카우(bulalakaw)에게는 물과 물에 사는 생명체를 보호하는 일이, 마메멜릭(mamemelig)에게는 숲을 지키는 일이, 랄라윅(lalawig)에게는 벌과 꿀을 지키는 특별한 임무가, 마마한디(mamahandi)에게는 부자가 획득한 소와 물소, 작물과 농장 주택, 무엇이든 지켜 주는 일이 맡겨졌다. 신들의 노력으로 만들어진 모든 생명체가 그렇듯이 인깐뚜스도 사람과 마찬가지로 선한 기질과 악한 기질을 둘 다 가지고 있다. 이들은 자연을 돌보고 결실을 맺도록 해준다. 그러나 기도의 형태로 감사와 존경을 표하고 돼지나 닭 같은 희생물을 바치길 기대한다. 이 여섯 존재는 쉽게 화를 내며 가뭄이나 홍수를 일으키거나, 자신에게 고마워하지 않는 사람, 또는 집을 짓거나 추수할 때, 고기의 첫 점을 자를 때 자신에게 허락을 구하지 않는 사람에게는 전염병이나 질병을 가져다준다.

디와따 막바바야 또한 자기 모습을 딴 형체를 완성했다. 이 형체를 특징짓기 위해 지능을 부여하였다. 그는 최초의 인간을 만든 것이다. 이 최초의 인간은 할단 따 파라이소의 관리를 맡게 되었다.

일곱 디와따(diwata)로부터 떨어진 작은 진흙조각들은 다른 생명체가 되었다. 여기서 일곱 디와따는 인간과 여섯 수호정령(인깐뚜스)를 말한다. 겨드랑이에서 떨어진 것은 새와 닭, 벌레, 기타 나는 생명체가 되고, 등에서 떨어져 나온 진흙은 등으로 져 날라야 하는 식량, 예를 들어 사슴, 멧돼지 같은 것이 되었다. 손가락 사이에서 떨어져 나온 조각은 손으로 잡아야 하는 물고기와 다른 물속 생물체가 되었다. 사타구니에서 떨어진 조각은 말이나 소, 물소 같이 올라타야 하는 동물이 되었다.

2) 최초의 인간

(1) 비사야(Visaya) 지방의 대나무에서 나온 인간[6] D

태초에 하늘과 바다만 있었다고 한다. 그리고 육식조(肉食鳥) 한 마리가 하늘과 바다 사이를 날아다니고 있었는데 쉴 곳을 찾지 못했다. 왜냐하면 하늘에도 바다에도 내려앉을 곳이 없었기 때문이다.

계속해서 나는 것에 지친 새는 하늘과 바다를 싸움 붙여야겠다고 생각했다. 위로 날아오르면서 새는 하늘에게 가서, 바다가 파도를 일으켜 널 가라앉히겠다는 말을 했다고 했다. 그러자 하늘이 만일 그렇게 한다면 가만히 있지 않을 것이라며, 바위와 섬들을 바다에게 집어던지겠다고 했다. 그렇게 하면 바다는 이걸 피해 돌아다녀야 하니 날 집어삼킬 높은 파도를 만들 공간이 없어질 거라고 했다.

새는 이 말을 즉시 바다에게 전했고, 바다는 몹시 화가 나서 힘 있고 단호한 태도로 파도를 높이 쳐올려 하늘을 겁주기 시작했다. 바다는 하늘이 거의 잠길 정도로 높이 치솟았다. 새는 바다를 떠나 하늘에게로 가 지금 바다가 하는 짓을 봤냐고 물었다. 마침 그때 바다는 기력을 더해 힘껏, 그 어느 때보다도 더 높이 솟아올랐다. 그러자 하늘이 더 이상 참지 못하고 아주 많은 돌과 섬들을 내던지니 이것들은 큰소리를 내며 바다 바닥에 닿았다. 이 무게 때문에 바다는 이전 수위로 잠잠해졌고 더 이상 높이 솟아오를 수 없었다.

새는 기뻐하며 길고 지친 비행에서 쉴 수 있는 작은 땅덩어리 위로 마

---

6) 1590년에 Boxer Codex가 수집한 이야기인데, 영어로 번역되어 *Carlos Quirino and Mauro Garcia* 편(1958)에 실린 것을 Demeterio et al.(1991) pp.48-49에서 소개한 내용이다.

침내 내려앉았다. 그런데 새가 쉬고 있는 동안 마디가 두 개 있는 대나무 토막 하나가 파도에 실려 해안가로 쓸려와 피곤한 새의 발에 거칠게 부딪혔다. 새는 이걸 피하려고 해안가를 따라 자리를 옮겼지만, 대나무는 다시 새가 있는 곳으로 쓸려와 발에 부딪쳤다. 화가 난 새는 달려들어 대나무 마디를 쪼기 시작했다. 쪼는 힘 때문에 대나무 조각은 갈라졌다. 그런데 어찌된 일인지 첫 번째 마디 안에서는 잠자고 있던 튼실한 갈색의 생명체가 모습을 나타냈다. 다른 마디에서는 부드러운 팔다리에 긴 머리카락을 가진 생명체가 걸어 나왔다. 그리고 두 사람은 광활하고 조용한 섬에 우뚝 섰다. 바로 최초의 남자와 여자가 세상에 나온 것이다.

남자의 이름은 실랄락(Silalak)으로 시카바이(Sikabay)가 이름인 여자에게 다가갔다.[7] 그리고는 우리가 결혼하여 아이들로 이 땅을 채워야 한다고 말하였다. 여자는 이러한 제안에 놀란 듯이 보였다. 우리는 같은 대나무에서 나왔으니 남매지간인데 어찌 결혼을 할 수 있느냐고 말했다. 만일 우리가 결혼한다면 마구아이(Maguay)와 말라오(Malaon) 신에게 벌을 받을 것이라고 했다.

남자는 여자에게 우리가 결혼하는 것은 괜찮으니 겁내지 말라고 하였다. 하지만 걱정된다면 바다에 사는 물고기에게 물어보자고 했다. 여자가 여기에 동의하자 둘은 바닷가로 가서 은빛 나는 참치 떼에게 물어보았다. 그러자 괜찮다며, 자기네도 남매간에 결혼하여 이렇게 떼를 이루게 되었으니 너희 여자와 남자도 그렇게 해야 하고 신들의 벌을 받을 일은 없을 것이라고 대답했다. 그러나 여자는 여전히 신들의 분노를 겁내

7) 그래서 '실랄락'으로부터 필리핀어가 된 따갈로그어(Tagalog)로 남자를 뜻하는 말인 '라라키(lalaki)'가 '시카바이'에서 여자를 뜻하는 '바바에(babae)'가 생겼다고 한다. 한편 이 최초의 남자와 여자는 따갈로그(Tagalog)어로 힘이 세다는 뜻인 '말라카스(Malakas)'와 아름답다는 뜻인 '마간다(Maganda)'로 소개되기도 한다.

며 결혼하려 들지 않았다. 그러자 남자는 아직도 확신이 들지 않는다면 이번에는 새들에게 물어보자고 하며, 서늘한 숲 속으로 들어가 나무에서 쉬고 있는 비둘기의 의견을 구했다. 비둘기도 물고기와 같은 대답을 했다. 남자와 여자는 결혼을 해서 아이를 낳아야 하는데, 자기네도 그렇게 하고 있으며 그렇게 땅 위에서 번식해야 신들이 실망하지 않는다고 답하였다.

그러나 여자는 여전히 신들을 겁내며 남자형제와 결혼하려 하지 않았다. 그녀는 아무래도 신에 속하는 존재에게 물어보고 승낙을 얻은 후에나 결혼할 수 있겠다고 말했다. 그래서 남자는 지진의 신인 리녹(Linok)에게 물어보기로 했다. 리녹은 그렇게 해도 문제가 없으며 이해할 수 있는 상황이라고 말했다. 아이들을 낳아 이 세상을 넓히기 위해서는 결혼하는 수밖에 없으며, 그렇게 해도 신들이 화를 내지는 않을 것이라고 말했다.

물고기도 새도 지진의 신인 리녹도 같은 말을 하였기 때문에 마침내 여자는 확신을 가질 수 있었다. 그리고 남자와 여자는 리녹의 주례로 결혼을 하고 행복하게 살았다고 한다.

그러다가 여자가 임신을 해서 남자 아이들과 여자 아이들을 많이 낳게 되었다. 하지만 이 아이들은 게을러서 하루 종일 먹고 자기만 했다. 아이들은 생계에 도움이 되는 일을 거의 하지 않았다. 드디어 부모는 아이들을 더 이상 부양할 수 없게 되었지만, 아이들은 일을 나가려고 하지 않았다. 부모는 화가 나서 아이들을 집 밖으로 내쫓기로 했다.

아버지가 굵은 막대를 들고 집으로 들어가 보니 아이들은 모두 놀거나 게으름을 부리고 있었다. 이 광경을 보고 이 집에서 당장 나가지 않으면 내가 너희 모두를 한 명 한 명 때려 줄 거라고 소리를 질렀다. 이 말을 들은 아이들은 겁에 질려 도망쳤고, 다시는 화난 아버지 얼굴을 보지 않게 되었다. 아이들 중 일부는 집 바깥으로 도망갔고, 일부는 침실로 갔으며,

일부는 거실에 웅크리고 있었다. 또 일부는 부엌으로 가서 안 씻은 솥과 굴뚝 안에 숨었다. 이리하여 침실로 간 아이들은 지도자층의 후손이 되었고 향후 존경받았다. 거실에 남아 있던 아이들은 자유롭지만 보수를 받지 않는 전사와 귀족층이 되었다. 집 밖 담벼락 뒤에 숨었던 아이들은 노예가 되었다. 부엌으로 가서 씻지 않은 솥 안에 숨었던 아이들은 (피부색이 검은) 네그리토(Negrito)의 조상이 되었다.[8] 아버지의 집을 떠나간 아이들은 돌아오지도 않았고 소식을 들을 수도 없었는데, 이들은 다른 민족의 조상이 되었다.

(2) 만다야(Mandaya)의 알에서 나온 인간[9] Ⓔ

태초에 인간이 세상에 있기 전, (비둘기의 일종인) 리모콘(limokon)은 매우 영향력이 있고 사람처럼 말을 할 수 있었다. 한 리모콘이 두 개의 알을 낳았는데, 하나는 마요(Mayo) 강 입구에 낳았고 다른 하나는 멀리 떨어진 강가에 낳았다. 시간이 흘러 이 알들이 부화하였는데, 강 입구의 알에서는 남자가 나왔고, 다른 알에서는 여자가 나왔다.

강 입구에서 혼자 오래 살고 있던 남자는 매우 외로웠고 동반자가 생기게 해 달라고 여러 번 기도했다. 어느 날 그가 강을 건너고 있는데 무언가가 떠내려 와 그의 다리를 휘감는 바람에 거의 익사할 뻔하였다. 건져 보니 머리카락이어서, 어디서 떠내려 온 것인지 알아보러 강을 거슬

---

8) 네그리토는 검은색 피부에 곱슬머리를 가지고 있어서 아프리카 흑인과 유사한 외모의 부족으로, 말레이 족보다 먼저 필리핀 지역으로 이주해 온 것으로 알려져 있다. 중부 루손 지역의 아에타(Aeta)가 대표적인 부족집단이다.

9) 만다야는 민다나오 남부의 동부 다바오 지역에 사는 부족. 신화의 내용은 *Mabel Cook Cole*(1916)에 실린 것으로 Demeterio et al.(1991) p.49에 소개된 것을 옮김.

러 가 보기로 했다. 강변 양쪽을 살피면서 강 상류로 올라가다가 한 여자를 발견하고는, 마침내 동반자를 찾게 되었다며 기뻐했다. 둘은 결혼해서 아이들을 낳았는데, 이들이 바로 마요 강변에 살고 있는 만다야 부족이다.

(3) 이푸가오(Ifugao) 최초의 인간, 신의 아이들[10] Ⓕ

하늘세계의 까비갓(Kabigat)과 그의 아내는 딸인 부간(Bugan)과 아들인 위간(Wigan)을 포함하여 여러 아이를 낳았다. 늦은 오전 중에 이들은 식사를 하고 베텔[11]을 씹고 있었다. 아버지는 "하늘에 있는 산에 가서 송로버섯을 캐 오너라"고 시켰다. 위간과 부간은 베텔을 싸서 마을가를 따라 길을 나섰고, 하늘의 산으로 가는 가파른 길을 올라갔다. 둘은 잠시 앉아 있었다. 찬 기운이 돌고 산들바람이 불자 둘은 베텔을 씹었다. 그러다가 위간이 "이렇게 너무 오래 있었네, 송로버섯을 따러 가자"고 말했다. 둘은 서둘러 갔다.

정오가 되자 하늘에서 아버지가 "비야 퍼부어라. 계곡을 채우고 아이들을 쓸고 내려가라"고 말했다. 비가 퍼붓기 시작했고, 남매인 부간과 위간은 마치 엉덩이로 물썰매를 타듯이 휩쓸려 내려가 강 상류 지역(또는

---

10) 이푸가오는 루손 섬 중북부 산악지대에 사는 부족으로 계단식 논과 머리사냥 관습으로 유명하다. 신화 내용은 *Roy Franklin Barton*(1946)에 실린 것으로 Demeterio et al.(1991) p.51에 소개된 것을 옮김.

11) 후추과에 속하는 넝쿨식물. 과거 동남아 지역에 널리 퍼져 있던 풍속 중 하나는 이 베텔 잎에 흔히 베텔넛이라 부르는 빈랑나무 열매와 석회가루를 말아 함께 씹는 것이었다. 이는 경미한 어지럼증과 함께 각성과 흥분 효과를 가져 오지만, 입 냄새를 없애 주고 살균 효과가 있어 구강 위생에 도움이 된다고 알려져 있다. 그러나 이빨을 빨갛게 물들이며 씹다 남은 잎은 침과 함께 뱉어 내기 때문에 보기 안 좋을 수 있다. 유럽의 식민 지배자들은 이 베텔 잎 씹기를 좋지 않은 풍속으로 보고 단속하여 오늘날 많은 지역에서는 소멸되었다.

지상)의 땅에 도착하였다. 둘은 "아이고! 아버지! 여긴 우리 집도 없는데! 아버지는 우리 보고 송로버섯을 따 오라 하고는 이렇게 떠내려 보내네" 라고 말했다.

밤이 되자 하늘세계의 아버지는 술과 그릇, 개, 닭, 돼지, 고양이, 쌀이 담긴 곳간을 하늘에 있던 집에 묶었다. 그리고 "집아, 강 상류 지역으로 내려가 그곳 평지에 다다라라"라고 말했다. 집은 강 상류 지역을 내려가 아이들이 오두막을 지어 놓은 곳까지 도착하였다. 아이들은 자고 있었다. 잠시 후 우두머리 수탉이 울기 시작했다. 남매는 나와 보았고, 위간은 "왜 여기 집이 있을까? 어제까진 아무것도 없었는데"라고 말했다. 남매는 집을 살펴보았고, 부간은 "이건 우리가 하늘세계에서 살던 집과 곳간이네"라고 말했다. 아침에 남매는 산책을 나섰다. 매일 둘은 근처 지역을 돌아다녔다. 다음날 위간은 사냥을 나가기로 하였다. 개는 사냥물을 질질 끌며 다녔고, 강 아래쪽까지 내려갔다. 개는 가지고 온 사냥바구니를 내려놓으면서 부간에게 "땅이 이렇게 평평한데 내가 어떻게 이 사냥감을 끌고 내려갈 수 있겠어?"라고 말했다. 위간은 강 아래로 내려와 강 입구를 돌로 막아 댐을 건설했다. 또 통나무로 댐을 보강하고 진흙으로 빈틈을 메워 놓고는 강 상류 지역으로 돌아갔다. 위간은 "집아! 산(아위띵안, Awitingan)에 닿을 만큼 높아져라"라고 말했다.[12] 셋째 날 남매는 높아진 집에서 강 상류 지역의 지면이 완전히 물로 덮이고 지상의 모든 것이 물에 잠긴 것을 보았다. 둘은 아위띵안 경사면으로 내려갔다. 위간은 강 아래 지역에 도착하자 댐을 부수었다. 산 경사면은 물이 치고 나간 자리가

12) 이푸가오는 물론이고 필리핀이나 동남아시아의 전통가옥은 땅의 습기와 해충을 피하기 위해 나무기둥을 세우고 집 바닥을 땅에서 떨어뜨려 기둥 위에 세우는 주상(柱上)가옥 형태를 띤다. 그래서 집 아래에 공간이 생기게 된다.

깎였다. 위간은 "이제 사냥감을 많이 잡을 수 있겠군. 산에 파인 곳이 생겼으니 돼지도 곧 피곤해질 테니까"라고 말했다.

늦은 아침에 그는 사냥을 나갔다. 멧돼지를 쉽게 잡을 수 있었다. 그는 강 상류 지역으로 가져와 밤에 먹었다. 먹은 곳을 깨끗이 치우고는 매일 잠을 자는 집 아래쪽 공간으로 갔다. 한밤중에 집 안으로 올라가 여자형제 옆에 누워 있다가 다시 집 아래로 내려왔다. 다음 날도 사냥을 나갔고 쉽게 사냥감을 잡아올 수 있었다.

밤에 돌아와 남매는 사냥감을 함께 먹었고, 위간은 집 아래로 잠을 자러 내려갔다. 그런데 부간이 이번에는 자신의 가슴과 배꼽에 석회를 발라 놓았다. 부간이 잠들자 위간은 다시 올라가 옆에 누워 있다가 집 아래로 돌아왔다. 아침에 부간은 위간에게 석회가 묻은 것을 보았다. 부간은 "밤에 올라온 사람이 바로 너였어?"라고 위간에게 물었다. "그래. 왜냐하면 여긴 우리가 결혼할 수 있는 사람이 여기에는 아무도 없잖아. 안 그러면 어떻게 사람 수를 늘릴 수 있겠어?"라고 답했다.

하늘에서 어버지와 어머니가 이들을 보았고, 까비갓은 "그렇게 해라. 그렇게 해야만 수를 늘릴 수 있을 테니까"라고 말했다. 그리하여 사람의 숫자는 점차 늘어났고 남매는 4명의 딸과 5명의 아들, 모두 9명을 낳았다.

3. 주요 모티프와 특징

여기 소개한 세상에 대한 창조신화 세 개와 최초의 인간에 대한 신화 세 개에서는 상당히 비슷한 모티프와 이야기의 전개구조가 발견된다.

필리핀 창조신화에 등장하는 모티프에서 나타나는 몇 가지 공통된 특징들은 자연환경과 인간, 기타 생명체, 혼령들에 대한 인식을 반영하며,

〈표 5-1〉 세상의 창조신화 구성 요소 비교

	빌라안Ⓐ	비사야 지방Ⓑ	부낏논Ⓒ
최초의 공간	하늘(구름 위)	하늘과 바다	공중의 원형 빛 공간
최초의 존재/신	멀루(좋은 신)와 따우 따나(나쁜 신)	깝딴(남성 신)과 마구아옌(여성 신)	최고의 계획하는 존재(좋은 신)와 머리 열 달린 존재(나쁜 신)
중새자			독수리같이 생긴 존재 (보호자이사 중새자)
갈등/문제 상황	큰 비	번개와 천둥, 파도	좁은 공간, 균형 유지를 위한 끊임없는 날갯짓
세상(땅)의 창조	멀루의 각질	두 신의 화합으로 하늘과 바다, 땅의 정령들이 하나가 됨	머리 열 달린 존재 소유의 흙과 침/ 큰 비가 형태 만듦
최초의 인간	멀루의 각질		흙, 등나무, 나무, 머리 열 달린 존재의 침
다른 인간들	최초 인간의 머리카락과 각질		여섯 정령과 인간의 신체 일부
기타		인간 이전에 바다 동물 존재	세상을 관장하는 여섯 정령이 인간과 함께 창조됨

〈표 5-2〉 최초의 인간신화 구성 요소 비교

	비사야 지방Ⓓ	만다야Ⓔ	이푸가오Ⓕ
최초의 공간	하늘과 바다	하늘	하늘
최초의 존재/신	하늘 신과 바다 신	(비둘기의 일종인) 리모콘	하늘의 신 까비갓과 아내
중재자	(독수리 같은) 육식조/ 물고기와 새(비둘기)/ 지진의 신		
갈등/문제 상황	육식조의 끊임없는 비행/ 근친상간	근친상간	부모 신의 뜻을 거스른 아이들/ 근친상간
세상의 창조	하늘 신과 바다 신의 싸움		큰 비
최초의 인간	대나무에서 나온 남매	리모콘의 두 알에서 나온 남매	하늘 신의 자녀 남매
다른 인간들	남매의 결혼으로 생긴 아이들	남매의 결혼으로 생긴 아이들	남매의 결혼으로 생긴 아이들
기타	다른 신분과 다른 부족, 다른 민족의 기원 설명	남매간이지만 남매간인지 알 수 없게 된 상황	최초 인간의 노력으로 만들어진 지형

사회문화적 제도의 특징과도 조응한다.

7,000여 개의 섬으로 이루어진 필리핀에서 최초의 공간은 하늘이거나 하늘과 바다이다. 땅은 원래 있던 곳이 아니라 어떻게 생겼는지 설명이 필요한 곳으로 등장한다. 비사야는 여러 섬으로 이루어진 지역인데, D에서는 이러한 섬들이 어떻게 생겼는지가 설명되고 있다. 반면 이푸가오는 깊은 협곡을 둔 산맥 지역인데, F에서는 어떻게 최초의 인간이 이렇게 높은 산과 깊은 계속을 살 만한 공간으로 만들었는지를 설명하고 있다.

한편 세상에 대한 창조는 신들의 계획과 의도라기보다는 우연한 행동의 결과처럼 보인다. 특히 A에서는 멀루의 청결에 대한 결벽증적 증상이 땅을 만들고, D에서는 쉴 곳이 필요한 새가 하늘과 바다를 이간질시킨 결과가 섬을 만들어 낸다. 비슷하게 '쉴 곳이 필요한 새'가 등장하는 C에서도 세상의 창조는 독수리 같은 존재의 욕구와 최고의 계획하는 존재의 아이디어, 그리고 머리 열 달린 존재의 자원이 합쳐진 결과이다.

물론 세상과 인간에 대한 창조를 주로 담당하는 창조신은 존재한다. 그러나 많은 경우 창조의 역할이나 과정 속에서 성격이나 역할이 서로 대비되는 다른 신들이 함께 등장한다. 두 신이 등장할 때는 흔히 좋은 신과 나쁜 신의 역할 대비가 나타나는데, 이때 나쁜 신은 본질적으로 악한 존재가 아니다. A처럼 좋은 의도를 가지고 있지만 결과가 좋지 못한 경우이거나, C처럼 성격이 좀 까칠해서 설득하기 힘든 경우이다. 한편 B처럼 두 신은 남녀로서 서로 대비되는 존재로 등장하기도 한다. 즉, 신들 간의 관계는 역할의 보완이나 성질의 대비 등으로 이해할 수 있다.

인간이 등장하기 이전에 가장 많이 등장하는 동물은 '새'이다. 이는 최초의 공간으로 하늘이 많이 등장하는 것과도 관련된다. C의 독수리 같은 존재처럼 새는 신의 위치로 그려지기도 한다. 필리핀의 자연환경을 고려한다면, 바다와 관련된 생물도 중요하게 다루어질 법한데, 다른 부족의 신화에서는, 예를 들어 민다나오 다바오 지역의 바고보(Bagobo) 부족에게서는 뱀장어와 왕게가 인간보다 먼저 창조된 것으로 나오기도 한다(Demetrio 1978: 50). 인간 이전에 등장하는 최초의 동물들은 일종의 토템으로 이해할 수 있을 것이다. 토템으로서 새의 위상을 가장 직접적으로 보여 주는 것은 E처럼 리모콘의 알에서 바로 인간이 탄생하는 것이다.

한편 신, 동물, 인간, 기타 정령들은 서로가 하나의 뿌리와 기원을 가지는 것으로 그려진다. A와 C처럼 신의 신체적 부산물이 세상을 구성하고 또 인간을 만들어 내며, E와 F처럼 토템 동물의 자녀나 하늘신의 자녀가 최초의 인간으로 등장하기도 한다. 특히 C에서 정령들, 인간, 동물들은 동일한 기원을 가지며 신성의 일부를 나누어 가진다. 이 모든 존재들은 좋은 점과 나쁜 점을 동시에 가지고 있다는 점에서도 기질적으로 유사한 것으로 그려진다.

이렇듯 필리핀의 창조신화에서 전반적으로 나타나는 특징은 우주 만물 모두, 즉 하늘과 땅, 바다, 바람, 산과 강, 동식물, 신, 정령, 인간 등 모두는 동일한 기원을 가지거나, 존재의 측면에서 볼 때 어떤 식으로든 서로 연결되어 있다는 점이다. 즉, 한 층위의 존재가 다른 층위 존재의 현존을 가능하게 하는데, 이는 위계관계이기도 하지만 연쇄관계로서 모든 존재는 서로 연결된다.

복수의 존재가 하나에서 나왔다는 점은 존재들의 '보완성(complementality)'을 강조하는 철학을 전달한다. 이 점은 B처럼 남녀 신의 결합이 세계를 하나로 만드는 계기로 나타난다. 사회제도와 관련하여서는 D, E, F처럼 최초의 인간은 남매지간이며, 이들 간의 결혼으로 세상의 다양한 많은 사람들이 생긴다는 점이 주목된다. 최초의 남녀가 남매간이라는 점은 두 성 간의 관계를 위계적이기보다는 보완적으로 인식하는 젠더 개념과 관련되며, 협력자로서의 부부관계로 전환된다. 실제로 동남아의 전통사회에서 젠더 관계는 남아시아나 동아시아 사회와 달리 남녀의 영역과 역할은 서로 구분되지만 상호 보완적 성격을 띠며, 상황에 따라 전환이 가능한 것으로 인식되었기 때문에 여성 인류학 연구자들의 관심을 끌어 왔다(Atkinson and Errington 1990). 이러한 젠더 개념은 혈통인식의 부재와 결합하여, 친족을 부모 양변으로 인식하는 양변 친족 관계나 6촌 정도로 상당히 좁게 적용되는 근친상간의 범위, 겹사돈 맺기에 우호적인 현 결혼 관습 등을 이해할 수 있는 문화적 배경이 된다(김민정 2002).

4. 맺음말

스페인 지배 이전 필리핀은 중앙집권화된 정치제도가 정착된 상황이 아니었기 때문에 스페인의 지배력이 미치지 않았던 부족의 신화에는 동남아시아의 토착문화가 더 잘 많이 반영되어 있으리라 기대해 볼 수 있다. 한편 신화는 현실과의 변증법적 관계 속에서만 살아남기 때문에 현존하는 신화 기록은 이미 장기간의 스페인 식민 지배와 이어지는 미국의 지배로 인해 기독교의 영향을 크게 받은 내용일 것으로 추측된다. 실제로 다양한 토착정령들의 개별성과 정체성은 기독교 문화권 사람들의 인식 범주에 맞추어 훼손되었고, 결과적으로 원래의 분류 체계나 위계관계를 통해 파악하기 힘들다. 또한 서양 기독교의 영향으로 인해 스페인어나 영어 번역시 토착어상으로는 성별이 분명하지 않은 '신적 존재'나 '최초의 인간'을 남성으로 전제하여 번역되었을 수도 있다. 최초의 인간인 남매간의 근친상간 행위를 설명하는 부분도 더 강조되거나 장황해졌을 가능성도 있다. 현재 기독교도가 된 필리핀 사람들에게 최초의 두 남녀는 (창조 과정과 남녀관계에 대한 인식구조가 완전히 다름에도 불구하고) 필리핀식 아담과 이브로 소개되곤 한다. C에 등장하는 '천국의 정원'은 기독교의 창조신화에 등장하는 에덴 동산의 영향을 받은 명칭으로 보인다.

하지만 이런 변형까지도 포함하여 현재까지 전달되고 있는 기록된 신화 내용은 현재 필리핀의 세계관과 종교관, 가족과 친족 및 인간관계에 대한 기본 인식을 더 깊이 있게 해준다. 우선 신을 위시하여 다양한 정령들과 인간, 동식물의 관계는 하나의 기원을 가지며 긴밀하게 연결되어 있다는 점이 주목된다. 필리핀 일상의 한 측면에서는 지금도 창조신화에서 나타난 신이나 정령과의 연결성이 무의식적으로 반복되어 실행되고 있기 때문이다. 곤란한 상황에서 필리핀 사람들이 흔하게 사용하는 감탄사인 '바할라 나(Bahala na)'에서 바할라는 하늘의 신 창조주 이름 중 하나인 바딸라(Bathala)에서 나온 것이다. 물론 이것의 가톨릭 버전으로 성가족 세 분의 이름을 모두 붙여 부르는 '지저스마리아요셉(JesusMaria Joseph)'도 많이 쓰인다. 또 농촌에서 한적한 숲길을 헤치고 지나가야 하거나 산길에 볼일을 봐야 할 때는 반드시 주변의 정령들에게 "지나가겠습니다"라거나 "죄송합니다"라고 소리 내어 말하지 않으면, 병에 걸린다는 믿음이 건재한 편이다. 백반을 숯불에 녹여 그 모양으로 점을 쳐서 질병의 발생 원인을 알아내는 따와스(tawas) 치료도 인간과 정령과의 긴밀한 관계를 전제로 한다. 앞서도 언급하였듯이 최초의 인간이 남매간이었다는 점은, 남녀의 차이를 상호 보완적 관계로 인식하며 부부관계는 파트너십으로 인식하는 동남아시아 전통 젠더 문화의 핵심을 뒷받침하고 있다.

신화는 그 자체가 인간의 관심을 끄는 이야깃거리이다. 나카자와가 지적하듯이 하이테크 시대에 신화는 문화산업 시장에서 내용 없는 형식으로만 부활하여 과잉 소비되고 있다(Nakazawa, 김옥희 역 2003: 205-207). 이에 신화를 통해 다른 문화를 이해해 보려는 노력은 세계화의 시대에 여러 측면에서 의미 있는 작업이 된다. 신화만이 전달할 수 있는 인류의 장구한 시간과 다양한 상상력의 세계를 통해 사회제도적 차이는 문화의 차이를 고려하는 숙성된 태도로, 그리고 비교적 관점에서 조망될 수 있다. 또한 오늘날 문화산업시장에 대거 투입되고 있는 맥락을 상실한 신화적 이미지들은 소비의 대상으로서가 아니라 인간의 심성과 역사를 이해하기 위한 자료로 우리의 관심을 끌 수 있기 때문이다.

■ 참고문헌

김민정, 2002, "필리핀 친족의 양변성과 '집단' 만들기," 비교문화연구 8(2): 3-36.

Nakazawa Shinichi, 김옥희 역, 2003, 『신화, 인류 최고의 철학』, 서울: 동아시아.

Atkinson, Jane M. and Shelly Errington, eds., 1990, *Power and Difference: Gender in Island Southeast Asia*, Stanford: Stanford University Press.

Demetrio, Francisco R., S. J., 1978, *Myths and Symbols: Philippines*, M. M.: National Book Store.

Demetrio F. R., S. J., G. Cordero-Fernando, and F. N. Zialcita, 1991, *The Soul Book: Introduction to Philippine Pagan Religion*, Q. C.: GCF Books.

National Commission of Indigenous People(NCIP) 웹사이트(www.ncip.gov.ph), 2009년 1월 3일 검색

■ 신화 출처 원전

Barton, Roy F., 1946, *The Religion of the Ifugaos*, Philadelphia: American Anthropological Association.

Cole, Mabel Cook, 1916, *Philippine Folk Tales*, Chicago: A. C. McClurg.

Pavon, Jose Maria, 1838(1957), "Stories of the Indios of the Island(1838～1839)," *Manuscripts of 1838～1839*, Chicago: Philippine Studies Program, University of the Chicago.

Quirino, Carlos and Mauro Garcia, eds., 1958, "The Manners, Customs and Beliefs of the Philippine Inhabitants of Long Ago: Being Chapters of a Late 16th Century Manila Manuscripts," *Philippine Journal of Science*. No.17, Manila.

Unabia, Carmen Ching, 1986, *The Bukidnon Batbatnopn and Pamubat: A Socio-Literary Study*, Vol. II, part I, pp.1-4. Narrated by Anastacio Saway; translated by C. C. Unabia and Danilo de la Mance.

6장

인도네시아 자바의 이슬람 개종신화 :

聖人 수난 깔리조고를 중심으로

김형준

김형준

호주국립대 철학박사(인류학)

현재 강원대학교 사회과학대학 문화인류학과 교수

1. 들어가는 말

역사적으로 인도네시아 자바인들은 인도와 중동에서 기원한 종교적 흐름을 지속적으로 수용해 왔다. 고대 국제 무역항로를 통해 전파된 힌두교와 불교를 차례로 받아들였던 자바인들은 이후 13~14세기를 거치면서 인도를 통해 도달한 이슬람을 수용했다(Drewes 1968: 457; Wertheim 1959: 198). 이러한 종교 접촉의 과정에서 기존 종교와 새로운 종교 사이에 심각한 갈등이 야기되었음을 보여 주는 자료는 존재하지 않는다(Jones,1979: 146-152). 새롭게 수입된 종교는 마치 기존 종교의 일부분인 것처럼 받아들여졌으며, 기존 종교는 새로운 종교에 의해 배제되지 않은 채 그 한 부분으로서 유지될 수 있었다.

신구(新舊) 종교의 공존으로 인해 자바인의 종교적 삶은 토착적 종교 전통, 힌두불교 전통, 이슬람 전통이 혼재되어 있는 혼합주의적(syncretic) 성격을 강하게 띠었다. 일상의례, 통과의례, 치병, 점성술, 우주론, 종말론 등과 같은 영역에서 토착적 성격의 초자연적 존재는 힌두불교 및 이슬람의 초자연적 존재와 조화를 이루며 공존하였다. 이를 보여 줄 전형적 사례는 자바인의 중심 의례인 끈두리(kendhuri)로서 이 의례에서 암송되는 기도문에는 대지와 물의 신, 대장장이 신과 같은 지역 신(神)뿐만 아니라 아담과 이브, 선지자 무함마드 그리고 힌두교의 여신이 동시에 등장하였다(Geertz 1960: 40; Jay 1969: 209).

자바 종교의 혼합주의적 성격은 신화, 설화, 민담과 같은 구비 전승에서도 보인다. 자바인의 대표적 신화는 힌두교의 라마야나(Ramayana)와 마하바라따(Mahabharata)에 기초하고 있지만, 그것이 시연되는 와양(wayang: 그림자극) 곳곳에는 토착적 종교 전통과 이슬람의 모티프가 포함되어 있다. 예를 들어, 스마르(Semar), 뻬뜨룩(Petruk)과 같은 토착적 기원의 신이 유디스띠로(Yudistira)와 아르주노(Arjuna) 같은 힌두 신과 함께 그림자극의 이야기를 이끌어 나가고 있으며, 이슬람의 신앙고백을 일컫는 깔리모소도(Kalimasada)는 유디스띠로의 가장 성스러운 무기 중의 하나로 수용되었다(Anderson 1965: 23; Hasyim 1974: 27).

혼합주의적 종교 전통은 불교 왕국으로부터 이슬람 왕국의 건국 과정을 신화적으로 서술하고 있는 『자바의 연대기(Babad Tanah Jawi)』에도 일관되게 나타나고 있다.[1] 이슬람으로의 개종 그리고 이슬람 聖人의 초자연적 활동이 개국 과정을 설명하는 주요 소재이지만, 이슬람 왕국과 불교 왕국 사이의 단절이 아닌 연속성이, 그리고 이슬람과 비이슬람식 전통 사이의 분리가 아닌 공존이 주요 모티프로 설정되어 있다. 따라서 마따람(Mataram) 왕국의 건국자인 세노빠띠(Senopati)는 자바 남쪽 바다의 수호여신인 니야이`로로 끼둘(Nyai Lara Kidul)과의 영적 결합, 이슬람 聖人의 가르침, 그리고 하늘로부터의 계시(wahyu)를 통해(Santoso 1970: 235-237) 새로운 왕국의 기틀을 확립할 수 있었다.

『자바의 연대기』는 마따람 왕국의 성립 과정을 신화적으로 재구성함으로써 그 정치적 정통성을 종교적으로 정당화시키고자 편찬되었기 때문에 역사서이기보다는 건국 신화로서의 성격을 강하게 띠고 있다. 이러

1) 『자바의 연대기』는 17세기에 작성되었다고 여겨지며, 몇 가지 버전이 존재한다. 이 글에서는 산또소(Santoso)의 번역본(1970)이 이용될 것이다.

한 이유로 인해 연대기의 마지막 부분이 세노빠띠의 행보를 다루고 있을지라도 연대기 전체를 통해 보다 많은 비중을 차지하고 있는 부분은 건국 이전의 상황, 특히 불교 왕국의 몰락, 이슬람으로의 개종 그리고 이슬람왕국의 형성 과정이다. 연대기에서 다루어지는 정치종교적 격변의 과정을 통해 트릭스터(trickster)로서의 역할을 가장 충실히 수행하고 있는 인물은 수난 깔리조고(Sunan Kalijaga)[2]이다. 그는 이슬람 대중회의 기틀을 다지고 이슬람 왕국 창설을 주도한 유일한 토착 무슬림 聖人으로 묘사되고 있다. 『자바의 연대기』의 신화적 성격, 그리고 그의 신비적 행적을 고려해 보면 그가 실존 인물이었는지의 여부는 불분명하다. 하지만 바로 이러한 이유로 인해 『자바의 연대기』에 기술되어 있는 그의 행적은 후대의 자바 무슬림에게 개종의 의미, 나아가 이슬람의 의미가 무엇인지를 표현할 열린 매체로서 기능할 수 있었으리라 생각된다.

이 글의 목적은 『자바의 연대기』에 제시되어 있는 수난 깔리조고의 개종과 관련된 신화적 서술을 소개하고, 그 내용과 의미를 혼합주의적 틀 내에서 분석하는 것이다. 이러한 분석에 기초하여 자바인의 전통적 종교생활을 특징지었던 혼합주의적 경향이 수난 깔리조고라는 인물을 통해 함축적으로 상징화되어 표출되고 있음이 제시될 것이다. 이 글의 결론 부분에서는 수난 깔리조고를 새로운 각도에서 조명하려는 최근의 움직임이 간략하게 검토될 것이다. 이를 통해 신화 속의 인물이 해석과 재해석을 가능케 하는 다의적 속성을 가진 상징임이, 나아가 신화가 고정불변의 인지구조나 무의식의 반영이 아닌 인간의 현세적 욕구와 시각을 표현하는 대상일 수 있음이 주장될 것이다.

2) 수난(sunan)은 수수후난(susuhunan)의 줄임말로서 '성스러운 존경의 대상'을 의미하며, 국왕과 聖人에 해당하는 종교지도자를 지칭하기 위해 이용된다(Ajidarma 2007: 162; Federspeil 1995: 248).

2. 9명의 聖人과 聖人 깔리조고

자바에서 이슬람 확산에 지대한 영향을 미친 인물은 '9명의 聖人(Wali Sanga)'[3)]이라고 일컬어진다. 이들 모두는 역사상 실존했던 인물로 믿어지며, 이들의 묘지는 성스러운 힘을 가져다주는 대상으로서 순례(ziarah)의 대상이 되어 왔다(Ajidarma 2007; Fox 1991). 하지만 이들에 대한 기록이 갖는 초자연적 성격을 고려해 보면, 이들을 둘러싼 다양한 신화적 서술이 후대 자바 이슬람에 의해 가공된 것으로서 이슬람에 대한 이후 세대의 시각을 반영하고 있는 것이라 평가될 수 있다.

9명의 聖人 중 수난 깔리조고는 특별한 위상을 차지하고 있다. 『자바의 연대기』기록에 따르면 그는 다른 聖人에 의해 '마지막 聖人(wali penutup)'으로 인정받았다. 이슬람의 선지자 중 무함마드(Muhammad)가 '마지막 선지자'로서의 지위를 가지고 있음을 고려하면, 이는 그가 자바 이슬람에서 聖人의 역할을 완성하는 임무를 부여받은 존재임을 시사한다.

수난 깔리조고의 독특한 위상은 혈통 상으로도 나타난다. 불충분한 기록으로 인해 9명의 聖人이 누구이며, 이들의 가족관계가 어떠한지를 보여 줄 정확한 사료는 존재하지 않지만,[4)] 수난 깔리조고를 제외한 다른 聖人 모두는 자바 외부, 특히 아랍에서 출생한 외부인과 혈연관계를 가지

3) 왈리(wali)는 아랍어로 '가까운 사람'을 의미하는 walī에서 그 기원을 찾을 수 있다(Federspeil 1995: 284).

4) 왈리의 수를 9명으로 규정한 것은 최근의 일로서 19세기 초반까지 그 수는 8명이었으며, 왈리에 포함되는 인물 역시 지역적 · 시기적 차이를 보였다. 19세기에 그르식(Gresik)에서 아랍인으로 추정되는 초기 이슬람 전파자의 묘지가 발견되었고, 이후 그 묘지의 주인공으로 추정된 말릭 이브라힘(Malik Ibrahim, Maulana Maghribi 라고도 불림)이 왈리 목록에 포함되었다(Fox 1991: 23-24).

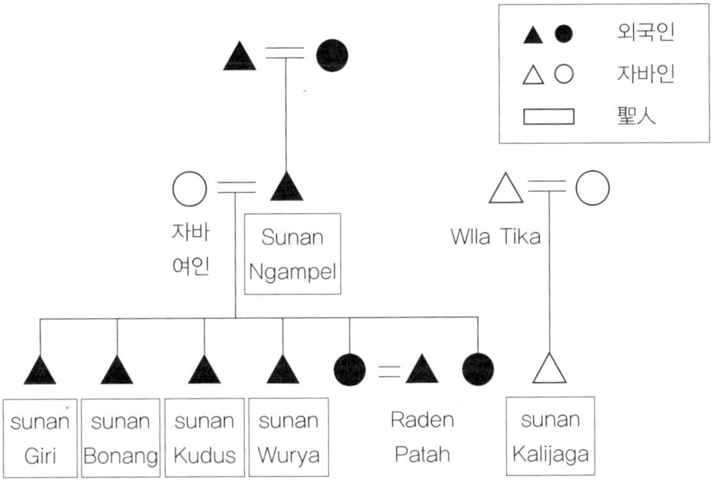

[그림 6-1] 『자바의 연대기』에 제시된 聖人 가계도*

* 인도네시아 자바에서 지배적으로 나타나는 양계출계 전통에 따라 부모 중 한 명이 외국인일 경우 그 자식은 외국인의 범주에 속하는 것으로 표시되었음(아래의 [그림 6-2]와 [그림 6-3]에도 동일한 원칙이 적용됨).

고 있는 것처럼 보인다.[5] 아래에서는 세 가지 자료를 토대로 聖人들 간의 친족관계를 살펴볼 것인데, 먼저 '자바의 연대기'에 제시되어 있는 내용을 살펴보면 다음과 같다.

[그림 6-1]에서 볼 수 있는 것처럼, 9명의 聖人 중 첫 세대에 속하는 수난 응암뻴(Sunan Ngampel)은 아랍 출신인 세이브라힘과 현재의 캄보디아로 추정되는 쯤빠(Cempa)국의 공주 사이에서 출생하였으며, 이후 자바

5) 수난 깔리조고가 아랍계 후손이라는 주장 역시 존재하지만, 이 경우에도 그의 부모가 아닌 5세대 위의 조부를 통해 연결되는 것으로 지적된다〔van den Berg, Hasyim(1974: 4)에서 재인용〕.

여인과 결혼하여 6명의 자녀를 출산한다. 이들 중 남자 4명은 聖人의 반열에 오르게 되며, 여자 아이 중 한 명이 수난 깔리조고와 결혼한다. 이 혼인을 통해 토착 자바인과 아랍에 기원을 둔 외부인과의 결합이 형성된다.[6)]

18세기 초반에 쓰인 『디뽀느고로 연대기(Babad Diponegara)』[7)]에는 '자바의 연대기』와는 상이한 가계도가 제시되어 있다(Budiman 1980; Fox 1991). 수난 암뻴(응암뻴)의 자식 중 聖人의 수가 4명에서 3명으로 축소되며, 수난 암뻴의 자식으로 『자바의 연대기』에 기술되어 있는 수난 기리(Sunan Giri)가 그의 조카로 전환되어 있다. 수난 깔리조고는 두 인척관계를 통해 아랍계 聖人 가족과 연결되는데, 그의 이모와 수난 암뻴의 혼인, 여동생과 수난 기리의 혼인이 그것이다. 이러한 차이에도 불구하고 수난 깔리조고가 聖人 중 토착인으로서의 정체성을 갖는 유일한 인물로 그려지고 있다는 사실은 『디뽀느고로 연대기』에도 일관되게 표현되어 있다.

과거의 문헌 기록을 기초로 하여 聖人의 가계를 재구성하려는 시도가 최근 여러 학자에 의해 시도되었는데, 지역적 수준에서 얻어진 구술 자

6) 『자바의 연대기』에는 [그림 6-1]에 제시된 聖人 이외에도 몇 명의 다른 聖人이 등장한다(Santoso 1970: 105-107). 수난 구능자띠(Gunung Jati), 수난 무리아(Murya), 세 시띠 즈나르(Seh Siti Jenar), 수난 빨렘방(Palembang)이 그들인데, 세 시띠 즈나르를 제외할 경우 이들은 그 이름만 간단하게 언급될 뿐 이들의 친족관계나 활동과 관련된 내용이 따로 제시되어 있지 않다. 수난 구능자띠와 수난 무리아는 다른 기록에서도 9명의 聖人에 포함되는 인물로 그려지고 있는 반면, 시띠 즈나르는 이단적인 종교관으로 인해 9명의 聖人에서 제외된 인물로 거론된다. 수난 빨렘방은 다른 기록에서는 찾을 수 없는 聖人이다.

7) 디뽀느고로는 마따람 왕국의 왕자로서 19세기 초 네덜란드 식민지 정부에 대항하여 반란을 일으킨 인물이다. 식민지 영향력 확대에 대한 토착지배세력의 저항 중 가장 큰 규모의 반란을 일으킴으로써, 그는 반(反)식민주의 운동의 선구자적 인물로 추앙되고 있다.

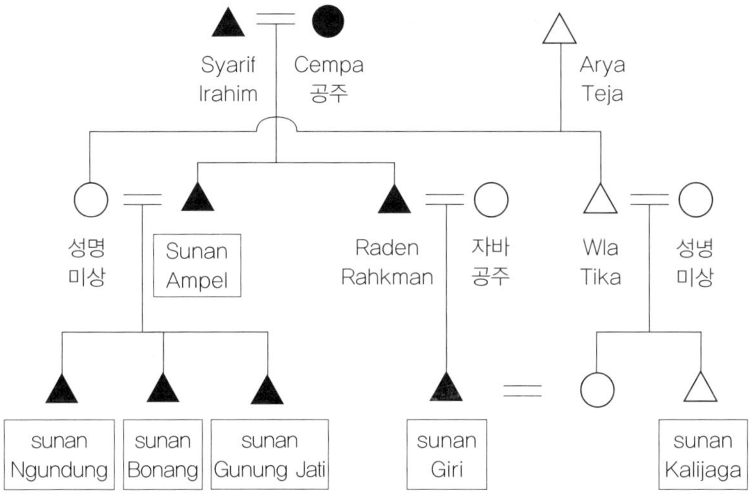

[그림 6-2] 『디뽀느고로 연대기』에 제시된 聖人 가계도

료 중 일부가 각자의 취향에 따라 선택적으로 포함되었다. [그림 6-3]에 제시된 자료 역시 이러한 시도를 반영하고 있는데(Ajidarma 2007), 앞의 두 연대기와 비교할 때 특이한 점은 聖人의 세대가 2세대에서 3세대로 확장되었다는 것이다. 수난 암뻴의 외손자인 수난 꾸두스(Sunan Kudus)와 수난 깔리조고의 아들인 수난 무리아(Sunan Muria)가 9명의 聖人으로서의 지위를 획득하고 있다. 하지만 이러한 변화가 유일한 토착 聖人으로서의 수난 깔리조고의 위상에 변동을 가져오지는 않는다. 수난 무리아가 아랍계 후손인 수난 암뻴의 딸을 어머니로 두고 있음으로 인해 토착인이 아닌 자바인과 아랍인 사이의 혼혈인으로 자리매김되고 있기 때문이다.

앞에서 살펴본 가계도에는 각기 6~7명의 聖人이 등장하고 있으며, 약간의 변이를 제외할 경우 유사한 패턴을 보인다. 즉, 모든 聖人이 수난 암

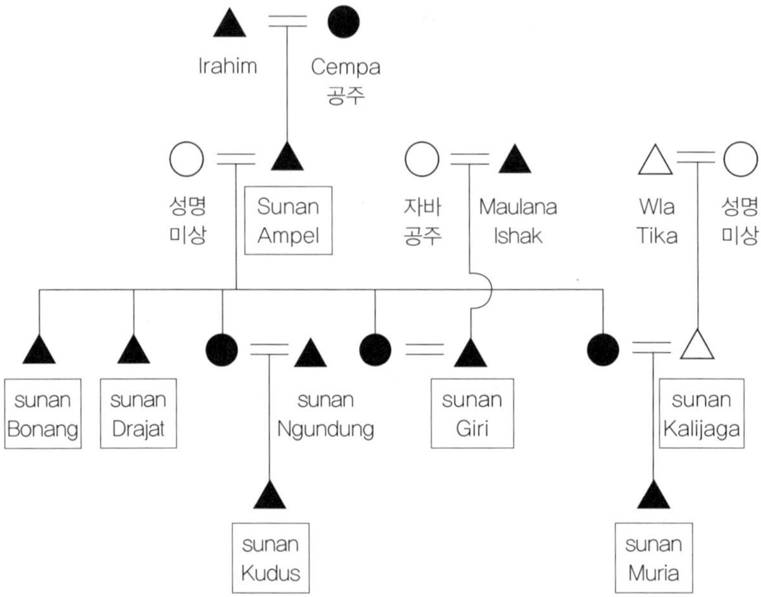

[그림 6-3] 재구성된 聖人 가계도 (Ajidarma 2007)

뻴의 가계를 중심으로 친인척관계를 형성하고 있다. 이 가계도에 등장하지 않는 聖人은 마울라나 말릭 이브라힘(Maulana Malik Ibrahim)과 수난 구눙자띠(Sunan Gunung Jati)이다. 전자의 경우 19세기 초반 그 묘비가 발견된 후 초기 이슬람 전파자로서의 지위를 획득하여 9명의 聖人에 포함되게 되었기 때문에(Fox 1991: 23-24), 기존의 친인척관계에 새롭게 편입되기에 어려움이 있었으리라 추정된다. 후자의 경우 다른 聖人의 주요 활동지인 동부 자바와 중부 자바가 아닌 서부 및 중부 자바의 접경지 찌르본(Cirebon)에서 활동한 聖人으로서([그림 6-4] 참조) 수난 암뻴 가계와 직접적인 관계를 맺기에는 지리적인 어려움이 있었으리라 추정된다. 두 명의 聖人과 관련된 기록에서 일관되게 제시되고 있는 점은 이들이 아랍계 혈통을 가지고 있다는 것으로서, 마울라나 말릭 이브라힘은 아랍 지역 출신자로(Ajidarma 2007: 12), 수난 구눙자띠는 이집트 왕국의 후손으로 기술되고 있다(Muhaimin 2006: 164-165). 이러한 사실은 수난 깔리조고만이 9명의 聖人 중 유일하게 아랍 지역과 혈연적 관계를 맺고 있지 않는 순수한 토착민임을 의미한다. 이는 '마지막 聖人'이라는 칭호와 함께 그가 자바의 토착적 이슬람을 대표하는 인물임을 상징적으로 표현한다.

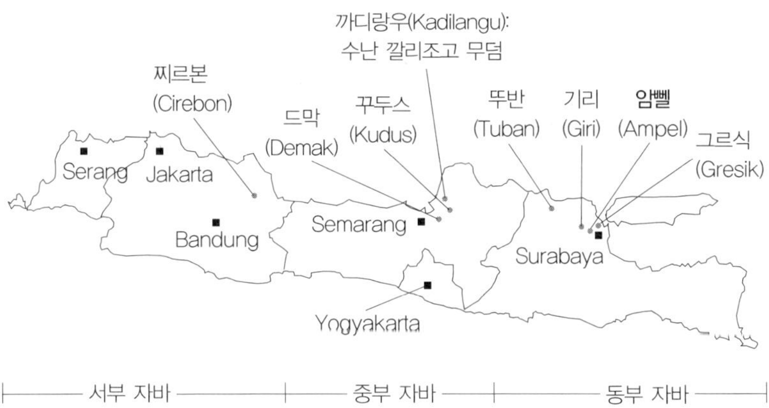

[그림 6-4] 聖人의 주요 활동 지역

3. 수난 깔리조고의 개종설화

사히드(수난 깔리조고의 원래 이름)는 불교 왕국인 마자빠힛의 영향력 아래에 있던 뚜반(Tuban: 자바 동부 해안가) 지역을 통치하는 통치자의 아들로 태어났다. 그는 결혼을 종용하는 아버지를 견디지 못해 집에서 뛰쳐나온 후 도박판에 빠지게 되며 돈을 계속 잃게 되자 강도짓을 하기로 마음먹는다. 도박에서 질 때마다 그가 숲에서 강도짓을 하게 되자 이 소문이 널리 퍼졌으며, 사람들이 그 숲을 회피해야 할 정도로 상황이 악화되었다. 이 소식을 듣게 된 수난 보낭(Sunan Bonang)은 사히드를 시험해 보고자 했는데, 『자바의 연대기』에 제시되어 있는 둘 사이의 대면 장면은 다음과 같이 전개된다(Santoso 1970: 75-76).

> 금요일 수난 보낭은 메카(Mecca)로 예배하기 위해 길을 떠났다. 그가 각종 보석으로 장식된 금으로 만든 지팡이를 가지고 숲 속에 들어가자 그것이 햇빛에 반사되어 반짝거렸다. 이를 본 사히드의 마음에선 '오늘 정말로 재수가 좋구나' 라는 생각이 떠올랐다. 그는 수난 보낭이 가까워지자 위협했다.
> "이봐, 아저씨, 지팡이가 정말 좋네. 내게 줘. 안 주면 빼앗아 버릴 거야. 저항한다면, 칼로 찔러 버릴 거야."
> 이에 수난 보낭이 답했다.
> "아! 왜 길가는 사람을 괴롭히는 거지. 나는 메카로 예배하러 가는 중인데. 만약 네가 속세의 물건만을 탐한다면, 이것을 갖도록 하지."
> 이렇게 말한 수난 보낭은 곧이어 옆에 서 있는 야자나무를 금과 온갖 보석으로 바꾸어 버렸다.
> "이것을 갖도록 해. 그 가치는 지팡이보다 훨씬 높으니까."
> 사히드는 혼란에 빠졌다. 알라의 의도에 의해 그는 자신이 수난 보낭에게 이미 패배했음을 느끼고 인식할 수 있었다. 그러자 수난 보낭의 가르침을 받고자 하는 욕망이 끓어 올랐다. 그는 수난 보낭을 쫓아갔고, 그들은 숲 중앙에 도착했다.
> 수난 보낭이 물었다.
> "이봐 젊은이, 네게 준 이 세상의 부가 여전히 충분하지 않나?"
> 사히드가 대답했다.
> "저는 더 이상 이 세상의 부를 원하지 않습니다. 저는 당신에게 배우고 싶고 당신처럼 되고 싶습니다."

수난 보낭이 물었다.

"정말로 배우고 싶은가? 매우 힘든데. (내가 가르쳐 줄 수 있는 것은) 물건의 형태가 아니고 신앙심과 충성심일 뿐이야. 너를 숲속 구덩이 속에 100일 동안 묻어 놓는다면 견딜 수 있겠나?"

사히드가 대답했다.

"죽더라도 괜찮습니다. 당신이 말씀하신 어떤 것도 따라할 것입니다."

수난 보낭은 숲속에 구덩이를 파고 산 채로 사히드를 묻었다. 이후 그는 메카로 떠났고, 눈 깜짝할 순간 그곳에 도착했다. 금요 예배를 마친 후 그는 집으로 돌아갔다. 오랜 시간이 지난 후, 수난 보낭은 사히드를 떠올릴 수 있었고 제자들에게 그를 구덩이에서 파내 데려오도록 했다. 의식을 잃고 있던 사히드에게 밥을 먹이자 그는 의식을 되찾을 수 있었다. 수난 보낭은 그를 자기 동생이라 칭하고, 자신의 여동생과 결혼시켰다. 이후 그는 세 말라야(Seh Malaya)라고 불리게 되었다.

이 설화 이후 『자비의 연대기』에 나타나 있는 수난 깔리조고가 무슬림으로 간주되고 있음을 통해 볼 때, 이 설화는 그의 개종 과정을 설명하는 것이다. 여기에 제시된 개종 과정의 특징은 단순함이다. 그는 이슬람 개종의 최소 조건으로 거론되는 신앙고백을 듣지도 행하지도 않은 채 개종을 하였으며, 말레이 지역에서 일반적으로 지적되는 개종의 조건들, 예를 들면 아랍어 이해, 예배 방식 습득, 할례(Jones 1979) 역시 그의 개종 과정에 드러나 있지 않다. 위 설화에서 수난 깔리조고의 개종을 가능하게 한 핵심적인 요인은 '알라의 의도'이다. 이는 수난 보낭의 기적을 통해 표출되었고, 이 기적이 그를 혼란에 빠뜨림과 동시에 가르침을 받고자 하는 욕망을 불러일으켰다. 그에게 작용했던 알라의 의도는 이후 독특한 방식으로 표현되었다. 즉, 수난 보낭의 가르침은 100일 동안 땅속에 묻힌 상태로 있으라는 것뿐이었다. 땅속에서 어떤 일이 전개되었는지에 대해서는 자세히 설명되어 있지 않으며, 단지 그가 의식을 잃은 상태에 놓여 있었음을 알 수 있다. 의식을 되찾게 되자 그의 종교적 위상은 완전히 전환되었다. 그는 수난 보낭의 형제로 인정되었고, 그 여동생과 결혼함으로써 聖人의 집합소라 할 수 있는 가계와 관계를 맺게 된다.

수난 깔리조고의 개종에 영향을 미친 두 요소, 즉 '알라의 의도'와 '땅속 수련(pasa ngluweng)' 중 전자는 그 종교적 정체성이 명확한 반면, 후자는 그렇지 않다. 이슬람의 신비주의인 수피즘(Sufism)에서 금욕적이고 신비주의적인 수련이 강조되어 왔던 점은 사실이지만, 땅속 수련의 전통을 찾아보기는 쉽지 않다. 이와 달리 토착적 자바 전통에서 '땅속 수련'은 초자연적 힘을 축적하는 효과적인 방법으로 이용되어 왔다(Kim 2007: 145). 이러한 사실은 수난 깔리조고의 개종 과정에 이슬람적 요소뿐만 아니라 토착적 종교 요소가 혼합되어 공존하고 있음을 보여 준다. 나아가 '알라의 의도'보다 '땅속 수련'이 신비적 힘을 축적하는 보다 구체적이고 가시적인 행위임을 고려해 보면, 이슬람식 요소보다 토착적 요소에 더 많은 무게가 주어져 있다는 해석 역시 가능하다.

4. 개종 이후의 수난 깔리조고

개종 설화에 제시되어 있는 혼합주의적 특성은 수난 깔리조고의 이후 행적을 통해서도 지속적으로 표출된다. 그는 일련의 사건을 통해 '마지막 聖人', 그리고 '자바의 이맘(imam)'으로서의 지위를 얻게 되며, 마따람 왕국의 건국 과정에서 예언자와 조력자로서의 역할을 수행하게 된다. 개종 이후 그의 행적을 처음으로 다루고 있는 『자바의 연대기』의 설화를 요약하면 다음과 같다(Santoso 1970: 95-97).

금욕적 수련(tapa)을 하던 세 말라야(Seh Malaya: 사히드에서 개명한 이름)는 자바의 남쪽 해안에서 북쪽 해안 도시 찌르본(Cirebon)으로 이동하였다. 휴식을 위해 그가 옷을 벗고 잠에 빠지자 그의 성기가 커다랗게 발기되었고, 이 소문은 그 지역 통치자에게까지 이르렀다. 그는 네 명의 여성을 보내 며칠 밤에 걸쳐 세 말라야를 유혹했지만 성공하지 못했고, 오히려 그의 성기는 마른 고추처럼 쭐어들었다. 이후 세 말라야는 8일 동안 계속해서 잠을 잤다. 이러한 사실을 통해 그가 聖人임을 인식하게 된 지역 통치자는 그를 찌르본에 잡아 두려 했지만, 그는 순례(hajj)를 떠난다는 말을 남긴 채 그곳을 떠났다. 메카로 가던 길에서 그는 아랍 사람인 세 마울라나 마그리비(Seh Maulana Maghribi)를 만났다. 마그리비는 그에게 메카 방문의 무의미함을 지적하며 다음과 같이 훈계했다.

"…뭐 하러 메카에 가나?…메카는 진실한 카바(kabah)가 아니야. 메카는 단지 돌의 형상을 한 모조품일 뿐이야. …최고의 (신비주의적) 지식을 얻고자 하는 사람에게 있어 메카를 좇는다는 것은 '향 숙스모(Hyang Suksma)'를 좇는다는 것과 같지. '향 숙스모'는 이미 네 안에 존재하지. 전지전능한 신은 이미 네게 있는데, 예를 들면, 거울을 볼 때 두 명의 사람이 나타나는 것과 마찬가지로. 하지만 실제로는 한 명만 있잖아, 나머지 한 명은 그림자일 뿐이야."

이어 마그리비는 그가 '마지막 聖人'이며 자신과 (신비적 깨달음의) 수준이 동일함을 지적했고, 강가로 가서 100일 동안 금욕적 수련을 행하도록 제안했다. 세 말라야는 강가에서 금욕적 수련을 시작했는데, 주변의 나무가 그의 신체를 덮어서 보호해 주었다. 한참의 시간이 지난 후 수난 보낭이 강가에서 '자고 있던' 세 말라야를 발견해서 깨웠다. 수난 보낭으로부터 수난 깔리조고[8]라는 이름을 새롭게 부여받은 그는 그곳으로 가족을 데려와 거주하게 되었다.

위 설화에서 깨달음을 얻은 聖人으로서의 수난 깔리조고의 위상은 성

8) 자바어로 깔리(kali)는 '강'이나 '시내'를, 조고(jaga)는 '지키다'라는 동사의 뜻을 갖기 때문에 깔리조고는 '강을 지킴' 혹은 '강을 지키는 사람'이라는 의미를 가질 수 있다.

적(性的) 메타포를 통해 표현된다. 잠을 자는 동안 그의 성기가 계속 발기되어 있었는데, 여성의 유혹 속에서 평정심을 유지할 수 있었다는 사실은 일반인의 수준을 뛰어넘은 그의 신비적 성취도를 보여 준다. 주목할 점은 성적 메타포를 통한 신비적 성취도의 표현이 수피즘이 아닌 힌두교에서 보다 명확하게 나타난다는 점이다(스가누마 아키라 1994: 107-111). 이는 위 설화에 힌두적 요소와 이슬람적 요소가 서로 조화롭게 공존하고 있음을 시사한다.

수난 깔리조고와 아랍인과의 만남 역시 이슬람 해석과 관련되어 함축적인 의미를 포함하고 있다. 무슬림의 5대 의무 중 하나인 메카로의 순례길을 막아선 마그리비는 경전 중심적(scriptural) 혹은 호지슨(Hodgson)의 표현을 빌리면(1974) 율법 중심적(Shariah-minded) 종교 해석을 거부하고 수피즘적인 해석을 전수했다. 그의 가르침에 따르면 인간은 신과 분리된 존재가 아니며 인간의 마음을 통해 신에 접근하는 것이 가능하다. 이러한 교리 해석 과정에서 흥미로운 점은 그가 절대자인 신을 지칭하기 위해 이용한 용어가 알라가 아닌 '향 숙스모(Hyang Suksma)'라는 점이다. '향'은 전통 자바에서 신을 가리키는 용어로, '숙스모'는 삶을 의미하는 용어로, '향 숙스모'는 절대자를 지칭한다(Supatmo 1943: 3). 따라서 이러한 용어의 사용은 이슬람으로의 개종 이후 알라가 토착적 혹은 힌두불교적 신을 대체하기보다는 그것을 이용하는 경향을 띠었음을 시사한다.

새로운 가르침을 얻고 금욕적 수련을 하던 세 말라야는 수난 보낭에 의해 수난 깔리조고라는 새로운 이름을 부여받음으로써 聖人으로서의 완전한 지위를 인정받게 된다. 『자바의 연대기』에 제시된 이후의 설화에서 그는 聖人의 회합에 참석하게 되는데, 여기에서 그는 수난 보낭으로부터 다른 가르침을 받게 된다(Santoso 1970: 99-101).

수난 보낭이 수난 깔리조고와 함께 호수로 가서 배에 올라탔다. 배에 물이 새자 그는 진흙으로 구멍을 덮은 후 호수 한가운데로 갔고, 수난 깔리조고에게 수수께끼 같은 질문을 던졌다.

질문: "불타고 있는 횃불이 있다. 불이 꺼지면 그 불은 어디로 가나?"

답: "빛이 없는 횃불 쪽으로 갑니다."

수난 보낭은 그의 대답이 올바른 것임을 지적하였다. 이어 그는 이 이야기를 듣고 그 의미를 이해하게 될 경우 이교도라 할지라도 완전한 인간이 될 수 있기에 다른 사람에게 알려지지 않도록 조심할 것을 수난 깔리조고에게 부탁했다.

그런데 물이 새는 곳에 붙였던 진흙 속에 있던 벌레가 두 聖人의 이야기를 듣고 그 의미를 이해하게 되어 사람으로 변했다. 이를 하늘의 뜻으로 받아들인 수난 보낭은 사람으로 변한 벌레에서 세 르마아방(Seh Lemah Abang)이라는 이름을 붙여 주었다. 이어서 수난 보낭은 수난 깔리조고의 이전 경험이 갖는 의미가 무엇인지를 밝혀 주었다. 강가에서의 금욕적 수련을 통해 수난 깔리조고는 신에 의해 영생을 부여받게 되었다고 했다. 聖人 중 이런 수준에 도달한 사람이 없음을 지적한 그는 파격적인 제안을 했다. 즉, 자신에게 가르침을 달라는 것이다. 이 요청을 수락한 수난 깔리조고는 다음과 같이 이야기했다.

"마음속으로 주저하지 마라."

이후 두 聖人은 서로를 부둥켜안고 집중을 했고, 순식간에 메카에 도착할 수 있었다.

이 설화의 주요 모티프는 수난 보낭과 수난 깔리조고의 지위상의 치환이다. 이야기의 초반부에서 수난 보낭은 가르침을 주는 쪽이었으나, 후반부에는 수난 깔리조고로부터 가르침을 받는 쪽으로 그 위상이 변화된다. 이전에 살펴본 설화에서 그가 수난 깔리조고의 개종에 핵심적인 역할을 했으며, 그 이름을 부여한 인물이었음을 고려해 보면, 이 설화는 '마지막

聖人'으로서의 지위가 확실하게 인정되었음을 시사한다.

수난 보낭은 수난 깔리조고에게 가르침을 주기 위해 호수로 갔다. 하지만 둘 사이의 상호 작용은 일방적 가르침이 아닌 문답 형식이었고, 수난 깔리조고는 수난 보낭의 가르침 없이도 올바른 답변을 제시할 수 있었다. 수난 보낭의 지적처럼 그 이유는 그가 금욕적 수련을 통해 깨달음을 얻었기 때문이었다. 금욕적 수련 그리고 선(禪)문답식 대화는 수피즘뿐만 아니라 힌두불교적 전통에서도 중요한 전통이었다. 따라서 이 설화는 이슬람으로의 개종이 이전 종교전통과의 단절이 아닌 연속선상에서 이해되고 있음을, 그리고 두 전통의 차이가 종교적 의문의 대상으로 자리 잡지 않았음을 함축적으로 보여 주고 있다.[9)]

이후의 설화에서 수난 깔리조고는 수난 보낭뿐만 아니라 다른 聖人 모두로부터 신에 의해 선택된 완전한 인간으로 인정받게 된다. 이는 북부 자바 드막(Demak) 지역에 모스크를 건축하기 위해 모였던 聖人들 사이에서 방생했던 사건을 통해 드러난다. 모스크 건축이 끝나고 끼블랏(kiblat: 예배의 방향, 즉 메카를 의미)을 정하는 문제를 놓고 聖人들이 논란을 벌일 때, 수난 깔리조고가 다음과 같은 해결책을 제시했다(Santoso 1970: 105-8).

> 수난 깔리조고가 일어서더니 남쪽을 향해 섰다. 그리고는 오른손으로 메

9) 앞의 설화에 제시된 수수께끼의 소재가 횃불의 꺼짐이라는 점 역시 두 종교 전통의 혼합을 보여 주는 사례로 해석될 수 있다. 불교에서 거론되는 열반은 산스크리트어 니르바나(nirvana)를 음역한 것인데, 니르바나의 원래 뜻은 '(촛불을) 불어서 끄는 것'이다(브리태니커백과사전). 횃불의 꺼짐이 열반과 관련된 불교적 가르침에 기초하고 있는지의 여부는 명확하게 밝혀질 수 없지만, 둘 사이의 표면적 유사성은 수난 보낭에 의해 이교도조차 완전한 인간으로 만들 수 있다고 규정된 가르침이 불교 전통과 연결될 수 있다는 추론을 가능하게 한다.

카 모스크의 꼭대기를, 왼손으로 드막 모스크의 꼭대기를 잡은 후 그것을 잡아끌어서 서로 마주 보도록 했다. 이를 보고 놀란 다른 聖人 모두가 올바른 끼블랏의 방향에 대해 동의를 표하자 그는 양손을 풀어 모스크를 원래 자리로 되돌려 놓았다. 끼블랏이 정해진 후 聖人들이 모여 예배를 드렸는데, 수난 보낭이 이맘(imam)을, 수난 기리가 강연(khotbah)을, 수난 깔리조고와 나머지 聖人들이 예배시간을 알리는 독경(adzan)을 했다. 예배 후 함께 기도(dzikir: 알라의 이름을 반복하여 부르며 행하는 기도)를 하고 있을 때, 수난 보낭이 염소가죽으로 포장된 꾸러미가 있음을 발견했고, 그 안에서 세 가지 물건을 찾을 수 있었다: 안뜨라꾸수모(Antrakusuma)라는 이름의 겉옷, 천국에서 온 잎사귀, 수난 깔리조고 앞으로 온 무함마드의 편지. 수난 보낭은 무함마드의 편지가 수난 깔리조고 앞으로 되어 있는 것을 보고 꾸러미 속의 물건 모두를 그에게 주었다. 그가 옷을 입자 빛을 발하기 시작했고, 그는 다른 聖人에게 그 옷 색깔을 맞추어 보도록 요청했다. 하지만 옷 색깔이 계속 변했기 때문에 아무도 대답할 수 없었다. 수난 보낭은 꾸러미를 포장하는데 사용된 염소가죽으로 옷을 만들어도 되는지 그에게 물었고, 그의 허락하에 안뜨라꾸수모와 동일한 모양의 옷을 만들었다. 모든 聖人이 새로 만든 옷을 돌아가며 입어 보았지만 몸에 맞는 사람이 없었다. 이에 수난 보낭은 다음과 같이 말했다.

"됐다. 이미 정해진 것을 변화시킬 수는 없다. 이 옷은 수난 깔리조고의 것이며, 그는 자바의 이맘이 되도록 이미 선택되었다."

그러고 나서 聖人 모두는 각자의 지역으로 돌아갔다.

이 설화는 수난 깔리조고가 9명의 聖人 중 신에 의해 선택된 최고의 聖人임이 공인되는 과정을 제시하고 있다. 이는 그에게 '자바의 이맘'이라는 지위가 부여됨으로써 표현되는데, 모스크 건립 후 공동 예배에서 이맘의 역할을 수난 보낭이 했던 것과 비교해 보면, 그의 변화된 지위를 확인할 수 있다. 그의 지위 변화를 과정별로 구분해 보면 세 단계로 나뉠 수 있다.

첫 번째 단계에서는 강력한 초자연적 힘의 표출이 일어났다. 끼블랏을 둘러싸고 聖人들이 논란을 벌일 때 그가 양손을 펼쳐 그 정확한 위치를 밝혔는데, 이는 다른 聖人을 놀라게 만들 정도의 강력한 초자연적 능력의 표현이었다. 두 번째 단계에서는 꾸러미가 중요한 역할을 하는데, 선지자 무함마드로부터 수난 깔리조고에게로 보내진 편지는 그가 신에 의해 선택된 인물임을 명백히 했다. 세 번째 단계는 옷과 관련된다. 다른 聖人들은 수난 깔리조고가 입은 안뜨라꾸수모의 색깔을 알아낼 수 없었을 뿐만 아니라 이들 중 누구도 그 옷을 입을 수 없었다.

이전에 제시된 설화와 비교할 때 이 설화에는 이슬람의 모티프가 강하게 표현되어 있다. 사건의 전개 장소인 모스크, 聖人들의 예배, 예배와 관련되어 등장한 '이맘', '꼬뜨바', '아단'과 같은 아랍어 어휘, 무함마드의 편지 등은 이전 설화의 소재와는 달리 명백히 이슬람과 관련된 것이다. 특히 흥미로운 점은 끼블랏을 둘러싼 논란이다. 수난 깔리조고의 초자연적 행보로 인해 논란 자체는 쉽게 해결되었는데, 이 사건은 이전 설화에서 찾아볼 수 없는 종교적 의미를 내포하고 있다. 즉, 정확한 끼블랏을 찾고자 하는 시도는 『자바의 연대기』를 통해서 두드러지게 나타나고 있는 수피즘적 경향이 아닌 경전 중심적(scriptural) 경향을 대변하고 있다. 이전 설화에서 세 마그리비가 메카를 단순한 돌로 치부했던 내용과 비교할 때 끼블랏을 둘러싼 聖人들의 논란은 개종 초기 수피즘에 대한 강한 편향이 존재했을지라도 경전 중심적 경향 역시 이슬람의 한 요소로 수용되어 있었음을 시사한다.

이슬람의 모티프가 이야기를 관통하고 있음에도 불구하고 힌두불교적 요소 역시 이 설화에 포함되어 있다. 안뜨라꾸수모가 그것인데, 이 옷은 마하바라타의 주요 등장인물인 가뚣꼬쪼(Gathutkaca)의 3대 신물(神物)

중 하나이다. 수난 깔리조고에게 전해진 3가지 선물 중 하나가 마하바라타에 등장하는 신물이라는 점, 그리고 이 옷을 입을 수 있는 사람이 단지 수난 깔리조고라는 점이 밝혀진 후 그가 '자바의 이맘'으로 규정된 점은 새로운 종교적 환경 속에 남아 있는 이전 종교의 영향력과 자바인의 종교적 삶에서 나타나는 혼합주의적 특성을 이해할 수 있도록 한다.

5. 맺음말

이슬람으로의 개종 후 수백 년 동안 계승된 민간전승에서 수난 깔리조고는 9명의 聖人 중 독보적인 지위를 확보하였고, 이 과정에서 그를 둘러싼 신화적 이야기는 각 시대의 요구에 부흥하는 방식으로 재생산되었다. 20세기 중반까지 수난 깔리조고에 대한 혼합주의적 해석은 큰 변화 없이 지속되었던 것처럼 보인다. 하지만 이 시기 이후, 특히 이슬람 부흥의 전조가 나타나기 시작했던 1970년대부터 상이한 방식으로 그를 이해하고자 하는 대안적 해석 틀이 대두했다. 1980년대 이후 경전 중심적, 율법 중심적 종교 해석과 실천을 중시하는 경향이 주도적 종교 흐름으로 자리잡게 됨에 따라(김형준 1999a: 109-115) 새로운 해석 틀은 대중에게 널리 확산되었으며, 그를 바라보는 주도적 해석 틀로서의 위상을 공고히 했다. 새로운 해석 틀은 그의 설화에 내포된 혼합주의적 요소를 배제 혹은 재해석하고 이슬람식 요소를 첨가함으로써 정통 이슬람의 특성을 부각시키려 했다.

새로운 해석 틀에 따르면, 설화에 나타난 토착종교 및 힌두불교 전통은 수난 깔리조고에 의해 의도적으로 이용된 것이었다. 즉, 이슬람을 보다 용이하게 전파하기 위해 그가 비이슬람 전통을 적극적으로 수용하였고 이러한 이유로 인해 이전의 종교 전통이 배제되지 않은 채 이슬람과 공존할 수 있었다는 것이다.

보다 적극적인 방식으로 자신들의 종교적 지향을 수난 깔리조고에 투영시키고자 하는 무슬림들은 이슬람의 요소를 설화의 일부에 포함시키고자 노력했다. 이들에 의해 수난 깔리조고라는 이름은 자바어 Kalijaga가 아닌 아랍어 Qodli Zaka(성스러운 이슬람 재판관)로, 수난 깔리조고를 만날 때 수난 보낭이 지니고 있던 물건은 금으로 만든 지팡이가 아닌 금빛 묵주(tasbih)로, 수난 깔리조고의 의식을 되찾게 하기 위해 이용된 물건은 밥이 아닌 아단(adzan: 예배를 알리는 독경)으로 전환되었다(Hasyim 1974: 1 & 61). 또한 세 말라야라는 그의 이름은 곳곳을 유람하면서 이슬람을 전파하라는 의미를 갖는 것으로, 그리고 그의 정신적 수련은 자바어 표현 또뽀(tapa)가 아닌 아랍어 표현 따파꾸르(tafakur)로 변화되었다(Ajidarma 2007: 128). 수난 보낭으로부터 구체적인 이슬람의 가르침을 받지 않은 것처럼 묘사되어 있는 『자바의 연대기』와 달리 새로운 해석 틀 속의 수난 깔리조고는 수난 보낭으로부터 율법을 배웠고(Hasyim 1974: 64) 이슬람을 전파하기 위한 목적으로 그림자극과 같은 이전의 종교적 전통을 변용하여 유행시킨 聖人으로 변신한다(Poespaningrat 2005: 8). 聖人 이전의 그의 이력이 도둑이었다는 사실을 수용할 수 없던 무슬림들은 그가 어렸을 때부터 이슬람을 공부했고, 불쌍한 사람을 돕고자 하는 목적으로 부자에게서 재물을 빼앗아 가난한 사람에게 나누어 주었다는 설명을 제시한다(Ajidarma 2007: 127).

새로운 해석을 통해 수난 깔리조고는 최근의 이슬람 부흥 과정에서 강조된 '이상적 무슬림'의 모습으로 거듭나게 된다. 그는 신으로부터 선택된 특별한 존재임에도 불구하고 예배드리는 것을 소홀히 하지 않았고(Hasyim 1974: 64), 종교적 의무를 충족시키면서도 동시에 내적 성찰을 위한 노력을 경주했으며, 올바른 종교적 삶을 살아가지 않는 사람에 대한 관용적 태도뿐만 아니라 동시에 이들을 올바른 길로 인도할 최적의 방식을 찾아낼 현명함을 갖추고 있는 이슬람 聖人이었다.

수난 깔리조고의 설화를 재해석하려는 최근의 시도는 이슬람을 삶 속에서 실천하고자 하는 무슬림의 노력이 반영된 것이다. 이들은 자신의 종교관에 부합하는 방식으로 수난 깔리조고를 이해하고자 했고, 이 과정을 통해 그를 둘러싸고 있던 토착적, 힌두불교적 전통은 주변화되었다.[10)] 이러한 시도는 신화와 설화를 포함한 민간전승을 이해하기 위한 흥미로운 자료를 제공해 준다. 레비-스트로스를 비롯한 일군의 학자들이 신화 속에서 인간의 보편적 특성을 찾으려 노력했다면, 자바에서 일어난 최근의 시도는 신화 속에서 역사적 특수성과 현재성을 찾아보는 작업이 가능함을 보여 준다. 민간전승이 일상적 삶의 일부분으로서 열린 해석의 대상이라면 그 맥락적 특수성을 찾는 작업은 보편성을 추구하는 작업보다 더욱 중요한 의미를 가질 수 있다. 이러한 작업을 통해 민간 전승에 투영되어 있는 현실적 욕망과 욕구를 이해할 수 있을 것이며, 이는 현재적 삶에 대한 보다 깊은 수준의 설명을 가능하게 할 수 있을 것이다.

10) 비이슬람식 전통을 새롭게 이해된 종교관에 부합하는 방식으로 재해석하려는 노력은 수난 깔리조고뿐만 아니라 자바의 전통의례를 대상으로 하여서도 전개되었다. 이와 관련되어서는 김형준(1999b)을 참조.

■ 참고문헌

김형준, 1999a, "역사적으로 본 인도네시아 무슬림의 종교 정체성," 김영애 외, 『동남아의 종교와 국가』, 서울: 한국외국어대학교출판부.

______, 1999b, "전통의례의 이슬람화: 개혁주의 이슬람과 자바의 전통 종교," 『국제지역연구』 3(1): 3-28.

스가누마 아키라(문을식 역), 1994, 『힌두교 입문』, 서울: 여래.

Ajidarma Seno Gumira, 2007, *Sembilan Wali & Siti Jenar*, Jakarta: Intisari.

Anderson, Benedict, 1965, *Mythology and the Tolerance of the Javanese*, Ithaca: Modern Indonesia Project, Cornell University.

Budiman Amen (tr.), 1980, *Babad Dipanegara*, Semarang: Tanjng Sari.

Drewes G., 1968, "New Light on the Coming of Islam to Indonesia," *BKI* 124: 433-459.

Federspiel Howard, 1995, *A Dictionary of Indonesian Islam*, Athens: Center for International Studies, Ohio University.

Fox, James, 1991, "Ziarah Visits to the Tombs of the Wali, The Founders of Islam on Java," in M.C. Ricklefs ed., *Islam in the Indonesian Social Context*, Clayton: Centre of Southeas Asian Studies, Monash University.

Geertz Clifford, 1960, *The Religion of Java*, New York: The Free Press.

Hayim Umar, 1974, *Sunan Kalijaga*, Kudus: Penerbit Menara.

Hodgson, Marshall, 1974, *The Venture of Islam*, Chicago: University of Chicago Press.

Jay, Robert, 1969, *Javanese Villagers: Social Relations in Rural Modjokuto*, Cambridge, Massachusetts: The MIT Press.

Jones, R., 1979, "Ten Conversion Myths from Indonesia," in N. Levtzion, ed. *Conversion to Islam*, New York and London: Holmes and Meier.

Kim Hyung-Jun, 2007, *Reformist Muslims in a Yogyakarta Village: The Islamic Transformation of Contemporary Socio-Religious Life*, Canberra: ANU EPress.

Muhaimin Abdul, 2006, *The Islamic Traditions of Cirebon: Ibadat and Adat among Javanese Muslims*, Canberra: ANU EPress.

Poespaningrat Pranoedjoe, 2005, *Nonton Wayang: Dari Berbagai Pakeliran*, Yogyakarta: Kedaulatan Rakyat.

Santoso Soewito (tr.), 1970, *Babad Tanah Jawi: Galuh-Mataram*, Surabaya: Citra Jaya Murti.

Supatmo, 1943, *Animistic and Religious Practices of the Javanese*, New York: East Indies Institute of America. mimeo.

Wertheim, W. C., 1959, *Indonesian Society in Transition: A Study of Social Change*, The Hague and Bandung: W. van Hoeve Ltd.

7장

멕시코 떼뽀스뜰란 지역의 신화와 특징

김세건

김세건

멕시코 국립대 인류학박사

현재 강원대학교 사회과학대학 문화인류학과 부교수

1. 들어가며

멕시코는 신화의 땅이다. 똘떼까, 아스떼까, 마야 등 멕시코 땅에 자리를 잡았던 고대 문화는 신화로 시작해서 신화로 끝났다고 할 정도로 많은 창조신화, 건국신화, 영웅신화 등을 가지고 있다. 예로 후기 고전기 메소아메리카 창조신화는 이 세계를 가능케 한 태양과 달이 멕시코 중부에 위치한 떼오띠우아깐(Teotihuacán), 이른바 '신이 태어난 곳'으로부터 창조되었다고 말한다. 이곳에는 신들에 의해 창조된 이 세계가 제대로 운행될 수 있도록 태양과 달에 제사를 지내는 피라미드가 있다. 특히 태양의 피라미드는 자연 동굴 위에 세워졌는데, 인간은 바로 이 동굴로부터 솟아 나왔다고 한다(토베 1998: 17 참조). 이 세상과 인간이 신화적 사건을 통해 창조되었듯이, 신화적 사건은 다양한 방식으로 재현되며 시공간을 창조해 왔다. 다시 말해 멕시코에서 각 지역은 그들 나름대로 신화적 사건과 연관을 가지고 있다. 이 신화들은 스페인 정복과 함께 가톨릭이 들어온 뒤에서도 명맥을 유지하며 지역 정체성을 형성하는 가장 중요한 기제로 작동을 하고 있다. 떼뽀스뜰란의 전설적 시조신(始祖神) 엘 떼뽀스떼꼬(El Tepozteco) 또는 떼뽀스떼까뜰(Tepoztécatl, '떼뽀스떼뜰란의 사람')의 신화도 그 가운데 하나이다.

2. 떼뽀스뜰란 소개

떼뽀스뜰란 무니시삐오(municipio)[1]가 속해 있는 모렐로스(Morelos) 주는 멕시코 32개 주 중에서 두 번째로 작은 주이다. 면적은 작지만 인구밀도는 멕시코 주와 더불어 가장 높은 주 가운데 하나이다. 모렐로스를 구성하는 32개 무니시삐오 중의 하나인 떼뽀스뜰란은 아후스꼬 산맥의 남쪽 경사면에 위치하며 멕시코의 수도 멕시코시티, 모렐로스 주도 꾸에르나바까(Cuernavaca), 야우떼뻭(Yautepec), 우이찔락(Huitzilac), 뜰랄네빤뜰라(Tlanepantla), 뜰라야까빤(Tlayacapan) 등과 경계하고 있다. 떼뽀스뜰란은 멕시코시티에서 남쪽으로 74km 정도 떨어져 있고, 꾸에르나바까로부터는 동북쪽으로 16km 정도 떨어져 있다. 3,000미터가 넘는 화산들로 둘러싸여 있는 떼뽀스뜰란은 온화하고 쾌적한 기후와 빼어난 경치를 가지고 있어 멕시코시티 근교에서 손꼽히는 휴양지 가운데 하나이다.

스페인 정복 이전 떼뽀스뜰란에는 나우아뜰어를 사용하는 부족[2] 중의 하나인 뜰라우이까(tlahuica) 부족이 주로 거주하였다. 이 부족은 1441년에서 1469년 사이에 아스떼까 제국에 정복되어 조공을 바쳤다. 스페인 정복전쟁은 떼뽀스뜰란에 직접적인 영향을 미쳤다. 1521년 꾸에르나바

1) 떼뽀스뜰란 무니시삐오(한국의 시 또는 군에 해당하는 행정단위)는 떼뽀스뜰란 읍(군소재지), 산타 까따리나(Santa Catarina), 산띠아고 떼뻬뜰라빠(Santiago Tepetlapa), 이스까떼뻭(Ixcatepec), 아마뜰란(Amatlán), 산 안드레스 데 라 깔(San Andrés de la Cal, 이하 산 안드레스), 산 후안(San Juán), 산또 도밍고(Santo Domingo) 등의 8개 마을로 구성되어 있다.

2) 나우아뜰어를 말하는 다른 부족들은 아스떼까(Azteca), 소치밀까(Xochimilca), 찰까(Chalca), 떼빠네까(Tepaneca), 아꼴우아(Acolhua), 뜰락스깔떼까(Tlaxcalteca) 등이다.

[사진 7-1] 떼뽀스떼꼬 피라미드

[사진 7-2] 떼뽀스떼꼬 피라미드에서 내려다 본 떼뽀스뜰란 읍 전경

까로 향해 가던 꼬르떼스(Hernán Cortes)의 정복군은 떼뽀스뜰란을 점령하여 마을의 반 정도를 불태웠다. 1529년에 이 지역은 꼬르떼스 영지로 불하되었고, 이 영지는 식민지 기간 내내 유지된 유일한 후작령이었다. 식민지 시기의 가장 큰 변화는 전염병과 정복자들의 착취(부역동원) 등으로 인한 급격한 인구 감소이다. 한편으로 떼뽀스뜰란에 쟁기, 도끼 등의

철제농기구 등 서구의 농업도구와 기술이 도입되었다. 특히 꾸아우뜰라를 비롯한 주(州) 남부 지역에 도입된 사탕수수는 모렐로스 경제 체계를 새롭게 재편하였다. 또한 사탕수수는 떼뽀스뜰란의 역사도 바꿔 놓았다.

19세기 후반 사탕수수 재배가 활성화되면서 떼뽀스뜰란은 경제적으로 크게 발전하였다. 사탕수수 재배는 뽀르피리오 디아스 대통령 시기(1870~1910)에 국제 사탕수수 가격이 상승하면서 활발하게 이루어졌다. 사탕수수 농장주들은 이제까지 버려져 있던 주변지뿐만 아니라 인근 마을들의 소규모 농지들을 사탕수수 재배지, 목축지, 원료(장작) 공급지 등으로 활용하기 위해 강제로 점유하였다. 떼뽀스뜰란의 주변에 위치한 오아깔고(Oacalco), 산 가스빠르(San Gaspar), 아빤께짤꼬(Apanquetzalco) 농장주들은 가축 등의 목초지로 이용하고자 떼뽀스뜰란의 산타 까따리나, 산 안드레스, 산띠아고 마을의 구릉지와 산의 일부를 억지로 가로채서 차지했다. 결과적으로 사탕수수 경제는 "떼뽀스뜰란의 생산과 노동력 전체를 거의 흡수해 버렸다"(Lomnitz-Adler 1982: 97).

1910년 멕시코 혁명 이후 사탕수수 경제는 해체되었다. 생계농업 및 토마토 · 글라디올라 등의 상업농이 발달하였다. 특히 떼뽀스떼꼬 피라미드, 카니발, 다양한 축제와 의례 등 풍부한 문화유산을 가진 떼뽀스뜰란은 멕시코와 꾸에르나바까를 잇는 도로가 발달하면서 관광휴양지로 변모하였다.

3. 떼뽀스떼까뜰 신화

떼뽀스떼까뜰 신화는 오랜 시간 동안 구전되어 왔기에 많은 본[3)]이 존재한다. 여기에서는 에체베리아(Echeverría, 1994)의 책에 인용된 루이스 맥그레거(Luis McGregor)의 기록과 호아낀 가요(Joaquín Gallo, 1994)가 직접 수집한 기록을 바탕으로 구성하였다.

1) 탄생

한 처녀(공주라고도 한다)가 악시뜰라(Axihtla) 하천가에서 목욕을 하고 있었다. 갑자기 바람이 일더니, 그녀를 포옹하여 마치 날듯이 계곡의 바위가 있는 곳으로 데려갔다. 계곡에는 바람의 신, 에헤까뜰(Ehécatl)이 살고 있었다. 에헤까뜰은 좋은 바람과 나쁜 바람을 일으켜 사물에 생명력을 부여하는 창조의 신이기도 하였다. 사람들은 바람의 신이 그의 입김으로 처녀를 임신시켰다고 말한다.

처녀는 임신 사실을 알고, 꾸란데라(curandera, 전통치료사)에게 도움을 청하였다. 꾸란데라는 그녀의 명예를 지키고, 아이를 구하기 위해 약초를 처방하고 그녀의 부모를 만나 설득을 하였다. 꾸란데라는 바람이 머물고 있는 계곡에서 목욕을 하면 종종 여성들은 임신을 한다는 사실을 이야기하였다.

그녀의 부모는 언짢은 표정으로 꾸란데라의 이야기를 들었다. 그리고 이웃에 나쁜 소문이 나는 것을 막고자 그녀가 집 밖으로 나가는 것을 금하였다. 또한 하인들도 모두 그만두게 하였다. 그들 자신들도 이웃들의

3) 떼뽀스떼까뜰 신화에 대한 대표적인 기록으로는 나우아뜰어를 스페인어로 옮긴 빠블로 곤잘레스 까사노바(Pablo González Casanova, 1928년), 1928년 뻬드로 로하스 수니가(Pedro Rojas Zúñiga), 1937년 엔리께 비야밀(Enrique Villamil)의 La Leyenda del Tepozteco, 1958년 INAH에서 출간된 루이스 맥그레거(Luis McGregor)의 Guía de Tepoztlán 등이 있다(Echeverría 1994: 96 참조).

시선을 피하고자 밖으로 나가는 것을 삼갔다.

드디어 처녀는 사내아이를 낳았다. 아이가 태어난 날, 밤에 그녀의 아버지는 아이를 상자(huacal)에 넣어 하천가로 가서 강물에 떠내려 보냈다. 많은 사람들이 암컷 강아지를 많이 낳았을 때, 또는 계곡에서 바람으로 임신을 하였을 때 이렇게 하였다. 다음 날 처녀의 아버지는 어떤 일이 벌어졌는지를 알아보고자 강가를 따라 내려갔다. 그는 우아깔이 물결 따라 내려가다가 바위에 부딪쳐 부서지고, 아이는 죽었을 것이라고 확신하였다. 그러나 아이는 살아 있었다.

아버지는 아이를 들어 올려 개미구멍(hormiguero)으로 데리고 가 개미들 사이에 내려 놓았다. 그러나 이 역시 마음대로 되지 않았다. 아이는 그 자리에 그대로 살아 있었고, 개미들은 꿀을 가져와 아이의 입에 넣어 주고 있었다. 아버지는 무슨 일이 벌어지고 있는지를 이해하기보다는 더욱더 화가 났다. 그래서 아이를 잡아 들고는 용설란(maguey) 숲에 힘차게 내던졌다. 그리고 "이제 됐다(ahora sí)"라고 외쳤다. 다음날 아버지는 아이가 용설란 가시에 찔려 피투성이가 되어 죽었을 것이라고 기대를 하고 그 장소로 갔다. 그러나 아이는 살아 있었다. 오히려 용설란은 강렬한 햇빛으로부터 아이를 보호하고자 자신의 잎으로 그늘을 만들어 주고 용설란 수액(aguamiel)을 아이에게 먹이고 있었다.

아버지는 용설란에서 아이를 꺼내서 다시 강가로 데리고 갔다. 아이를 강에 던지려고 할 때 바람이 불었다. 강한 바람이 휘몰아치며, 아이가 날아 우이꼬얀(Huicoyán) 계곡으로 사라졌다. 아무런 상처도 없이 풀잎에 떨어져 잠이 들었다. 다음 날 아침 그곳에서 나무를 줍던 노부부가 아이를 발견하였다. 지금까지 자식이 없었던 노부부는 기뻐 눈물을 흘렸다. 그리고 조심스럽게 아이를 안아 집으로 데리고 갔다. 사내아이는 양부모의 사랑을 받으며 밝고 건강하게 자랐다.

2) 성장

일곱 살이 된 어느 날 오후 떼뽀스떼까뜰은 아버지가 일하는 곳에 갔다. 떼뽀스떼까뜰은 종종 아버지의 주름진 얼굴을 만지곤 하였다. 떼뽀스떼까뜰은 아버지에게 말하였다.

"아버지, 이제 일곱 살이 되었습니다. 들핀에 나갈 수 있도록 샌들(sandalia)을 만들어 주세요."

아버지는 샌들을 만들어 주었다.

일주일이 지날 무렵, 떼뽀스떼까뜰은 아버지에게 항상 먹을 것을 얻을 수 있을 것이라며 활, 화살, 화살통을 만들어 달라고 하였다. 아버지는 활, 화살, 화살통을 만들어 주었다.

떼뽀스떼까뜰은 이것을 받으며 소리쳤다.

"아버지, 저녁에 무엇을 드시길 원하세요? 아버지가 원하시면 그것을 가지실 수 있을 것입니다. 아버지, 정말이에요. 제가 위로 활을 쏠게요, 뭐가 떨어지는지 보세요."

떼뽀스떼까뜰은 하늘을 향해 활을 쏘았고, 토끼가 떨어졌다. 아버지는 놀라서 위를 쳐다보았다. 그리고 우이꼬얀 계곡에서 발견한 이 아이가 누구인지 스스로 물어보았다.

그의 재능은 누구를 위해 사용할 것인가? 허공으로 화살을 쏴서 토끼를 잡는 능력, 상냥함 그리고 그의 탁월한 재능은 누구로부터 물려받은 것인가?

이날 부부는 대답 없는 이런 질문을 다시 하고는, 토끼를 요리하여 함께 먹었다. 이때부터 떼뽀스떼까뜰은 가족의 먹을거리를 책임졌다. 더 이상 배고픔도 굶는 것도 없었다. 그는 활과 화살을 잘 다루었다.

월요일에는 멧비둘기(tórtola) 한 쌍을 가져왔고, 화요일에는 사슴

(venado)을 가져왔다. 강에서 낚시도 하였다. 뜰라꾸아체(tlacuache)[4]와 까꼬미스뜰레(cacomiztle)[5]를 잡기 위해 작은 덫을 준비하였다.

양부모는 그가 집을 나가고 들어오는 것을 살펴볼 뿐 아무런 질문도 하지 않았다. 저녁이 되면 그는 돗자리(petate) 위에서 잠이 들었다. 어머니는 그가 잠드는 모습, 얕은 그림자가 드리워진 눈꺼풀, 반쯤 열린 입술을 흐뭇하게 바라보았다. 떼뽀스떼까뜰은 종종 꿈속에서 토끼들을 잡았고 즐겁게 소리치곤 하였다.

3) 소치깔까뜰과의 싸움

동시대에 꾸에르나바까 너머에 있는 소치깔꼬(Xochicalco)에 사람을 먹는 거인 소치깔까뜰(Xochicalcatl, '소치깔꼬 사람')이 살고 있었다. 거인의 전령(emisarios)은 소치깔까뜰이 지배하고 있는 지역을 돌아다니며 조공을 걷으러 다녔다. 조공은 일을 할 수 없는 노인들이었고, 이 노인은 거인의 식량이었다. 이 지역 노인들은 빠르든 또는 늦든 간에 언젠가는 소치깔까뜰의 뱃 속으로 들어갈 것이라는 것을 알고 있었다.

어느 날 전령이 떼뽀스뜰란에 도착하였다. 조공으로 떼뽀스떼까뜰의 아버지가 선택되었다. 그는 아무런 놀람도 없이 그것을 받아들였다. 그는 울고 있는 부인과 포옹을 하며 작별을 하였다. 들판에서 돌아오던 떼뽀스떼까뜰은 무장한 전령이 자신의 집 앞에서 기다리고 서 있는 것을 보았다.

떼뽀스떼까들은 울고 있는 부모에게 다가가 왜 우느냐고 물었다.

---

4) 캥거루과에 속하는 유대류의 쥐로 고양이보다 작다. 암컷은 캥거루처럼 주머니 속에서 새끼를 키운다.

5) 퓨마보다 작은 삵.

어머니가 대답하였다.

“소치깔까뜰 전령이 너의 아버지를 데려간다는데, 어찌 울지 않을 수 있겠냐? 이제 그를 볼 수 없고 더 이상 함께 살 수도 없단다. 소치깔까뜰은 나의 아버지와 아저씨를 먹었던 것처럼 그를 먹어 치울 것이다.”

이 소리를 들은 떼뽀스떼까뜰은 어머니의 눈물을 닦아 주며, 그리고 아버지가 조공으로 가는 것을 피할 수 없는 것인지를 물어보고 또 물어보았다. 이것을 피할 수 없다는 것을 안 떼뽀스떼까뜰은 아버지가 빨리 나오지 않는 것에 화가 나 있던 전령에게 다가가 자신이 아버지를 대신하여 소치깔꼬에 가겠다고 말하였다.

그리고 집을 나서는 아버지의 배낭을 부여잡았다. 아버지는 그래서는 안 된다고 하였다. 그러나 전령에게는 아버지를 데려가든 그의 아들을 데려가든 모두가 똑같았다. 다만 이 집에서 조공을 거두기만 하면 되는 것이었다.

“아버지 슬퍼하지 마세요. 제가 대신 가겠습니다. 그리고 꼭 돌아오겠습니다. 제가 어떻게 돌아오는지 보세요. 다만 부모님은 꼬짤싱고(Cotcalzingo)로 가서 기다리세요. 만약 소치깔꼬 근처에서 검은 연기가 피어오르면 우리는 헤어질 것입니다. 그러나 만약 흰 연기가 오르면 우리는 다시 함께 살게 될 것입니다.”

떼뽀스떼까뜰의 뜻이 확고하다는 것을 안 부모는 그를 포옹하였다. 어머니는 그에게 배낭을 주었다. 떼뽀스떼까뜰은 소치깔꼬를 향해 떠났다.

얼마 정도 걸었을 때, 떼뽀스떼까뜰은 소치깔까뜰 전령 가운데 한 명에게 말했다.

“거기 서라.”

한 사람이 멈췄다. 떼뽀스떼까뜰이 말하였다.

“너를 사까떼뻬뜰〔Zacatepetl, 현재 사까떼벡(Zacatepec)〕이라고 부르겠다.”

그 사람은 언덕이 되었고, 항상 즐겁게 그 자리에 남아 있었다.

그는 지나가면서 날카로운 날이 있는 돌을 주워 그의 배낭에 넣었다. 채석장에서는 흑요석 조각을 주웠다. 때때로 그의 손바닥에는 그의 아버지가 화살을 연마하기 위해 사용했던 흑요석 칼, 이쯔뜰리(itztli, 흑요석)가 빛났다.

얼마쯤 지나서 떼뽀스떼까뜰은 다른 전령의 어깨를 만지면서 말했다.

"거기 서라."

그 사람이 섰다. 떼뽀스떼까뜰이 말했다.

"너를 떽시우일떼뻬뜰(Texihuiltepetl)이라고 부르겠다."

그 대리인은 즉시 언덕이 되었고, 항상 즐겁게 남아 있었다.

떼뽀스떼까뜰은 마치 전에도 봤던 것처럼 주변 경관을 바라보았다. 참새(gorrion)와 벌새(colibrí)들은 지저귀었다.

떼뽀스떼까뜰이 세 번째 전령에게 말했다.

"거기 서라."

그 사람이 제자리에 섰다. 떼뽀스떼까뜰이 말했다.

"너를 뜰라마떼뻬뜰(Tlamatepetl)이라고 부르겠다."

이렇게 세 사람은 항상 즐겁게 그곳에 머물렀다.

앞서가던 전령들이 그들의 동료들을 찾았으나 찾을 수가 없었다. 단지 그들은 자신들이 가고 길에 그늘을 주는 세 개의 높은 언덕, 이른바 사까떼뻬뜰, 떽시우일떼뻬뜰, 뜰라마떼뻬뜰 등을 보았을 뿐이었다.

떼뽀스떼까뜰은 동료를 찾는 전령들의 외침을 못 들은 척하였다. 이렇게 소치깔꼬로 이르는 각 장소는 떼뽀스떼까뜰이 부여한 이름으로 남게 되었다. 지금도 주민들은 그 이름을 부르고 있다.

마침내 사람을 먹는 거인 소치깔까뜰의 왕궁에 도착하였다.

거인은 사람들이 들어섰을 때, "왜 이렇게 늦게 도착하였느냐?"라고 호통을 쳤다.

왕궁의 거실은 크고 어두컴컴했다. 거인의 목소리는 석벽에 부딪혀 메아리쳤다. 신하들은 몸을 구부려 인사를 하였다.

소치깔까뜰은 데리고 온 소년을 경멸스럽게 쳐다보았다. 그리고 "요리하라"고 명령하였다.

대기하고 있던 요리사들은 신속하게 떼뽀스떼까뜰을 데리고 갔다. 그리고 떼뽀스떼까뜰을 머리부터 가마솥에 넣었다. 가마솥의 물이 펄펄 끓었지만, 떼뽀스떼까뜰은 익지 않았다.

요리사들은 향초, 까싸우아떼 버섯(hongos de cazahuate) 등을 가마솥에 넣었다. 즉시 떼뽀스떼까뜰은 차찰라까(chachalaca)[6] 또는 생선으로 변하였다. 또 에빠소떼(epazote)[7] 잎을 휘감아 뱉는 뱀이 되었다. 다시 떼뽀스떼까뜰로 되돌아왔을 때, 그는 완전히 생것 그대로였다.

그때 괴물이 소리쳤다.

"요리는 어떻게 된 거냐!, 배고파서 죽을 지경이다. 아침에는 홀쭉한 할아버지, 간식에는 할머니밖에 먹지 못해 배가 매우 고프다!"

요리사들은 그에게 달려가 부엌에서 벌어지고 있는 일을 보고하였다.

"주인님, 차찰라까로 변했는데, 털이 너무 단단해서 벗길 수가 없습니다!"

"주인님, 뱀이 되었는데, 너무 미끄럽습니다!"

"주인님, 도저히 요리를 할 수 없습니다. 여기에 그의 배낭과 샌들이 있습니다!"

믿을 수 없는 변명을 듣고 있는 소치깔까뜰은 소리쳤다.

6) 새벽이나 저녁에 시끄럽게 우는 중간 크기 정도의 새.
7) 요리할 때 넣거나 약용으로 쓰는 풀.

"당장 요리해서 가져와라. 그렇지 않으면 너희를 해고하겠다. 그를 화로에 집어넣고 구워라!"

요리사들은 어쩔 줄 모르며 떼뽀스떼까뜰을 화로에 넣었다. 그러나 전과 똑같은 일이 벌어졌다. 그를 구울 수가 없었다.

그는 사슴으로 변해 화로 안을 뛰어다녔다. 그는 늑대로 변해 화로 안에서 울부짖었다. 그는 호랑이로 변하여 화로 안에서 포효하였다.

요리사들은 떨며 다시 주인에게 달려갔다. 주인은 "산 채로 가져오라"고 명하였다. 잡혀 온 떼뽀스떼까뜰은 거인 앞에 섰다.

거인이 "몇 살이냐?"고 물었다.

떼뽀스떼까뜰이 대답했다. "어르신, 열다섯 살입니다. 저는 강한 심장을 가진 남자입니다. 저는 떼뽀스뜰란의 아들, 떼뽀스떼까뜰로 당신의 먹을거리로 희생되고 있는 모든 마을의 사람들을 구하고자 왔습니다."

거인은 입술을 깨물었다.

군인과 궁정의 사람들은 그 광경을 지켜보았다. 주변 마을의 사람들은 소치깔까뜰이 식사를 하고 만족스러워 내는 트림소리 듣기를 기다리고 있었다.

떼뽀스떼까뜰이 물었다.

"어르신 저에게 무엇을 원하십니까?"

거인은 대답했다.

"너는 나의 위장에서 죽고자 왔다는 것을 잘 알지 않느냐?"

그리고 입술을 깨물고 침을 흘렸다.

떼뽀스떼까뜰이 말했다.

"원하신다면 당신의 위장에서 죽을 것입니다. 그런데 당신에게 한 가지를 요청합니다."

거인이 말했다.

"원하는 것을 빨리 말해라."

떼뽀스떼까뜰이 말했다.

"저를 통째로 잡수세요. 씹지 마시고, 빻지도 마세요. 가방과 신발까지 먹으세요."

거인이 대답했다.

"좋다. 내 입으로 한 번에 뛰어라! 뛰어!"

떼뽀스떼까뜰은 소치깔까뜰의 입을 향해 곧바로 뛰었다. 그리고 곧 삼켜졌다.

떼뽀스떼까뜰의 부모는 아들이 말한 대로 꼬짤싱고에 도착했다. 언덕에서 사람들은 거인의 궁전을 엿보고 있었다. 일견 모두가 기다리고 있었다.

그때 뭔가 이상한 일이 벌어졌다. 만족스러운 트림과 동시에 소치깔까뜰이 소리치며, 고통으로 뒤집어졌다. 무시무시한 괴성이 거인의 영지의 산과 계곡에 메아리쳤다.

요리사들은 급히 만사니야(manzanilla)[8] 차를 가져다주었다. 시동(侍童)과 시종들은 부채질을 하였다. 무장 군인들은 창과 구리 도끼를 가져와 입 속에 넣어 보았다. 꼬빨(copal, 수지) 향을 피웠다.

그러나 그 어떤 것도 효과가 없었다. 어느 누구도 그를 도와줄 수 없었다. 누구도 무슨 일이 일어나는지, 무슨 병이 그렇게 빨리 주인을 고통스럽게 하는지를 이해할 수 없었다. 긴 하품과 천둥과 같은 탄식이 이어졌다.

그러고 나서 소치깔까뜰은 떼뽀스떼까뜰을 먹은 채 숨을 거두었다.

역사가들은 떼뽀스떼까뜰이 길에서 주운 흑요석 작은 칼로 거인의 내장, 폐 그리고 심장을 난도질을 하였다고 말한다.

소치깔까뜰은 쓰러져 죽었다. 피로 범벅이 된 내장 사이로 떼뽀스떼까

---

8) 카모마일(chamomile) 차.

뜰이 기어서 나왔다. 그리고는 서서 하얀 연기를 피웠다. 모든 영지는 하얀 연기의 거대한 층으로 뒤덮였다.

그때 사람들은 소치깔까뜰이 죽었고, 그의 악명 높은 통치가 끝이 났다는 것을 알게 되었다.

모든 노인들은 자신의 뻬따떼에서 죽게 될 것이다.

그때 떼뽀스떼까뜰의 부모는 조용히 떼뽀스뜰란으로 돌아왔다. 떼뽀스떼까뜰은 소치깔꼬를 떠나 꾸에르나바까[Cuernavaca, 당시에는 꾸아우나우악(Cuauhnáhuac)으로 불림]의 방향으로 길을 떠났다. 그곳에서는 거인의 죽음을 축복하고 모두가 승리자, 젊은 떼뽀스떼까뜰의 이름을 연호하였다.

4) 잔치(El Banquete)

거인의 죽음을 축하하는 꾸에르나바까 사람들의 모습은 떼뽀스떼까뜰에게 감동을 주었다. 거기에는 꾸에르나바까의 왕과 야우떼뻭, 뜰라야까빤의 영주들도 있었다. 연회장은 자스민 화관(guirnaldas de jazmines)으로 장식되었다. 떼뽀스떼까뜰은 즐겁게 사람들이 음식을 먹는 식탁으로 다가갔다.

그러나 어느 누구도 그를 초대하지 않았다. 그래서 그는 음악가들이 연주를 하고 있는 장소로 다가갔다. 그리고 그들과 함께 연주하기를 원했다. 그는 한 연주자에게 다가가 말했다.

"연주를 하고 싶은데 저에게 당신의 떼뽀나스뜰레(teponaztle)[9]를 빌려주세요."

---

9) 나무로 만든 일종의 드럼으로 고무공이 달린 두 개의 막대기로 연주한다.

그러나 음악가는 그의 말을 무시했다. 그는 재차 떼뽀나스뜰레를 빌려 달라고 말했다. 음악가들은 어떤 주의도 기울이지 않고 계속 음악을 연주하였다.

그는 다시 식탁으로 돌아왔다. 그렇지만 모두 그를 무시하였다.

누군가 소리쳤다.

"누더기꾼은 여기서 나가라!"

이 소리를 듣고 떼뽀스떼까뜰은 연회장을 빠져나왔다. 그리고 목욕을 하고 옷을 갈아입었다. 머리를 빗고, 머리를 세 가닥으로 꼬아서 땄다. 머리에 화사한 깃털을 꽂았다. 팔에는 광택이 나는 은팔찌를 하고, 무릎엔 금색 판을 댔다. 치장을 한 후 다시 꾸에르나바까로 돌아갔다.

그가 들어오는 것을 본, 왕과 영주들은 그를 영접하였다. 그에게 인사를 하고, 그를 식탁으로 데려가 자리를 앉혔다. 그에게 음료를 가져다주고, 몰레[10)]도 주었다.

떼뽀스떼까뜰은 몰레로 의복을 더럽히고, 머리, 깃털, 장식품, 신발에 몰레를 뿌렸다. 영주들이 당황하며 물었다.

"왜 그러십니까?"

"왜 몰레를 먹지 않고, 몰레로 당신의 아름다운 의상을 더럽힙니까?"

떼뽀스떼까뜰이 대답했다.

"너희들이 존경하는 것은 나의 의상이니, 나의 의상을 먹어라."

영주들은 이해할 수 없었다.

"내가 한 시간 전에 여행으로 더럽고 너덜너덜하고, 소치깔까뜰의 피로 얼룩진 차림으로 이곳에 왔다. 너희들은 나를 무시하였다. 그런데 이렇게 잘 차려입고 다시 오니, 너희들은 나의 우아함을 보고 다가와 아첨

10) 옥수수, 고추, 초콜릿, 깨 등을 혼합하여 갈고 끓인 멕시코 전통음식이다.

을 하였다. 그러니 나의 우아함을 먹어라."

영주들은 머리를 조아렸다. 그러나 어느 누구도 용서를 구하지 않았다. 단지 머리를 조아릴 뿐이었다.

떼뽀스떼까뜰은 다시 음악가들이 연주하고 있는 곳으로 갔다. 그리고 다시 한 번 그들과 함께 연주하고자 하였다. 그들은 연주를 멈추지 않았다.

세 번째 거절을 할 때, 회오리바람이 일어나 정원을 휩쓸었다. 쓰레기와 마른 잎들이 뒹굴었다. 몰레 음식이 담긴 통, 사슴 등 고기 음식을 더럽혔다. 모든 참석자들의 귀가 멀고 눈이 보이지 않았다. 이런 혼란의 와중에 떼뽀스떼까뜰은 떼뽀나스뜰레를 잡아 들었다. 회오리바람이 멈추었을 때, 멀리서 사방을 울리는 떼뽀나스뜰레 소리가 들려왔다.

왕과 영주들은 분개했고 굴욕감을 느꼈다. 떼뽀스떼까뜰은 그들에게서 떼뽀나스뜰레를 빼앗았다. 그것은 도전이고 보복이었다. 그들은 떼뽀나스뜰레를 되찾기 위해 무장을 하고, 떼뽀스떼까뜰을 뒤쫓았다.

떼뽀스떼까뜰에게 다가가 포위했을 때, 그는 떼뽀나스뜰레 연주를 멈추었다. 깊은 침묵이 흘렀다. 침묵 가운데 떼뽀스떼까뜰은 오줌을 누었고, 오줌을 따라 큰 계곡이 만들어졌다. 그것이 아마날꼬(Amanalco) 계곡[11]이다. 꾸에르나바까 사람들은 계곡을 건너고자 방법을 찾았다. 그때 아우아떼뻭(Ahuatepec)[12] 방향에서 들려오는 메아리 같은 또 다른 소리를 들었다. 그들은 아우아떼뻭을 향해 갔다. 그곳에 도착했을 때, 그들은 다시 떼뽀스떼까뜰을 에워쌌다. 그때 떼뽀스떼까뜰은 떼뽀나스뜰레를 연주하며 유유히 아우아떼뻭을 떠났다.

멀리 목화밭의 언덕에서 소리가 들렸다. 꾸에르나바까 군대는 이리저

11) 현재 꾸에르나바까 시내를 남북으로 가로지르는 계곡의 이름이다.

12) 꾸에르나바까에서 떼뽀스뜰란에 이르는 길목에 있는 마을의 이름이다.

리 왔다 갔다 하며 혼란에 빠졌다. 그렇게 그들은 떼뽀스뜰란으로 이끌려 갔다. '바람의 언덕', 에헤까떼뻬뜰(Ehecatepetl)의 정상에서 떼뽀나스뜰레 소리가 들렸다.

군인들은 언덕을 에워쌌다. 수천 년 된 피라미드 기초를 파괴하려고 하였다. 그러나 피라미드 기초는 파괴되지 않고 더욱더 강화되었다. 회오리바람이 불어 방어를 하였다. 정상에서 떼뽀스떼까뜰이 그것을 지켜보고 있었다.

굴복을 당한 왕의 군사들은 꾸에르나바까로 돌아갔다. 왕은 울부짖었다. 분노에 치가 떨렸고 격분이 치밀었다.

몇 시간이 지난 후 떼뽀스떼까뜰이 언덕에서 내려왔다. 그리고 집으로 돌아갔다. 부모를 포옹하였다. 그가 약속한 대로 되돌아왔다. 그들은 꾸에르나바까 영주들에게서 빼앗아 온 떼뽀나스뜰레를 살펴보았다. 그 후 떼뽀스떼까뜰은 언덕에 거주하였다.

5) 개종[13)]

1536년 도밍고 데 라 아눈시아시온(Domingo de la Anunciación) 신부가 떼뽀스뜰란에 도착하여 기독교를 전파하기 시작하였다.[14)] 도밍고 신부는 떼뽀스떼까뜰에게 뿔께(pulque, 멕시코 산 용설란의 수액으로 만든 술)의 신, 오메또츠뜰리(Ometochtli, 두 마리 토끼)를 섬기는 대신 예수와 성모 마

---

13) 이 절은 가요(Gallo 1994: 13-15)의 기록에 바탕을 두었다.

14) 1532년 도미니크 수사들이 떼뽀스뜰란에 들어오면서 선교가 본격화되었다. 도미니크 수도회 신부들은 원주민들에게 선교 활동을 하며 수도원을 포함한 교회를 신축하였다. 이 교회는 1588년에 완공되었으며 지금까지도 그대로 전해지고 있다. 떼뽀스뜰란 사람들의 개종에 선도적인 역할을 한 사람이 도밍고 데 라 아눈시아시온 신부라고 한다(Redfield 1930: 28).

[사진 7-3] (좌) 오메또츠뜰리 신의 상의 조각으로 만들었다는 떼뽀스뜰란 산따 마리아 데 라 나띠비닫 교회 전경
[사진 7-4] (우) 식민지 시기 수도원으로 사용되었던 나띠비닫 교회 내부의 벽화

리아를 섬길 것을 꾸준히 설득하였다. 도밍고 신부는 어느 날 오메또츠뜰리 상을 파괴하였다. 그러나 아무런 일도 벌어지지 않았다. 세찬 바람도 불지 않았고, 세상을 두 동강 낼 듯한 천둥 번개도 치지 않았고, 한 방울의 비도 내리지 않았다. 결국 떼뽀스떼까뜰은 1538년 9월 8일 악시뜰라(Axihtla) 강가에서 세례를 받았다.

떼뽀스떼까뜰의 개종은 모든 마을에서 가톨릭 전파를 용이하게 하여 마을 사람들도 그를 따라 개종하였다. 그러나 꾸에르나바까, 야우떼뻭, 오악스떼뻭(Oaxtepec, Huaxtepec), 뜰라야까빤 등의 왕과 지배자들은 여전히 고대의 신을 섬기는 것을 포기하지 않았다. 이들은 떼뽀스떼까뜰이 전통의 신을 섬기는 것을 포기하고, 도밍고 신부가 오메또츠뜰리 상을 파괴하는 행동을 방관한 것 등이 못마땅하였다. 이에 이들은 떼뽀스떼까뜰이 개종 1주년을 기념하는 날을 기하여 군대와 함께 공격을 하였다.[15] 그러나 떼뽀스떼까뜰은 이들을 물리치고, 개종할 것을 이들에게 권유하였다. 결국 이들도 이날 떼뽀스떼까뜰이 세례를 받았던 악시뜰라에서 세례를 받았고, 이들을 따르던 사람들도 개종을 하였다.

어느 날 떼뽀스떼까뜰이 멕시코시티를 지나고 있었다. 그곳에서는 대성당에 종을 올리기 위한 작업을 하고 있었지만, 종이 커서 올리지 못하였다. 사람들은 바람의 신 에헤까뜰의 아들인 떼뽀스떼까뜰에게 도와달라고 요청하였다. 그러자 갑자기 커다란 회오리바람이 불었다. 모두들 눈을 뜨지 못하고 있는 순간에 떼뽀스떼까뜰은 종을 종탑에 올려 놓고 종을 치고 있었다.

떼뽀스떼까뜰은 감사의 뜻으로 받은 상자를 가지고 떼뽀스뜰란으로 돌아왔다. 마을 사람들은 그에게 상자에 무엇이 들어 있는지를 물어보았다. 그러나 떼뽀스떼까뜰은 멕시코시티에서 상자를 선물했는데, 그것을 절대 열어 보지 말고 마을의 광장에 묻을 것을 명하였다. 마을 사람들을 그의 말에 따라 상자를 광장에 묻었다. 그러나 호기심을 참을 수 없었다. 마을 사람들은 밤에 몰래 상자를 파냈다. 그리고 다음 날 상자를 열었다. 상자를 여는 순간 네 마리 하얀 비둘기가 나와 각기 다른 네 방향으로 날아갔다. 하나는 떼뽀스뜰란 교회탑, 하나는 멕시코 대성당탑, 하나는 떼뽀스떼까뜰이 살고 있던 언덕의 피라미드, 하나는 뜰라야까빤으로 날아갔다. 상자에는 단지 네 개의 돌칼만이 남았다.

이 사실을 접한 떼뽀스떼까뜰은 말하였다.

"마을 밖으로 날아간 비둘기는 마을의 미래를 뜻하는데, 이제 다른 마을들은 부유하게 될 것이지만, 우리 마을은 항상 가난하게 살 것이다. 많

---

15) 역사적으로 꾸에르나바까의 마지막 왕, 악사하까뜰(Axahacatl)은 떼뽀스떼까뜰보다 약 9년 정도 앞서 프란시스코 신부들로부터 세례를 받았고, 또한 오악스떼뻭 지배자도 악사하까뜰보다 조금 후에 세례를 받았다(Echeverría 1994: 89).

은 똑똑한 사람들이 있을 것이지만, 이들 또한 너희들이 비둘기가 다른 마을로 날아가게 한 것처럼 그들도 마을을 떠날 것이다."

그리고 떼뽀스떼까뜰도 사라졌다.

4. 떼뽀스떼까뜰 신화의 특징

떼뽀스떼까뜰 신화는 아스떼까 제국의 말기에서 스페인 정복 초기에 생성된 것으로 보인다. 떼뽀스뜰란의 향토사학자 가요(Gallo 1994: 17-8 참조)는 떼뽀스떼까뜰의 생애를 다음과 같이 기록하고 있다. 그는 1508년경에 태어났으며, 1521년 또는 1522년에 소치깔까뜰을 물리쳤다. 이후 그는 오메또츠뜰리 또는 떼뽀스떼까뜰 신전(떼뽀스뜰란 피라미드)의 사제로 지내다가 1538년 9월 8일에 세례를 받았다. 그리고 1578년 멕시코시티 대성당의 큰 종, '도냐 마리아(Doña Maria)'를 설치하고, 1579년 (또는 1580년)에 갑자기 사라졌다.

아스떼까 제국의 말기를 배경으로 하고 있는 떼뽀스떼까뜰 신화는 아스떼까 신화의 특징을 일정 정도 반영하고 있다고 할 수 있을 것이다. 이 점을 아스떼까 제국의 수호신 우이찔로뽀츠뜰리(Huitzilopochtli, '왼쪽의 벌새' 또는 '왼잡이 벌새') 신화를 통해 살펴보자고 한다.

순결하고 신앙심이 깊은 꼬아뜰리꾸에(Coatlicue)는 참회의 기도를 올리며 '뱀의 언덕' 꼬아떼뻭을 둘러보던 어느 날, 하늘에서 내려오는 흰 깃털을 발견한다. 진귀한 깃털을 모으고 싶었던 꼬아뜰리꾸에는 이것을 주워 허리띠에 찬다. 얼마 후 그녀가 깃털 공을 찾으려 했지만 그것은 이미 사라지고 없었다. 그녀도 모르는 사이에 깃털은 몸속으로 스며들어 우이찔로뽀츠뜰리를 잉태시킨 것이다. 점차로 꼬아뜰리꾸에의 배가 불러옴에 따라 그녀의 아들들은 그녀가 임신했다는 것을 알아챘다. 그들은 분노하고 수치스러워 하며 뱃속의 아이 아버지가 누구인지를 묻는다. 그들 누나 꼬욜샤우끼는 부정한 아이를 가진 사악한 어머니 꼬아뜰리꾸에를 죽여야 한다고 주장한다. 자식들의 생각을 눈치 챈 꼬아뜰리꾸에는 두려움에 떨었다. 그러나 뱃속의 아이는 이미 그 사실을 알고 있고, 준비도 되어 있다고 그녀를 안심시킨다. 전사의 복장으로 차려입은 아들들은 꼬욜샤우끼를 따라 꼬아떼뻭으로 향했다. 꼬아뜰리꾸에의 성난 자식들이 산꼭대기에 이르렀을 때, 그는 '불로된 뱀', 이른바 시우꼬아뜰(Xiuhcoatl)이라고 하는 불타는 무기를 휘두르며 꼬욜샤우끼를 죽여 그 시신을 조각내고, 그것들을 꼬아떼뻭의 기슭으로 굴러 떨어뜨린다. 꼬욜샤우끼를 살해한 후, 우이찔로뽀츠뜰리는 그녀의 형제들을 추격해 대부분 잔인하게 살육했다. 이때 죽은 말리날소치뜰(Malinalxochitl)의 아들 꼬뻴(Copil)이 자라서 우이찔로뽀츠뜰리를 찾아 복수를 다짐했지만, 적수가 되지 못했다. 우이찔로뽀츠뜰리는 그의 목을 꼬아떼뻭에 던지고, 팔, 다리와 심장을 꺼내어 사방에 흩어 버렸다. 꼬뻴의 심장이 떨어진 곳에서 선인장이 한 그루 솟아올랐고, 그 위에 독수리가 앉았다. 마침내 예언에 나온, 독수리가 앉아 있는 선인장이 나타난 것이었다. 아스떼까 사람들은 순례를 끝내고 이곳에 새로운 나라를 세우기 시작했다. 사람들은 태양의 도시, 떼노츠띠뜰란(Tenochtitlan, 현재 멕시코시티)을 건설하고 우이찔로뽀츠뜰리를 수호신으로 모시게 되었다(토베 1998: 102-104; 박종욱 2006: 32-37 참조).

1321년에서 1521년까지 약 200년 동안 유지되었던 아스떼까 제국은 우이찔로뽀츠뜰리와 함께 탄생하였다. 우이찔로뽀츠뜰리의 탄생은 아스떼까의 정치적 팽창과 다른 부족들에 대한 지배에 신화적 정당성을 부여하며, 정복자 아스떼까를 선택된 부족으로 자리매김하였다. 우이찔로뽀츠뜰리가 의붓누이 꼬욜샤우끼와 그의 형제들을 철저하게 굴복시킨 것은 이미 그 지역을 차지하고 있던 기존의 부족들을 무찔렀던 아스떼까 제국의 승리를 신화적으로 재현한 것이라고 할 수 있다.

떼뽀스떼까뜰의 신화도 아스떼까 제국의 수호신 우이찔로뽀츠뜰리 신화처럼 상당 부분 지역사회의 변화를 반영하고 있다고 하겠다. 소치깔꼬의 소치깔까뜰과 떼뽀스떼까뜰의 싸움도 나우아뜰어를 사용한 7부족 가운데 하나인 뜰라우이까 부족이 중부 지역에 자리 잡는 과정을 신화적으로 구성한 것이라고 할 수 있을 것이다. 모렐로스 중서부에 위치한 소치깔꼬는 7세기에서 9세기경까지 지속되었던 모렐로스 지역의 매우 중요한 고대 문화이다. 일반적으로 떼오띠우아깐이 쇠퇴한 후 등장한 문명 가운데 하나인 소치깔꼬는 지역 통치를 공고하기 위한 지배층의 연합으로 짧은 기간에 빠르게 성장을 하였으며, 이후에 등장한 똘떼까에 영향을 주었다(López y López 1996: 168 참조). 소치깔꼬의 언덕에 위치한 피라미드에서는 떼오띠우아깐의 영향을 받은 께찰꼬아뜰 부조(浮彫)뿐만 아니라 오아하까 몬떼알반, 마야 문화의 흔적들이 많이 남아 있다(SEP 1995: 42). 사실 뜰라우이까 부족이 이 지역에 진출한 것은 소치깔꼬가 쇠퇴하고 한참 후로 서로 직접적으로 대립했던 것은 아니다. 모렐로스 지역에 자리 잡은 뜰라우이까 부족은 꾸에르나바까를 중심으로 점차 세력을 확대하였다. 따라서 떼뽀스뜰란은 뜰라우이까 부족의 중심지도 아니었다고 할 수 있다. 떼뽀스떼까뜰과 소치떼까뜰의 싸움은 상당 부분 신화적 상상력에 바탕을 둔 것으로 여겨진다. 그렇지만 떼뽀스떼까뜰 신화에서 나타나는 소치깔까뜰의 전령의 희생으로 탄생한 사까떼뻬뜰, 떽시우일떼뻬뜰, 뜰라마떼뻬뜰 등의 새로운 공간의 창조는 일정 정도 뜰라우이까의 정치적 지배력 확산을 반영하고 있는 것으로 여겨진다.

또한 떼뽀스떼까뜰과 꾸에르나바까, 오악스떼뻭 등과의 대립은 떼뽀스뜰란의 지역의 우월성과 정체성을 신화적으로 체현한 것이라고 할 수 있다. 역사적으로 떼뽀스뜰란이 주변 지역을 지배하고 통치한 곳은 아니다. 그럼에도 신화에서 떼뽀스떼까뜰은 전통적인 신과의 관계에서나 가톨릭 개종에서 주도적인 사제 또는 신으로서 역할을 한다. 이는 떼뽀스떼까뜰이 아스떼까 신화, 정확하게 말하면 아스떼까 이전의 똘떼까 사회에서 가장 중요한 신 가운데 하나인 께짤꼬아뜰의 다른 모습인 에헤까뜰의 아들이라는 것과 연관 속에서 형성된 신화적 상상력의 산물이라고 여겨진다. 떼뽀스뜰란을 종교적, 정신적 중심으로 자리매김하는 사고는 똘떼까(Tolteca) 제국의 전설상의 도시 뚤라(Tula)를 통치하였던 께짤꼬아뜰 신을 보시는 사제인 쎄 아까뜰 또삘친 께짤꼬아뜰(Ce Acatl Topiltzin Quetzalcóatl)[16]이 935년 떼뽀스뜰란의 한 마을인 아마뜰란(Amatlán)에서 태어났으며, 그가 바로 떼뽀스떼까뜰이며, 떼뽀스뜰란의 피라미드 자체가 바로 떼뽀스떼까뜰 나아가 께짤꼬아뜰을 모시는 신전이라는 믿음(SEP, 1995: 43-44 참조)으로 더욱더 강화되었다고 할 수 있다. 그런데 아스떼까 수호신 우이찔로뽀츠뜰리가 아닌 똘떼까 신 께짤꼬아뜰을 정신적 우월성의 근거로 삼는 것은 똘떼까로부터 정신적 정통성을 획득하고자 했던 아스떼까 사회와 종교의 특징을 반영하고 있다고 하겠다.

아스떼까 사람들은 우이찔로뽀츠뜰리와 같은 자신들에게만 고유한 신 및 신앙을 가지고 있지만, 기본적으로 이전 또는 동시대의 다른 메소아메리카 문화로부터 신과 종교를 적극적으로 받아들였다. 상대적으로 뒤늦게 멕시코 계곡에 진출한 아스떼까 사람들은 메소아메리카 지역의 문화적 원류라고 할 수 있는 똘떼까 그리고 그보다 앞선 떼오띠우아깐의 신과 종교를 적극적으로 받아들여 자신들의 세계관의 기본으로 삼았다. 멕시코시티의 북서쪽으로 약 90km 지점에 위치한 똘떼까 문명은 기원전

16) 멕시코 전설에 따르면, 10세기 초 똘떼까 제국의 시조(始祖)인 믹스꼬아뜰(Mixcóatl, 구름의 뱀)은 떼뽀스뜰란의 뜰라우이까 부족을 정복하였다. 믹스꼬아뜰과 떼뽀스뜰란의 한 여인 사이에서 태어난 아이가 또삘친이다. 마을신 떼뽀스떼꼬는 또삘친이 신격화된 것이다(Lewis 1976: 67).

부터 대략 9세기경까지 멕시코 중부 고원지대에 발달하였던 떼오띠우아깐 문명의 유산을 물려받았다. 똘떼까 사람들은 많은 신을 섬겼는데, 그 가운데 가장 대표적인 신이 께짤꼬아뜰이다. '깃털 달린 뱀'의 형상을 한 께짤꼬아뜰은 물과 다산(多産), 나아가 인간에게 옥수수를 가져다주는 등 생명 그 자체와 연관되기도 한다. 아스떼까 사람들은 똘떼까의 수도 뚤라를 매우 신성한 장소로 여겼고, 뚤라의 지배자였던 께짤꼬아뜰은 아스떼까 신화에서도 창조와 생명의 신으로서 중요한 위치를 점하였다. 이처럼 아스떼까 사람들은 과거에 존재했던 많은 사회뿐만 아니라 뿌에블라(Puebla), 멕시코 만의 우아스떼까(Huasteca), 오아하까의 미스떼까(Mixteca)와 사뽀떼까(Zapoteca) 등 당시의 여러 사회로부터 종교 및 의례 등을 받아들였다. 외래 신과 종교에 대한 적극적 수용은 정복을 공고히 할 뿐만 아니라, 다양한 지역의 사회와 문화를 통합하는 역할을 했다(토베 1998: 20 참조). 여러 사회의 신화와 종교의 상호 융합의 산물인 아스떼까 신화와 종교는 다양한 신화가 중첩되어 있으며, 다신의 특성을 나타내고 있다고 하겠다.

떼뽀스뜰란의 지역도 예외는 아니었던 것이다. 떼뽀스떼까뜰 신화는 특히 정신적 뿌리였던 똘떼까 시대의 종교와 융합한 아스떼까의 신화적 속성을 그대로 가지고 있었다. 예로 떼뽀스떼까뜰은 바람의 신 에헤까뜰의 아들이다. 에헤까뜰은 똘떼까 문화의 핵심 신이었던 께짤꼬아뜰의 또 다른 모습이다. 또한 떼뽀스떼까뜰이 갑자기 사라진 것도 언젠가는 돌아올 것이라고 약속하고 사라진 께짤꼬아뜰의 신화와 유사하다. 떼뽀스떼까뜰의 생부(生父) 에헤까뜰은 께짤꼬아뜰의 다른 형태의 신으로 바람을 관장한다. 에헤까뜰은 바람의 신으로서 생명체의 숨결과 풍요로운 비구름을 몰고 오는 바람 속에서 모습을 드러낸다. 바로 이 바람은 떼뽀스뜰란의 한 처녀의 몸에 자신의 씨앗을 잉태하게 하였고, 그렇게 신인(神人)

떼뽀스떼까뜰이 탄생하였다.

떼뽀스떼까뜰은 인간인 신이자 신성화된 인간, 즉 신이 된 영웅이라고 할 수 있다. 사실 이는 멕시코 신화의 보편적인 특성으로 신은 왕, 사제, 샤먼 등 살아 있는 개인으로 재현된다. 결국 신과 사제가 동일시되는 경우가 많았고, 사제는 모시는 신과 동일한 이름을 사용하였다. 결국 사제는 모시는 신의 현현으로 간주되었다. 따라서 떼뽀스뜰란 사람들은 위대한 신 께찰꼬아뜰이 또뻴친 께찰꼬아뜰이라는 인간으로 아마뜰란에서 탄생하였고, 그는 다시 께찰꼬아뜰 또는 떼뽀스떼까뜰이 되었다고 믿는다. 이런 측면에서 보면 떼뽀스떼까뜰이 소치떼까뜰과 싸움에서 승리한 이후 모셨던 떼뽀스떼까뜰 또는 뿔께[17]의 주신 오메또츠뜰리는 서로 다르기보다는 동일하다고 볼 수 있다.

떼뽀스뜰란의 주신, 오메또츠뜰리는 아스떼까 신들의 이중성을 잘 드러낸다. 선과 악, 밤과 낮, 나쁜 바람과 좋은 바람 등은 단순한 이분법적 구별을 의미하지는 않는다. 두 측면은 항상 상호 보완적이며, 이는 한 개인 또는 개별 대상에서도 마찬가지이다. 예로 아스떼까 신화에서 대지의 모신의 복부 또는 동굴은 인간 탄생의 공간으로, 아스떼까 등 나우아뜰어를 사용하는 7부족이 자신의 기원을 따모안찬(Tamoanchán)에서 찾는 것처럼 많은 부족은 자신들의 기원을 동굴과 연결을 한다. 그런데 동굴

17) 뿔께는 용설란의 수액으로 만들어지는데, 용설란은 께찰꼬아뜰과 밀접한 관계가 있다. 께찰꼬아뜰은 자신이 새롭게 창조한 인간들에게 기쁨을 줄 수 있는 술을 선물하고자 하였다. 그래서 그는 어둠의 악령이자 할머니인 치치미뜰(Chichimitl)과 함께 하늘에서 살고 있는 아름다운 용설란의 여신 마야후엘(Mayahuel)을 몰래 지상으로 데려온다. 그리고 그녀와 께찰꼬아뜰은 하나의 커다란 나무로 합체되었고, 그들은 각각 나무의 가지가 되었다. 그러나 마야후엘이 변한 나뭇가지는 화가 난 할머니 치치미뜰에 의해 산산조각이 났고, 께찰꼬아뜰이 그녀의 뼈를 모아 땅에 묻었는데, 그곳에서 용설란이 생겨났다.

은 창조와 생명의 공간만이 아니라 파괴와 죽음의 공간이기도 하다. 떼뽀스뜰란의 농민들은 옥수수를 성장을 돕는 좋은 비를 가져오는 바람과 폭풍우를 몰고 오는 나쁜 바람도 모두 동굴로부터 나온다고 믿는다. 따라서 그들은 한 해의 농사는 동굴에서 기우제를 지내는 것으로부터 시작한다. 다시 말해 신은 항상 좋음과 나쁨을 함께 가지고 있다. 떼뽀스떼까뜰은 사물에 생명력을 가져다주기도 하고 주민을 생각하는 신이기도 하지만, 화가 나면 무서운 회오리바람을 일으키고 파괴를 한다. 이 점은 떼뽀스뜰란 무니시삐오의 한 마을인 산 안드레스 데 라 깔(이하 산 안드레스)의 주민들이 전하는 마을 위치의 변화에 대한 이야기에서도 잘 드러난다.

> 원래 산 안드레스 마을은 현재 위치에서 북쪽으로 약 2km 떨어진 소치오깐(Xochiócan, '꽃의 장소')에 위치하였다. 떼오빤솔꼬(Teopanzolco)에 갔다가 돌아오던 떼뽀스떼까뜰은 배가 고파 산 안드레스 마을에 들렀다. 마침 한 여인이 또르띠야(tortilla, 옥수수 전병)를 만들고자 옥수수를 빻고 있었다. 떼뽀스떼까뜰은 그 여인에게 또르띠야를 달라고 부탁하였다. 그러나 이를 탐탁지 않게 생각한 여인은 또르띠야를 건네주면서 소금 대신 자신의 겨드랑이 땀을 묻혀서 주었다. 화가 난 떼뽀스떼까뜰은 여인으로부터 메뜰라삘(metlapil)[18]을 빼앗아 샘물 입구를 막아 버렸다. 이후 샘물이 말라 산 안드레스 주민들은 물을 찾아 현재의 위치인 아손쫌빤뜰라(Azontzompantla, '물이 머리카락 모양처럼 흐르는 곳')로 이동해야 했다.

떼뽀스떼까뜰의 이중적 속성은 멕시코 신화에서 보편적으로 나타난다. 아스떼까 사람들에게 있어서 창조란 상호 보완적인 대립과 갈등의 결과물이다. 따라서 사물과 운동은 대립하는 것 사이의 상호 작용과 교

18) 옥수수를 빻는 작은 돌절구.

환에서 비롯된 것은 하나의 근원을 가지고 있다고 하겠다. 이러한 상호 의존적이고 일원(一元)적 대립의 개념은 창조의 신 오메떼오뜰(Ometéotl)에서 구체적으로 드러난다. 오메떼오뜰은 이원성의 신으로서, 모든 사물의 궁극적 원천은 오메떼오뜰로 여겨지며, 그의 후손들 역시 강력한 힘을 가지고 창조와 관련된 실질적 행동을 수행한다. 오메떼오뜰의 자식들인 께짤꼬아뜰과 떼스까뜰리뽀까(Tezcatlipoca)는 아스텍 창조 신화에서 중요한 역할을 한다. 때로는 협력자로서, 때로는 적으로서 이들 두 신은 하늘과 땅을 창조한다. 께짤꼬아뜰은 균형과 조화, 그리고 생명과 관련된 자비로운 신으로 묘사되는 반면에, 떼스까뜰리뽀까는 갈등과 변화를 상징한다. 떼스까뜰리뽀까라는 이름은 '거울의 연기'라는 뜻인데, 이 신은 전형적으로 뒷머리와 한쪽 발에 연기 나는 흑요석 거울(아스떼까에서 흑요석은 생명의 원천, 삶과 죽음을 가져다주는 것으로 여겨졌다)을 달고 등장한다(토베, 1998: 66-67 참조).

또한 떼뽀스떼까뜰은 바람 신이기노 하지만, 뻴께의 신으로 상호 융합적이며 다신의 성격을 가지고 있다. 이런 전통은 서구 스페인과의 만남에서도 크게 달라지지 않았다. 떼뽀스떼까뜰 신화는 싱크리티즘의 본보기 가운데 하나로 멕시코 고대 신앙과 가톨릭과의 만남을 잘 보여 준다고 하겠다.

가톨릭은 스페인의 정복을 정당화하는 이데올로기적 기제의 핵심이었다. 군사적 정복은 단순히 그 자체에 머무르는 것이 아니라 '정복당한 자들'의 정치경제, 사회문화의 정복으로 이어졌다. "하나님과 교황, 그리고 황제에게 봉사하고 명성과 부를 좇아"(Florescano 1994: 297) 신대륙으로 건너온 정복자들은 가톨릭에 바탕을 둔 그들의 이념 체계에 의거하여 원주민 세계를 변화, 창조하며 역사의 새로운 주체자로 우뚝 섰다. 이제 원주민의 마을들과 그들의 삶은 가톨릭과의 관계 속에서 존재의 의미를 지닐 수밖에 없었다. 특히 가톨릭 사제와 신부들은 원주민 정복을 이상적 신세계를 창조할 수 있는 기회로 생각하여 원주민 개종에 힘을 쏟았다. 떼뽀스떼까뜰 신화는 개종의 과정을 잘 보여 준다.

정복 초기 신부들은 떼뽀스떼까뜰과 같은 지배자, 사제를 주요 대상으로 하여 개종을 시켰고, 이들의 개종은 자연스럽게 주민들의 개종으로 이어졌다. 1524년 프란시스코 수도회 신부들이 멕시코에 도착하고 15년이 지난 1538년에 600만 명의 원주민이 개종을 하였다(Duverger 1996: 107). 이런 과정에서 전통적인 신화와 의례는 끊임없이 부정되었다. 부정되고 폐지되어야 할 대표적인 의식 가운데 하나가 희생공희였다. 이런 측면에서 보면 지역의 노인을 먹었던 소치떼까뜰에 대한 떼뽀스떼까뜰의 승리는 아스떼까 제국의 대한 스페인, 나아가 아스떼까 종교와 신화에 대한 가톨릭의 정복을 함의하고 있다고 해석할 수도 있을 것이다. 그런데 이 신화에 드러난 희생공희에 대한 부정적인 시선은 매우 가톨릭적이고 서구적이다. 사실 아스떼까 사회에서 희생공희는 신에 대한 복종이라기보다는 세계의 구원의 문제와 연결되어 있다. 따라서 희생공희는 항상 우주의 에너지 '태양', 즉 또나띠우(Tonatiuh)를 향해 있으며, 희생공희로 말미암아 우주의 에너지가 끊임없이 충원되는 것이다(Duverger 1996: 95).

아스떼까 사람들의 개종의 실제적 모습은 우상의 파괴로 나타났다. 떼뽀스뜰란 사람들의 개종에 선도적인 역할을 한 도밍고 데 라 아눈시아시온 신부는 멀리 치아빠스(Chiapas, 멕시코 남부에 위치한 주)에서부터 순례를 올 정도로 유명한 오메또츠뜰리, 즉 떼뽀스떼까뜰을 우상 파괴를 통해 정복하였다. 그는 떼뽀스떼까뜰 신의 전능함을 실험해 보자고 주민들을 설득하였다. 즉, 신 형상을 계곡의 절벽에서 던져 그것이 부서지면 신의 전능함이 없는 것이라고 하여 그것을 실천에 옮겼다. 형상은 산산조각이 났고, 그 조각들은 산따 마리아 데 라 나띠비닫(Santa María de la Natividad, 떼뽀스뜰란 수호성인) 교회들을 짓는 데 사용되었다고 한다(Redfield 1930: 28). 우상 파괴는 떼뽀스뜰란에 국한된 것이 아니라 가톨릭이 정복한 모든 지역에서 벌어졌다. 정복자들은 식민지 시기 이전에 만들어진 석상들이 성공적인 개종을 위협하는 악마적인 힘을 지니고 있다고 생각했다. 1531년 기록에 따르면, 신스페인(Nueva España, 현재 멕시코)의 주교인 후안 데 수마라가(Juán de Zumárraga)는 20,000개의 우상을 파괴했다고 보고하고 있다(토베, 1998: 50).

그러나 우상은 파괴되지 않았다. 물론 동굴 속, 땅속, 산꼭대기, 집 안에 숨겨진 우상들은 스페인 통치자들의 파괴로부터 벗어날 수 있었다. 무엇보다 원주민 마음속에 새겨진 우상들을 파괴할 수는 없었다. 원주민들은 성처녀 나띠비닫의 뒤에 자신의 신 떼뽀스떼까뜰을 숨겨 지속하였던 것이다. 떼뽀스떼까뜰과 성처녀 나띠비닫, 아스떼까의 어머니 신 또난친(Tonantzin)과 갈색의 성모 과달루뻬(La Virgen Guadalupe)의 관계에서 보이는 것처럼 전통의 신들은 가톨릭 성인들과 결합하며 새롭게 부활하였다.

물론 전통 신들은 가톨릭과 관련하여 층화된 구조에서 하부 위치로 전락할 때만 존속할 수 있었다는 점은 부정할 수 없다. 또한 아스떼까의 신화의 구조와 의미도 많이 변형되었다. 특히 가톨릭의 이원론적 대립의 관념 속에서 떼스까뜰리뽀까, 우이찔로뽀츠뜰리 등과 같이 파괴 등 부정적 성격을 지닌 신들은 악마로 치환되어 두려움과 회피의 대상이 되었다. 반면 께짤꼬아뜰 같이 창조, 풍요와 관계가 있는 신들은 농업 또는 생산의 신 또는 성인이 되어 더욱더 의지하고 기도하는 대상이 되었다. 이처럼 아스떼까의 믿음과 신화의 체계는 상당 부분 본래의 의미와 구성을 상실하였다.

그렇지만 성모와 삼위일체설, 많은 성인 등에 기초한 가톨릭의 복잡성과 유연성은 원주민의 전통적인 인식 및 신앙 체계와 쉽게 융합할 수 있는 틀을 제공하였다. 특히 신과 인간의 중개자라기보다는 신인동형(神人同形)의 신성으로서 원주민들에게 인식된 가톨릭 성인들은 전통적인 신앙 체계와 결합하는 데 매우 커다란 역할을 했다(김세건 2000: 157). 각 집안의 제단에 함께 모셔져 있는 다양하고 많은 예수, 성모, 그리고 많은 성인들의 상은 다신에 대한 주민들의 전(前) 식민지 시기의 믿음 체계가 가톨릭이라는 현상 밑에 자리 잡고 있음을 보여 준다고 하겠다. 이런 일상생활 환경 속에서 떼뽀스떼까뜰 같은 신화는 입에서 입으로 전해지며 생명력을 유지할 수 있었을 것이다.

5. 나가며

오늘날 떼뽀스뜰란에서 9월 8일은 스페인 정복 전 떼뽀스뜰란의 전설적 시조신(始祖神) 떼뽀스떼까뜰의 축제임과 동시에 떼뽀스뜰란의 수호성인 성처녀 나띠비닫의 축제의 날이다. 이 축제는 떼뽀스뜰란 무니시삐오 내의 마을과 바리오 등에서 행해지는 어떤 축제보다도 규모가 크고 화려하다. 떼뽀스뜰란 광장에는 나무로 만든 탑, 즉 신전 떼오깔리(teocalli)가 건설되고, 이곳에서 떼뽀스떼꼬는 주변의 7개 마을의 공격으로부터 떼뽀스뜰란을 방어한다. 축제는 7일 밤에 본격적으로 시작된다. 7일 밤에 사람들은 떼뽀스떼까뜰이 살았던 피라미드에 오른다. 그리고 피라미드에서 밤을 훤히 비추며 날을 샌다. 떼뽀나스뜰레, 고동피리(caracol), 기타 등 전통과 서양의 악기가 어울린 연주 소리가 울려 퍼진다. 떼뽀스떼까뜰의 신화적 시간은 의례를 통해 일상생활에서 끊임없이 순환된다.

떼뽀스뜰란 사람들은 여전히 바람 신, 에헤까뜰의 아들 떼뽀스떼까뜰이 지배하고 있으며, 이 세상의 모든 혜택과 재해는 바람으로부터 온다고 믿는다. 떼뽀스떼까뜰은 죽지 않았다. 그는 끊임없이 축제와 의례, 그리고 믿음을 통해 마을 사람들과 공존하며 신화를 창조하고 있다.

■ 참고문헌

그뤼진스키 세르주(Gruzinski, Serge), 윤학로 역, 1996, 『아스텍 제국: 그 영광과 몰락』, 서울: 시공사.

김세건, 2000, "성모 과달루뻬 신앙의 형성과 그 의미," 『라틴아메리카 연구』 13(1), pp.135-164.

박종욱, 2006, 『라틴아메리카 신화와 전설』, 서울: 도서출판 바움.

토베, 칼(Taube, Karl A.), 이응균 · 천경효 역, 1998, 『아즈텍과 마야 신화』, 서울: 범우사.

Duverge, Christian, 1996, *La conversión de los indios de Nueva España*, México: Fondo de Cultura Económica.

Echeverría, Eugenia, 1994, *Tepoztlán, !Qué viva la fiesta!*, Dirección General de Culturas Popolares Unidad Regional Morelos.

Florescano, Enrique, 1994, *Memoria Mexicana*, México: Fondo de Cultura Económica.

Gallo, Joaquín, 1994, *Tepoztlán: personajes, descripciones y sucedidos,* México: Talleres Gráficos de Cultura.

Lewis, Oscar, 1976, *Tepoztlán: un pueblo de México,* México: Joaquín Mortiz.

Lomnitz-Adler, Claudio, 1982, *Evolución de una sociedad rural,* México: Fondo de Cultura Económica.

López Austin y López Luján, 1996, *El pasado Indígena,* México: El Colegio de México y Fondo de Cultura Económica.

Redfield, Robert, 1930, *Tepoztlan: a Mexican Village,* Chicago · Illinois: Univ. of Chicago Press.

SEP(Secretaría de Educación Pública), 1995, *Morelos: monografía estatal,* México: Editorial Ultra.

8장

희생, 대속, 그리고 브리꼴라주:
요루바 모레미 신화와 에디 축제

한건수

한건수

미국 버클리대 철학박사(인류학)

현재 강원대학교 사회과학대학 문화인류학과 부교수

1. 서론

아프리카[1] 신화는 지역별 · 민족별로 너무나 다양하지만 신화의 내용이나 구성에서 일부 공통점을 갖고 있다. 예를 들면 창조주가 신들의 위계에서 가장 높은 최고신의 지위를 갖고 있으며, 그 아래 수많은 신들이 각각의 고유한 역할을 담당한다는 점이다. 창조신화의 특징 중 하나는 세상과 인간을 창조한 최고신이 자신의 피조물인 인간의 성가시고 고집 센 태도에 실망하여 인간 세계에 관여하지 않게 되었다는 것이다. 아프리카의 몇몇 창조신화는 최고신(Supreme God)이 인간들과 거리를 두게 되는 과정을 자세하게 설명하기도 한다. 반면에 인간의 삶에 관여하는 여러 신들은 각각의 고유한 영역에서 구체적인 역할을 담당한다. 신화는 이러한 신들의 존재와 각각의 성격을 설명해 주는데, 특히 영웅과 조상들이 신격(神格)을 갖게 된 과정을 설명함으로써 인간과 신의 매개 역할을 하는 영험한 존재들을 알려준다(Parrinder 1967: 14; Rasmussen 1997: 250).

문자가 없는 아프리카 사회의 특징은 아프리카 신화의 구술성으로 나타난다. 무문자 사회인 아프리카는 다양한 구연 전승을 통해 신화를 계

---

1) 이 글에서 아프리카는 사하라 사막 남쪽 지역의 '검은 아프리카'를 말한다. 이집트를 비롯한 북아프리카는 주민 구성이나 문화적 차이로 인해 아랍 지역과 함께 별도의 범주로 이해하는 것이 바람직하기 때문이다.

승해 왔다. 아프리카 사회의 구술성(orality)은 신화를 비롯한 다양한 문화 영역에서 문자성(literacy)에 토대를 둔 문화와는 다른 모습을 갖게 했는데,[2] 신화의 경우 그리스나 로마 신화처럼 일찍부터 문자로 기록된 신화와 달리 텍스트가 개방적이라는 점을 지적할 수 있다. 아프리카 신화의 개방적 구조는 신화가 구술 연행을 통해 전승되기 때문에 형성되었다. 아프리카의 구연 문학(oral literature)은 의례나 축제에서 연행되기 때문에 연행자의 개인적 특성과 연행의 맥락에 따라 그 내용과 형식이 변화하기도 한다. 실제 아프리카의 구연 전승은 구술 연행자와 청중의 교감이 중요하다. 청중과의 교감을 통해 구연하는 내용의 일정 부분이 생략되거나 확장되기도 하며, 이러한 과정을 통해 동일한 주제의 구연 문학이 지역이나 전승하는 주체에 따라 상이한 이본으로 전승되는 것이다. 신화 역시 연행을 통해 텍스트 자체가 확장될 수 있는 개연성이 높다. 물론 신화의 내용과 종류에 따라 원형을 유지하는 경향이 높은 사례도 있지만, 특정 지역이나 정치 공동체와 관련 있는 신화는 전승 과정에서 재해석되거나 수정될 가능성이 높은 편이다.

이 글에서 소개하고자 하는 나이지리아 요루바 민족의 모레미(Mọrèmi) 신화는 요루바 민족의 여러 왕국 중 이페(Ifẹ̀) 왕국에만 존재하는 신화이다. 이페 왕국의 역사와 밀접한 신화이며 왕국의 집단 정체성을 대표하는 신화이기도 하다. 매년 모레미 여신을 섬기는 사제 집단이 주도하는 에디 축제는 모레미 신화에 근거한 것으로 이페 왕국의 중심지였던 일레-이페(Ilé-Ifẹ̀)의 전 주민이 참여하는 공동체적 행사이다. 이 축제는 이페의 문화 정체성을 상징하는 주요한 행사 중 하나이기도 하다(Han 2000).

2) 아프리카 사회의 구술성에 대한 지나친 강조가 아프리카 문화를 왜곡시킨다는 비판도 있다. 이에 대해서는 Han(2000: 26-30), Mudimbe(1988), Vail and White(1991), 한건수(2002)를 참조.

모레미 신화와 이 신화를 축제로 재현하는 에디 축제는 구술 사회의 신화 계승에서 보이는 텍스트의 개방성과 가변성을 분석하는 단초를 제공해 준다. 신화의 각 장면을 공동체 전체가 재현해 내는 축제의 일정과 연행은 신화의 잠재적 수정과 확장을 예시하고 있기 때문이다. 즉, 모레미 신화가 축제와 의례를 통해 확장되는 과정은 신화가 만들어지는 과정을 압축적으로 보여 주는 사례로 해석할 수 있다. 신화의 생성이나 신화적 사고를 분석하기 위해 이 글에서는 레비-스트로스의 브리꼴라주(bricolage) 개념을 적용할 것이다.

2. 모레미 신화와 이페 왕국

나이지리아의 요루바 민족은 다양한 왕국들이 별개의 정치 공동체를 유지하며 살아왔다. 요루바라는 범민족 정체성이 형성된 것도 19세기 이후의 일로 그전에는 각기 자신들의 왕국 이름으로 집단 정체성을 대표해 왔다. 요루바라는 민족 이름은 요루바 왕국의 하나인 오요(Oyo) 왕국 사람들을 인접한 민족인 하우사(Hausa) 사람들이 경멸적으로 부르던 말을 유럽인들이 선택한 데서 기인한 것이다(한건수 2002, 2005a). 이들 왕국들은 서로 전쟁을 치르면서 경쟁적인 관계를 유지하기도 했지만, 한편으로는 언어를 비롯한 문화적 유사성을 공유하기도 한다.

신화 역시 일정 부분 공통된 모습을 보인다. 요루바 신화는 주로 세상을 창조한 최고신인 올로룽(Ọlọ́rùn)이 오두두아(Odùduwà)를 통해 세상을 창조하고 인간 세계를 열고 그 뒤를 이어 왕국을 이끌고 나간 영웅들이 신격을 획득하는 과정을 공통적으로 다루고 있다. 요루바 신화의 풍요로운 서사나 내용, 그리고 신격의 다채로움은 그리스나 로마 신화와 비교될 정도이다(Soyinka 1976).

모레미 신화는 다른 신화와 달리 이페 왕국에만 전승되고 있다. 모레미 신화의 내용은 여러 문헌에 간략하게 소개된 바 있으나[Han 2000, Idowu 1996(1962); Johnson 1921; Walsh 1948; 한건수 2004, 2005b] 이에 대한 본격적인 분석이나 연구는 시도된 바 없다. 모레미 신화의 내용을 일부나마 처음 문자로 기록한 사람은 새뮤얼 존슨(Samuel Johnson)[3]이다. 존슨은 1897년 탈고한 『요루바의 역사』(The History of the Yorubas, 1921)에서 모레미 신화를 소개했는데, 모레미를 요루바 창조신화의 초기 인물인 오랑미양(Ọ̀rànmíyàn)의 부인으로 설명한 바 있다. 존슨이 채록한 모레미 신화의 주 내용은 필자가 1997년 일레-이페에서 채록한 것과 큰 차이가 없으나 세부적인 면에서는 몇 가지 차이도 있다.

여기에서 소개하는 모레미 신화는 필자가 1997년 일레-이페에서 채록한 여러 구술 자료를 정리한 것이다.[4]

> 아주 오래전, 이페는 '익보(Igbos, 숲 속의 사람)'로 알려진 이민족의 침입으로 고통을 받았다. 익보는 매년 수확기가 되면 이페를 공격해 왔는데, 이들의 모습은 인간의 모습이라기에는 너무나 무서운 모습을 하고 있어서 이페 사람들은 공포에 떨어야 했다. 그들은 마치 다른 세계에서 온 것처럼 기이하게 생겼으며, 그들이 내지르는 소리 또한 인간이 아닌 귀신과 같은 형국

3) 존슨은 오늘날 시에라리온 수도인 프리타운(Freetown)에서 자라난 해방된 노예의 자녀로서 어려서부터 기독교 교육을 받고 성직자가 된 사람이다. 존슨은 선교사로서의 역할뿐만 아니라 19세기 말 한 세기에 걸친 요루바 지역의 내전을 종식시키고 평화협정을 체결하는 데 주도적인 역할을 했다. 또한 최초의 요루바 역사서인 『요루바의 역사 (The History of the Yorubas)』를 1897년에 탈고하여 범 요루바 민족성을 창출하는 데 기여했다.

4) 채록된 구술 자료는 Han(2000: 210-211), 한건수(2004: 99-100, 2005: 239)에 소개된 바 있다.

이었다. 이페 사람들은 공포에 질려 이들이 침입해 올 때마다 변변히 저항도 못하고 약탈을 당하거나 가족과 이웃을 잃어야 했다.

그러던 어느 해 오발루퐁(Ọbalùfọ̀n)의 아내인 모레미가 이들이 비밀을 알아내 이페를 지키겠다는 결심을 한다. 모레미는 소문난 미인이었으며 지혜로운 여인이었다. 모레미는 우선 강의 여신인 에싱미린[5]에게 찾아가 자신이 적들의 비밀을 알아내 이페를 지키게 된다면 가장 귀한 제물을 신에게 바치겠다는 맹세를 하며 도움을 요청했다. 모레미는 결국 원하는 대로 그해 이페로 쳐들어 온 '익보'들에게 포로로 잡혔으며 이들의 거주지로 끌려갔다. 그곳에서 모레미는 빼어난 미모 덕에 '익보'의 지도자인 올룩보의 아내가 되었고, 그들의 관습과 모든 비밀을 알게 되었다. 이페 사람들을 공포에 떨게 했던 무서운 괴물은 '엘루야레'[6]인데, 이들은 다름 아닌 사람들이 머리에서부터 발끝까지 마른 에캉 풀잎과 대나무로 만든 가면을 뒤집어쓴 것에 불과하다는 것을 알게 되었다. 더욱이 남편인 올룩보는 만일 이페 사람들이 횃불을 만드는 방법을 알게 되고 그 불로 이들을 공격할 만큼 용감하기만 하다면 '엘루야레'는 쉽게 무너질 것이라는 점도 알려주었다.

모든 비밀을 알게 된 모레미는 '익보' 마을을 도망쳐 서둘러 이페로 돌아왔다. 그리고 그 이듬해 다시 '익보'들이 쳐들어 올 무렵 모레미의 가르침대로 단단히 준비한 이페 사람들은 준비한 횃불로 익보 사람들을 모두 불태웠으며 살아남은 사람들은 자신들의 노예로 삼았다. 결국 모레미의 노력으로 매년 이페 사람들을 괴롭혀 온 '익보' 사람들은 이제 이페의 노예가 되어 왕국의 일부로 통합되었다.

---

5) 모레미가 에싱미린(Esìnmìrìn)에게 도움을 요청한 시점은 구술자에 따라 포로로 잡혀가기 전과 후로 다르게 전승되기도 한다.

6) 엘루야레는 천연두의 신인 상뽀나(Ṣọ̀npọ̀nna)가 의례에서 입는 전신 가면인 올루야레(Oluyare)와 같은 이름으로 보인다(Lange 2004a: 358). 실제 일부 구연전승에서는 올루야레 혹은 이야레로 불리기도 한다. 이러한 이름이 붙은 이유는 공포의 대상인 '마마귀신'만큼 무시무시한 존재라는 의미로 해석될 수 있다. 실제 모레미 신화를 재현하는 에디 축제에서 '익보'들은 올루야레의 전신 가면을 착용한 상태로 등장한다.

이 모든 일을 마친 모레미는 자신이 맹세한 강의 여신인 에싱미린에게 찾아가 새끼양과 거세하지 않은 숫양, 염소를 제물로 바치며 고마움을 표하고자 했다. 그러나 여신은 이 제물을 거부하며 약속한 대로 가장 중요한 제물을 바칠 것을 요구했다. 에싱미린이 요구하는 가장 중요한 제물이 무엇인지 고민하던 모레미는 결국 신탁을 통해 그것이 바로 하나밖에 없는 자신의 아들임을 알게 된다. 갈등하던 모레미는 아들인 엘라(혹은 올루록보)를 제물로 바쳤으며, 이후 슬픔에 잠겨 지냈다.

이페의 왕은 모레미에게 위로를 건네며 슬픔을 이겨낼 수 있는 방안을 물었다. 모레미는 모든 이페 사람들이 세 달 동안 일하지 않고 시장도 닫은 채 자식의 희생을 추모해 달라고 요청했으나, 세 달이라는 추모 기간은 이페 사람들에게 너무나 긴 기간이어서 왕은 일주일로 줄여 달라고 간청했다. 이페 사람들이 오늘날까지 모레미와 그 아들의 희생을 애도하는 에디 축제를 일주일간 지키며 축제 기간에는 북소리도 울리지 않은 이유가 이 때문이다.

이페 사람들이 전승하는 다양한 모레미 신화는 위에서 소개한 부분을 공통으로 지닌다. 단지 몇 가지 추가 사항이 발견되기도 하는데, 예를 들면 존슨도 기록했듯이 모레미의 아들인 올루록보가 실제 죽은 것이 아니라 가사(假死)상태로 있다가 이후 살아나서 밧줄을 만들어 하늘로 올라갔으며 언젠가 다시 이 세계로 내려와 자신이 행한 모든 선행의 보상을 받을 것이라는 내용이 포함된 것도 있다(Johnson 1922: 148).

모레미 신화는 이페 왕국의 초기 역사를 배경으로 하며, 실제 이를 기념하는 에디(Edi) 축제가 이페 왕국의 중심이었던 일레-이페에서 매년 성대하게 열릴 정도로 이페 사람들의 문화 정체성에서 핵심을 차지하고 있다.

3. 에디 축제[7)]

에디 축제는 매년 이페[8)]에서 열리는 축제로 모레미 신화의 내용을 의례로 재현하며 공동체 내에 전승시키는 중요한 행사이다. 이 글에서 에디 축제에 주목하는 이유는 신화에 등장하지 않는 다양한 요소들이 축제 행사에 포함되기 때문이다. 각각의 의례와 행사는 모레미 신화의 중요 주제인 희생과 대속, 공동체의 구원을 중심으로 연결되고 있으며, 이는 상대적으로 개방적인 구술 사회의 신화가 만들어지는 과정을 추론할 수 있는 계기가 될 것으로 판단된다.

이 장에서 설명하는 에디 축제는 필자가 1996년 11월에 나이지리아의 두 도시인 오케익보(11월 1일~7일)와 일레-이페(11월 24일~30일)에서 관찰한 내용과 축제 전후 각각의 축제를 주관한 사제들과의 심층면접에서 얻은 자료로 재구성한 것이다. 물론 에디 축제의 중심이 일레-이페이기 때문에 이 장에서는 일레-이페에서 빌어진 축제의 내용을 주로 설명할 것이다.

이페는 요루바 신화와 종교의 중심이기 때문에 1년 내내 수많은 축제가 이어진다. 이페의 에디 축제는 철과 전쟁의 신 오군(Ògún)을 위한 올로조(Ọlọ́jọ́) 축제가 끝난 후 17일이 되는 날 시작된다. 올로조 축제의 시작일이 11월경 달의 위치에 따라 매년 다르게 결정되기 때문에 에디 축

---

7) 에디 축제의 일정과 내용은 기존에 출판된 필자의 다른 글(Han 2000; 한건수 2004, 2005b)에 수록된 것을 수정한 것이다. 이 글에서는 축제의 전 과정을 모두 설명하기보다는 모레미 신화가 재현되는 방식과 신화에 등장하지 않는 요소들이 어떻게 결합되어 나타나는지를 중심으로 설명하고자 한다. 따라서 축제의 전 과정은 앞에서 언급한 필자의 다른 글을 통해 파악하는 것이 좋다.

8) 일레-이페는 이페 왕국의 중심 도시이다. 왕국 이름과 혼동될 우려도 있지만 주민들의 관행에 따라 도시 이름도 이페로 줄여서 표기한다.

제의 일정도 그에 따라 변동한다.

에디 축제는 모레미 여신을 섬기는 사제인 '예케레(Yékéré)' 추장과 추종자들인 '오소상(Ọsọ̀sáns) [이소상(Ìsọ̀sán)으로도 불림]'이 실질적으로 주관하지만, 이페의 왕과 추장뿐만 아니라 과거 이페 왕국에 통합된 이주민들이 주도하는 의례도 있다. 이 점은 이페 왕국의 다양한 주체들이 모레미 신화에서 자신들의 영역을 확보해 나가는 과정에서 기인한 것으로 보인다.

모레미 신화에서 설명되듯이 에디 축제는 일주일간 지속되며 축제 기간에는 시장이 철시될 뿐만 아니라 북소리를 울리지 않는다. 일반인들에게 축제의 시작은 시장의 철시로 확인된다. 일주일간 지속되는 축제 일정은 크게 의례가 행해지는 나흘과 별다른 일정 없이 가족이나 친지와 휴식을 취하는 사흘로 나뉜다. 이중 의례가 있는 날은 각각 그날 의례의 의미를 상징하는 고유한 이름을 지니고 있다.

예를 들어 첫째 날은 '오팡랑(Ọ̀fànràn)'이라 불리는데, 그 뜻은 '악을 몰아내는 날'이라고 한다(Walsh 1948: 232). 이른 아침 사람들의 눈을 피해 흰 옷을 입은 텔레(Tele)가 왕궁으로 들어오는 것으로 축제는 시작된다. 텔레는 에디 축제에서 가장 중요한 등장 인물이나 모레미 신화에는 언급되지 않는다. 첫째 날 왕궁으로 들어온 텔레는 마지막 날 축제의 절정에 등장할 때까지는 아무런 역할이 없다. 텔레가 왕궁으로 들어간 후 예케레와 그 추종자들은 왕궁에서 이페의 왕인 '오오니(Ọọ̀ni)'를 알현한 후 왕궁의 마당에서 횃불에 불을 붙인다.

왕궁에서 횃불을 밝히는 시간에 맞춰 집안의 어른인 바알레(baálé)는 자신의 집에서 역시 횃불에 불을 붙인다. 횃불을 밝히는 것은 모레미의 희생을 통해 알게 된 비책인 화공을 기념하는 것이다. 또한 마을 전체에 에디 축제의 시작을 알리는 기능을 하기도 한다. 횃불을 본 이페 사람들은 "죽음을 가져가 버려요!" 혹은 "질병도 가져가오!"라고 소리를 지르며 모레미 신에게 기도한다.

횃불을 밝힌 후에는 왕궁에서 왕과 추장 간의 의례적인 결투가 벌어진다. 이때 추장은 왕과의 씨름에서 의례적인 몸짓을 보인 후 패배를 인정함으로써 왕에 대한 충성을 표현한다. 왕실 밖에서는 아이들과 일반 주민들이 각각 씨름 시합을 벌인다. 필자가 관찰한 1996년의 축제에서는 씨름 시합이 크게 열리지 않았으나 1946년과 1947년의 에디 축제를 관찰한 월시는 '주주(jùjú) 부적'을 사용하여 주문을 외면서 시합에 임할 정도로 경합이 치열했다고 기록한 바 있다(Walsh 1948: 233).

[사진 8-1] 첫째 날 횃불을 밝히는 예케레 추장과 사제들

둘째 날은 '오모라레레(Ọmọlárèré)'라 불리는데, 이날은 왕의 시종인 '에메세(Ẹmẹsẹ̀)'의 수장인 '엑바타'가 주도한다. '오모라레레'는 모레미의 죽은 아들을 의미한다. 왕궁의 시종들 중 한 무리는 모레미 아들의 시신을 상징하는 조형을 만들어 왕궁과 마을 전체를 다니고, 다른 무리는 그 뒤를 쫓아가며 모레미의 아들을 찾는 시늉을 한다. 마을 주민들도 골목골목을 뛰어다니며 "여기에 있다!"고 소리를 지르며 소란을 피운다. 이 의례의 목적은 모레미의 슬픔을 덜어 주기 위해 모레미의 아들이 살아

[사진 8-2] 왕에게 충성을 맹세하러 나오는 '올루야레'

있는 것처럼 행동하는 것이라고 한다.

이날 아이들은 별도로 한 해 동안 마을에 소소한 악행을 저지른 사람들의 집 앞에 나뭇가지를 꺾어다 놓고 이들을 비난하는 노래를 부른다. 아이들을 통한 공개적 망신을 통해 사회적 통제를 도모하는 것인데, 아이들을 나무라는 당사자들이 부모와 갈등을 일으켜 최근에는 더 이상 행해지지 않는다.

셋째 날은 '이나상-앙(Inásàn-án)'으로 예케레와 그 추종자들이 왕궁에서 보다 많은 횃불에 불을 붙이며 의례를 행한다. 이들의 의례가 끝나면 모레미 신화의 내용이 재현된다. 마른 풀잎과 대나무로 온몸을 덮은 '올루야레'가 이페를 침공하는 '익보'를 상징하며 오바이링 추장과 함께 왕궁 밖에서 대기하고 있으면, 횃불을 들고 나간 예케레와 추종자들이 이들을 불로 공격한다. 의례적인 전투에서 패배를 시인한 올루야레와 오바위링 추장은 곧 왕에게 나와 무릎을 꿇고 충성을 맹세한다. '익보' 사람들이 이페 왕국에 통합되는 것을 상징하는 의례이다. 이후 모든 이페의 추장들이 왕을 칭송하는 노래를 부르며 왕 앞으로 나와 무릎을 꿇고 충성을 맹세하는 의례가 긴 시간 이어진다.

이때 왕궁 밖에서는 엘루로(Eluro)라 불리는 젊은 여성들이 별도의 놀이를 벌인다. 타지에서 이페로 이주해 온 이주민들이 젊은 여성을 팔 위에 목말을 태워 마을을 행진하는 것이다. 이들은 춤추고 노래하며 마을 주민들에게 돈을 받는데, 남녀가 서로의 성기를 희롱하는 노래를 부르며 서로를 놀린다. 1996년의 에디 축제에서는 볼 수 없었으나, 월시는 1946년 이들을 목격한 후 '포르노그래피와 같은 노래'를 부른다는 기록을 남겼다 (Walsh 1948: 225). 실제 과거 자신들이 불렀던 노래를 들려준 구술자들은 이날 대부분의 청춘남녀가 자신의 짝을 찾았다고 했다.

넷째, 다섯째, 여섯째 날은 별다른 의례가 없으며, 주민들은 집에서 가족이나 친지와 음식을 나누며 휴식한다.

축제의 마지막 날인 일곱째 날은 '익바루비(Igbarubi)'라 불린다. 이날은 에디 축제의 절정으로 예케레와 그를 따르는 사제들 모두 춤을 추며 왕궁에 도착했다. 이날은 축제의 첫날부터 왕궁에 머물던 텔레가 사람들 앞에 모습을 드러내는 날이다. 왕을 알현한 예케레와 그 무리는 왕궁에서 걸어 나온 텔레와 함께 의례를 시작했다. 텔레는 머리에 나뭇잎으로 가득한 짐을 지고 나오는데, 그 나뭇잎이 텔레의 얼굴과 몸을 다 덮을 정도였다. 텔레가 머리에 인 짐이 바로 '에디'이다. 에디에는 염소 다리, 쓰레기 및 오물이 포함되어 있다. 예케레와 그의 동료들은 텔레 주위를 일곱 번 돌며 무가를 부르며 주문을 외웠고, 왕의 시종은 왕 앞에 선 텔레에게 돈을 쥐어 주며 왕궁과 마을을 떠나 달라고 부탁했다. 천천히 왕궁 밖을 향하는 텔레를 향하여 사람들은 '죽음과 질병이 마을과 자신에게서 떠나도록 기원'하거나 '자녀를 점지해 달라는 기원'을 했다. 몇몇 사람은

[사진 8-3] 에디를 이고 왕궁을 나서는 텔레와 예케레 추장

텔레가 지고 가는 짐인 에디 위에 나뭇가지나 풀잎을 얹으면서 자신의 죄와 질병을 가져가라고 기원하기도 한다. 텔레가 왕궁을 나와 마을 내의 모레미 사당으로 들어갈 때까지 그를 보거나 따라가서는 안 된다는 금기를 사람들은 철저히 지킨다. 실제 1947년 축제에서 텔레의 뒤를 따라가던 월시는 주민들의 제지를 받았다고 한다 (Walsh 1948: 237).

텔레와 함께 숲으로 간 사제들은 숲 속의 모레미 사당에서 의례를 치르고 밤늦게 사람들의 눈을 피해 마을로 돌아온다고 한다. 아주 오래전 축제에서 텔레는 실제 축제가 시작되는 날 처음 이페로 들어온 이방인을 선정했다고 한다. 축제 기간 내내 융숭한 대접을 받은 텔레는 에디를 지고 마을을 떠났으며 아무도 그를 다시 보지 못했다고 한다. 필자와 오랜 시간 면접을 통해 에디 축제와 모레미에 대해 세세한 내용을 이야기했던 예케레 추장도 텔레의 운명에 대해서는 아무것도 말해 줄 수 없다며 답변하지 않았다. 필자가 다른 경로를 통해 알게 된 몇 가지 내용의 확인을 부탁하자 답변할 수 없다며 버티던 추장은 결국 열려 있던 창을 넘어 달아남으로써 곤혹스러운 자리를 피하고 말았다.

[사진 8-4] 예케레 추장과 사제들

4. 브리꼴라주로서의 모레미 신화: 희생과 대속(代贖)

모레미 신화를 재현하는 에디 축제는 아프리카 신화의 개방적 성격과 이를 통한 신화의 확장을 추론해 볼 여지를 제공해 준다. 에디 축제에는 모레미 신화에 등장하지 않는 인물과 사건들이 복합적으로 연계되어 있다. 축제의 중요 서사는 신화의 내용을 충실히 재현해 나간다. 이페 왕국을 공포에 떨게 한 적의 실체를 밝혀내고 이들을 공략할 전술로 화공을 준비시킨 모레미의 공헌이 축제를 통해 재현되지만, 기본적으로는 자식을 희생한 모레미의 비통함에 동참하는 것이 에디 축제의 주요 서사이다. 그러나 공식 의례가 진행되는 왕궁의 밖에선 축제의 주요 서사와는 달리 약탈과 납치의 공포에서 벗어난 주민들의 기쁨이 다양한 형태로 표현된다. 노골적인 성적 희롱이나 어린아이들이 어른들의 비행을 고발하는 반(反)구조 혹은 코뮤니타스(communitas)가 축제의 공식적 서사인 비통함과 공존한다.

축제의 셋째 날 등장하는 엘루로(Eluro)와 이페 왕국의 이주민들이 남녀간의 성적 희롱을 주도하며 일종의 난장을 펼치는 것을 예로 들 수 있다. 엘루로와 그 일행의 축제 참여는 원래의 에디 축제에는 없었던 내용이지만 함께 참여하려는 이주민들의 바람을 수용한 것이다. 실제 1947년 에디 축제에서 엘루로와 그 일행을 목격한 월시 역시 동일한 기록을 남겼다(Walsh 1948: 235). 이들이 펼치는 노골적인 성적 희롱과 난장은 슬픔과 애도를 주제로 하는 에디 축제에 '무질서'와 '전복'을 드러내는 코뮤니타스의 공간을 만들어 내며 축제의 성격을 갖게 해준다.

에디 축제에는 또한 모레미 신화에 등장하지 않는 인물인 텔레가 축제의 가장 중요한 역할을 수행하고 있다. 텔레는 개인과 공동체의 모든 죄와 부정함 그리고 죽음과 질병을 짊어지고 왕국을 떠나는 존재로서 신화에서 모레미의 아들에 비유될 수 있는 인물이다.

모레미 신화를 재현하고 전승하는 주요 통로인 에디 축제의 이러한 특징은 신화가 만들어지는 과정 혹은 신화적 사고를 설명해 주는 자료로 해석될 수 있다. 특히 개방적 텍스트를 지니는 구술 사회의 신화는 이러한 축제의 전승을 통해 실질적으로 재구성될 가능성이 높기 때문이다.

레비-스트로스는, 신화적 사고는 "이질적이고 다양하며 광범위하지만 그럼에도 불구하고 제한된 재료로 그 자신을 표현하는" 특징이 있으며, "어떤 과제가 주어지더라도 주어진 재료만 사용해야 한다"라고 설명한다. 이러한 신화적 사고의 특징을 가장 잘 보여 주는 사례로 레비-스트로스는 '브리꼴뢰르(bricoleur)'를 제시한다. 그가 말하는 브리꼴뢰르는 손재주가 능숙한 사람인데 장인과는 달리 자신의 손만 이용하고 주어진 재료만 사용하여 무언가를 만들어 내는 사람이다. 이들이 만들어 낸 작품을 '브리꼴라주'라고 한다는 것이다(Lévi-Strauss 1966: 16-18). 따라서 애초에

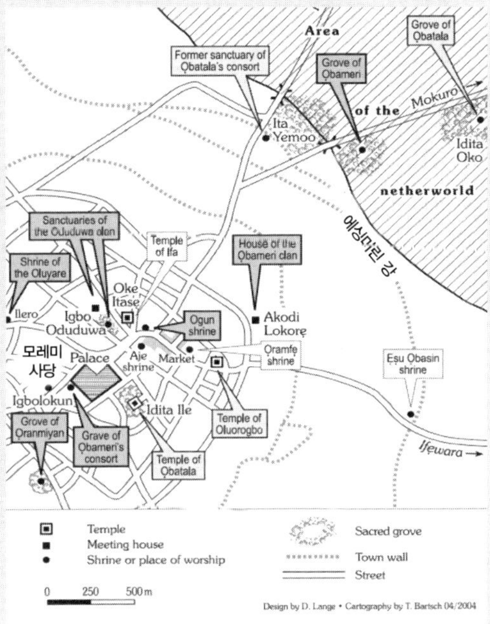

[그림 8-1] 모레미 사당과 에싱미린 강의 지도

출전: Lange(2004b: 357)

브리꼴뢰르에겐 자신에게 주어진 과업을 완수하는 데 주어진 재료나 도구가 적절한가는 논의의 대상이 될 수 없다. 주어진 재료로, 그것이 비록 이전에 만든 작품의 일부분이나 폐기된 잔해라 하더라도 이를 가지고 본래 모습을 재생하거나 완전히 새로운 작품을 만들어 내기도 한다. 신화적 사고야말로 바로 지적인 브리꼴라주라는 것이다(Lévi-Strauss 1966: 16-18).

예를 들면 버려진 기둥, 깨진 가구, 창틀, 나무토막, 유리조각 등으로 새로운 책상이나 탁자를 만들었다면 창틀의 한 부분은 책상의 한 부분으로, 가구 조각은 책상을 유지하는 다리로 사용되어 책상이라는 체계(신화) 속에서 새로운 역할을 하게 된다. 즉, 또 다른 의미를 가지게 된다. 이처럼 신화는 과거의 사건이나 잡다한 사실, 자연적 · 우주적 현상, 인간의 애증, 인간의 관계들을 엮어서 새로이 만든 가구(신화)와 같은 것이다(임봉길 2000: 181).

신화의 여러 요소들이 때로 논리적인 연관이 없기도 하며 뒤죽박죽 섞여 있는 것으로 보이는 것은 바로 신화적 사고의 특징 때문이며, 따라서 신화를 이해하기 위해서는 브리꼴라주로서 신화를 바라보아야 한다는 것이 레비-스트로스의 주장이다.

모레미 신화와 에디 축제를 레비-스트로스가 말한 브리꼴라주의 시각에서 해석하려면 신화의 전승자나 신화를 재현하는 축제와 의례의 주체들을 브리꼴뢰르로 볼 필요가 있다. 실제 구술 사회의 연행자들은 주어진 재료, 즉 구전되는 텍스트를 다양한 방법으로 재배치하거나 수정함으로써 자신이 의도하는 대로 내용을 재구성한다. 신화의 경우 다른 구연문학 전승에 비해 변형 가능성이 상대적으로 적은 편이지만, 신화를 재현하는 축제는 보다 다양하게 재구성된다. 모레미 신화와 에디 축제가 바로 그러한 사례에 해당된다고 볼 수 있다.

브리꼴뢰르에서 모레미 신화의 구술자들이 어떤 논리를 전개하는지 살펴보자. 신화를 구연하는 구술자들은 모레미 신화에서 모레미와 그 아들인 올루록보의 희생을 강조한다. 필자에게 모레미 신화를 구술한 사람들은 이를 강조하면서 모레미를 '성모 마리아'나 '잔 다르크'에 비교하기도 했으며, 아들인 올루록보는 예수와 비슷한 존재라고 설명하기도 한다. 모레미를 성경이나 유럽의 역사적 인물과 비교하는 이러한 해석은 이미 1897년 자료에도 나타나고 있는데, 요루바 역사가인 새뮤얼 존슨은 구약성경의 사사기 11장에 나오는 사사(판관) '입다(Jephthah)'를 모레미와 비교한 바 있다(Johnson 1922: 148). 구약성경에 따르면 입다는 암몬 군과의 전쟁을 앞두고 야훼께 승전한 후 돌아올 때 자기를 가장 처음 맞으러 나온 사람을 번제로 바치겠다고 서원했으며, 결국 자신의 딸을 바쳐야 했다. 이 글에서 존슨은 전쟁에서의 승리나 '익보'의 비밀을 알아내 왕국을 지키게 해달라는 기도와 그러한 간청을 들어 주면 제물을 바치겠다는 맹세의 결과로 각자의 자식을 바쳐야 했던 공통점만을 지적했으나 후대에 내려오면 보다 심도 깊은 해석이 등장한다. 예를 들면 세뮤얼 존슨에 버금가는 요루바 역사학자인 비오바쿠(S. O. Biobaku)는 1955년 발표된 글에서 성모 마리아와 예수의 이미지를 모레미와 올루록보에 투영하기도 했다〔Idowu 1996(1962): 222〕.

이러한 경향은 19세기 말과 20세기 초의 요루바 지식인들의 전통이 이어진 것이기도 하다. 실제 많은 요루바 지식인들이 요루바 민족의 기원과 문화적 뿌리를 근동 지역과 유대인 사회에서 찾으려 했으며(Lange 2004a, b; Peel 2000), 이들의 영향이 일반 구술 연행자들이나 축제를 주관하는 사제들에게도 미쳤음을 짐작할 수 있다.

전통 문화에 조예가 깊은 구술사가이자 동시에 근대적 역사학의 훈련을 받아 학계와 전통 구술사가 모두에게서 모두 존경받는 비오바쿠와 같은 역사학자가 기독교의 구세주 사상을 모레미 신화의 해석에 적용하자 모레미 신화는 더욱 대속과 구원의 기호로 받아들여지게 되었다. 따라서 사람들은 에디 축제의 핵심적 등장인물인 텔레가 모레미 신화와는 아무런 관련이 없음에도 불구하고 공동체의 죄를 짊어지고 대속하여 전체의 구원을 가져오는 존재라는 점에서 모레미 신화의 재현에 포함시키게 된 것이다.

또한 모레미 신화에 등장하는 천연두의 신이나 요루바 우주관에서 이생과 내세의 경계인 에싱미린 강이 중요한 소재로 설정되는 것을 보면, 모레미 신화는 희생과 대속을 중심으로 서로 관련 없는 재료들이 얽혀 들어간 브리꼴라주임을 알 수 있다.

■ 참고문헌

임봉길, 2000, "레비-스트로스와 구조인류학," 임봉길 외, 『구조주의 혁명』, 서울: 서울대학교출판부.

한건수, 2002, "경합하는 역사: 사회적 기억과 차이의 정치학," 『한국문화인류학』 35(2): 65-97.

_____, 2004, "세상 죄를 지고 가는 텔레, 요루바 민족의 에디 축제," 『국제이해교육』 13: 98-108.

_____, 2005a, "종족정체성과 역사적 상상: 요루바 종족성과 기억의 공동체," 김광억 외, 『종족과 민족: 그 단일과 보편의 신화를 넘어서』, 서울: 아카넷.

_____, 2005b, "아프리카," 오명석 외, 『세계의 풍속과 문화』, 서울: 한국방송통신대학교출판부.

Han, Geon-Soo, 2000, " 'Community of Memory': History, Ritual, and Kinship in the Construction of Yoruba Social Identity," Ph. D. Dissertation, Department of Anthropology, University of California at Berkeley.

Idowu, E. Bolaji, 1996[1962], *Olódùmarè: God in Yorùbá Belief*, Revised and Enlarged Edition, Ibadan: Longman Nigeria.

Johnson, Samuel, 1921, *The History of the Yorubas, Lagos*: C. S. S. Bookshops.

Lange, Dierk, 2004a, "The Dying and Rising God in the New Year Festival of Ife," In D. Lange (ed.), *Ancient Kingdoms of West Africa: African-centred and Canaanite-Israelite Perspectives*, Detttelbach: Verlag J. H. Röll.

______, 2004b, "Preservation of the Canaanite Creation Culture in Ife," In P. Probst and G. Spittler (eds.), *Between Resistance and Expansion: Dimensions of Local Vitality in Africa*, Münster: Beiträge zur Afrikaforschung n° 18.

Lévi-Strauss, Claude, 1966, *The Savage Mind*, Chicago: University of Chicago

Press.
Mudimbe, V. Y., 1988, *The Invention of Africa*, Bloomington: Indiana University Press.
Parrinder, Geoffrey, 1967, *African Mythology*, New York: Peter Bedrick Books.
Peel, J. D. Y., 2000, *Religious Encounter and the Making of the Yoruba*, Bloomington: Indiana University Press.
Rasmussen, Susan, 1997, "Myth and Cosmology," in John Middleton ed. *Encyclopedia of Africa South of the Sahara* Vol. 3, New York: Charles Scribner's Sons.
Soyinka, Wole, 1967, *Myth, Literature and the African World*, New York: Cambridge University Press.
Walsh, Michael J., 1948, "The Edi Fesitival at Ile Ife," *African Affairs: Journal of the Royal African Society* 47(187): 230-248.

세계신화의 이해

초판 2쇄 발행 | 2010년 9월 30일

지은이 | 임봉길 외
발행인 | 고화숙
발 행 | 도서출판 소화
주 소 | 서울시 영등포구 영등포동 7가 94-97
전 화 | 02-2677-5890
팩 스 | 02-2636-6393
홈페이지 | www.sowha.com

ISBN 978-89-8410-347-4 03380

값 11,000원